KS

nk:

;ia,
without whom the book would not succeed;

Professor Terence Wade, University of
Strathclyde,
the United Kingdom, for his
encouragement at the early stage;

the students from different countries she
worked with;
numerous web correspondents who showed
much interest in this book;

«Zlatoust» publishing house, Russia,
whose efforts have resulted in
this publication.

Eugenia Nekrasova

Е.В. Некрасова

Практическая грамматика русского языка

Основы русской грамматики и практикум с ключами

2-е издание

Санкт-Петербург
«Златоуст»

2017

Eugenia Nekrasova

Essential Russian Grammar

Russian grammar basics &
Grammar practice with answers

2nd edition

St. Petersburg
«Zlatoust»

2017

УДК 811.161.1

Некрасова, Е.В.
Практическая грамматика русского языка: Основы русской грамматики и практикум с ключами. — 2-е изд. — СПб. : Златоуст, 2017. — 400 с.

Nekrasova, E.V.
Essential Russian Grammar: Russian grammar basics & Grammar practice with answers. — 2nd ed. — St. Petersburg : Zlatoust, 2017. — 400 p.

Главный редактор: *к. ф. н. А.В. Голубева*
Редакторы: *О.С. Капполь, А.В. Голубева, Э. Кристи*
Корректоры: *А.В. Гурина, О.С. Капполь, И.В. Евстратова*
Оригинал-макет и обложка: *В.В. Листова*
Оформление: *Д.А. Победимский*

Данное учебное пособие по практической русской грамматике предназначено для англоговорящих учащихся, владеющих русским языком на уровне выше А2. Оно также может быть использовано в работе преподавателями русского языка как иностранного. Концепция, объяснения и оформление издания носят сугубо практический характер. Англоязычная часть пособия основана на британском варианте английского языка.
Книга состоит из двух частей:
часть 1 — «Основы грамматики» — содержит 138 разделов;
часть 2 — «Практикум по грамматике» — содержит 69 разделов и 144 упражнения.
Каждая часть имеет свою нумерацию разделов. Книга предназначена как для использования в аудитории, так и для самостоятельной работы.

This book is meant for English-speaking pupils and students of Russian at the post-introductory stage. It can also be used by teachers of Russian in their work. The concept, explanations and design of the book are entirely practical. The English part of the book is based mainly on British usage and spelling.
The book consists of two parts:
Part 1 — Grammar Basics — contains 138 units;
Part 2 — Grammar Practice — contains 69 units with 144 exercises.
Mind that each part has its own enumeration of units. Class use and self-study.

ISBN 978-5-86547-717-4

РОССИЙСКОЙ
КНИЖНОЙ ПАЛАТЕ

Подготовка оригинал-макета: издательство «Златоуст».
Подписано в печать 03.05.17. Формат 84x108/16. Печ. л. 25. Печать офсетная. Тираж 1000 экз.
Заказ № 1089.
Санитарно-эпидемиологическое заключение на продукцию издательства Государственной СЭС РФ
№ 78.01.07.953.П.011312.06.10 от 30.06.2010 г.
Издательство «Златоуст»: 197101, Санкт-Петербург, Каменноостровский пр., д. 24, оф. 24.
Тел.: (+7-812) 346-06-68; факс: (+7-812) 703-11-79; e-mail: sales@zlat.spb.ru; http://www.zlat.spb.ru
Отпечатано в ООО «Аллегро».
196084, Санкт-Петербург, ул. К. Томчака, д. 28. Тел.: (+7-812) 388-90-00.

CONTENTS

PART 1. RUSSIAN GRAMMAR BASICS

PART 2. GRAMMAR PRACTICE WITH ANSWERS

PART 1

RUSSIAN GRAMMAR
BASICS

INTRODUCTION. RUSSIAN GRAMMAR PECULIARITIES

Russian is a Slavonic language which belongs to the family of Indo-European languages. To this family also belong such languages as English, German, French or Spanish.

In Russian Grammar we follow the traditional Latin division into 8 parts of speech, such as the noun, pronoun, adjective, verb, participle, adverb, preposition and conjunction.

Russian is known as a highly inflected language. This means that the endings of the words change governed by some factors or under certain conditions. This is true for nouns, adjectives, verbs, some participles, pronouns and numerals.

A lot of Russian words are rather long because the root of the word is often equipped with various prefixes, suffixes and endings serving different aims, for example, changing the meaning of the word, indicating the case and the number of the noun, or the person and the number of the verb.

Due to its specific nature, the Russian language does need to use any formal subjects, auxiliary verbs, compound verbal constructions or articles. And parts of Russian sentences are more movable than, for example, in English or German.

Note that the irregular forms are marked with an asterisk ✳.

CHAPTER 1
GENDER AGREEMENT OF RUSSIAN NOUNS IN THE SINGULAR

Unit 1
HOW TO ESTABLISH THE GENDER OF A NOUN

All Russian nouns are attributed to one of **three genders**:

Masculine (M), Feminine (F) or **Neuter (N).**

You will be glad to know that one can tell the gender of the majority of Russian nouns from the ending of the **dictionary form (nominative case).** The gender of nouns is mostly a **formal** thing.

Now you will learn how to determine the gender of a noun.

● Nouns ending in **consonants** and **-й** are **masculine:**

дом — house	друг — friend	музе́й — museum
челове́к — man	го́род — city	Кита́й — China

● Nouns ending in **-а, -я, -ья, -ия** are **feminine:**

ма́ма — mother	Во́лга — Volga
маши́на — car	статья́ — article
неде́ля — week	фами́лия — surname
Росси́я — Russia	

● Nouns ending in **-о, -е, -ье, -ие** are **neuter**:

ме́сто — seat	зда́ние — building
мо́ре — sea	телеви́дение — TV
купе́ — compartment	здоро́вье — health

● But things are never that simple in languages: **irrespective** of the **feminine -а, -я** ending, a small group of nouns denoting **males** has the **masculine** gender agreement (so called «**natural masculines**»):

па́па — father, dad	де́душка — grandfather
мужчи́на — man	дя́дя — uncle

E.g.
мой (М.) + **па́па**

● The following nouns are **neuter**:

вре́мя — time	жюри́ — jury	интервью́ — interview
и́мя — name	такси́ — taxi	меню́ — menu

Unit 2
THE GENDER OF SOFT SIGN NOUNS

A large group of nouns ending in **-ь** (soft sign) could be either **feminine** or **masculine**. The gender of these nouns can be found in the dictionary.

● Nouns denoting **males** («**natural masculines**») are **masculine**:
гость — guest, води́тель — driver, учи́тель — teacher,
писа́тель — writer, царь — tsar, коро́ль — king,
врата́рь — goalkeeper, *etc.*

● Names of months ending in **-ь** are all **masculine**:
янва́рь — January, февра́ль — February, *etc.*

● «**natural feminines**» are all **feminine**:
мать — mother, дочь — daughter, *etc.*

● Nouns ending in **-знь, -ость, -сь** are **feminine**:
жизнь — life, но́вость — news, по́дпись — signature, *etc.*

The gender of other **soft sign** nouns has to be learned individually.

Unit 3
REPLACING SINGULAR NOUNS WITH PERSONAL PRONOUNS

A noun can be replaced with the following personal pronouns **depending on the established gender:**

Masculine nouns with **он** — he, it

Где **ваш друг?** ⇔ Вот **он.**
Где **ваш дом?** ⇔ Вот **он.**

Feminine nouns with **она́** — she, it
Где **ва́ша ма́ма?** ⇔ Вот **она́.**
Где **ва́ша маши́на?** ⇔ Вот **она.**

Neuter nouns with **оно́** — it
Где **ва́ше ме́сто?** ⇔ Вот **оно́.**
Где **э́то зда́ние?** ⇔ Вот **оно́.**

Unit 4
HOW TO ESTABLISH THE GENDER OF GEOGRAPHICAL NAMES

All place names can be divided into 2 groups:

First group
Place names with endings which **formally fit** the Russian system of gender endings:
м. Кита́й, Таила́нд, Вьетна́м, Аму́р, Енисе́й — **он**
ꜰ. Росси́я, Финля́ндия, Аме́рика, Во́лга — **она́**
ɴ. Примо́рье — **оно́**

Second group
There are many place names which **do not fit** the Russian system of gender endings:
Баку́, Со́чи, Тбили́си, Хе́льсинки, Миссу́ри, Таи́ти, То́кио, Онта́рио

These words **exist only in this unchangeable (indeclinable) form.**
Their gender is established in a special way through **association** with the **«generic»** word, *for example*:
Со́чи — **го́род** — **он** — *masculine* → **но́вый** Со́чи (*m*)

16

Unit 5
PRINCIPLE OF GENDER AGREEMENT WITH NOUNS

Agreement in gender takes place:

| between | **long adjectives**
 pronouns of the **adjective type**
 ordinal numerals
 cardinal numeral «one»
 long participles | | **and nouns** |

| between | **nouns** or **personal pronouns** and
 personal pronouns and | **short participles**
 short adjectives
 verbs in the **past tense** form |

I called the words preceding nouns in units — the **characterizing** words.

Principle of gender agreement with nouns: **The characterizing words have the same gender, number and case as a corresponding noun:**

Unit 6
FOREIGN INDECLINABLE NOUNS AND THEIR GENDER AGREEMENT

There is a group of nouns of **foreign origin** in Russian which do not change (decline), *for example*:

шоссе́ — highway
метро́ — underground
такси́ — taxi
кафе́ — cafe
купе́ — compartment

ра́дио — radio (set)
кино́ — cinema (hall)
ателье́ — workshop
бюро́ — office
интервью́ — interview
пальто́ — overcoat, *etc.*

All these words are **neuter** and their gender agreement and pronoun replacement are **neuter**, *for example*:

Ми́нское шоссе́ — Minsk highway — **оно́**
интере́сное интервью́ — interesting interview — **оно́**
но́вое пальто́ — new overcoat — **оно́**

But: **горя́чий** ко́фе — *masculine* — hot coffee;
             оди́н е́вро — *masculine* — one euro

Unit 7
THE GENDER AGREEMENT BETWEEN NOUNS AND ADJECTIVES IN THE SINGULAR

Adjectives and adjectival words are registered in dictionaries in the masculine. You can make other gender forms on your own if you follow the rules which will be stipulated further.

Masculine adjective + masculine noun

The **masculine adjectival endings** which a foreign learner may trace from the dictionary are as follows:

-ый,
-ой,

-ий

as in нóвый — new, извéстный — famous
as in большóй — big, large, плохóй — bad,
дорогóй — expensive, dear
as in рýсский — Russian, англи́йский — English,
хорóший — good, мáленький — small, little, послéдний — last

These adjectives can be paired with nouns whose gender is marked or established as masculine, *for example*:

$$\begin{array}{cc} \text{M.} & \text{M.} \\ \text{нóвый} + \text{дом} \end{array}$$

$$\begin{array}{cc} \text{M.} & \text{M.} \\ \text{большóй} + \text{дом} \end{array}$$

$$\begin{array}{cc} \text{M.} & \text{M.} \\ \text{хорóший} + \text{дом} \end{array}$$

Feminine adjective + feminine noun

To make an adjective feminine in order to pair it with a feminine noun, replace masculine endings with the ending **-ая**, *for example*:

-ый, -ой, -ий → -ая

M.	F.	F.
нóвый →	нóвая машúна	
new	new car	

M.	F.	F.
большóй →	большáя машúна	
large, big	big car	

M.	F.	F.
плохóй →	плохáя машúна	
bad	bad car	

M.	F.	F.
дорогóй →	дорогáя машúна	
expensive	expensive car	

M.	F.	F.	M.	F.	F.
ру́сский →	ру́сская	шко́ла	хоро́ший →	хоро́шая	шко́ла

Russian school   good, nice   good school

M.	F.	F.	M.	F.	F.
англи́йский →	англи́йская	шко́ла	ма́ленький →	ма́ленькая	шко́ла

English   English school   small, little   small school

The only **exception** to this rule is presented by a limited group of adjectives ending in **-ний**, like:

после́дний — last, ра́нний — early, по́здний — late, *etc*.

> **-ий** in **-ний** is replaced by **-яя**

после́дн|ий → после́дн|яя страни́ца — last page
по́здн|ий → по́здн|яя о́сень — late autumn

Neuter adjective + neuter noun

To make an adjective neuter in order to pair it a neuter noun, replace **-ый**, **-ой** or **-ий** with **-ое**.

> **-ый, -о́й, -ий → -ое, -ее**

M.	N.	N.
но́вый	→ но́вое пальто́	— new overcoat
большо́й	→ большо́е окно́	— large window
плохо́й	→ плохо́е расписа́ние	— bad schedule

M.	N.	N.
ру́сский	→ ру́сское сло́во	— Russian word
фи́нский	→ фи́нское ра́дио	— Finnish radio
ма́ленький	→ ма́ленькое окно́	— small window

Exception
-ий is replaced by **-ее** if a masculine adjective ends in **-ний**, **-жий**, **-ший**, **-чий**, **-щий**:

> **-ний, -жий, -ший, -чий, -щий → -нее, -жее, -шее, -чее, -щее**

M.	N.	N.
после́дн|ий	→	после́дн|ее письмо́ — last letter
све́ж|ий	→	све́ж|ее мя́со — fresh meat
хоро́ш|ий	→	хоро́ш|ее настрое́ние — good mood
горя́ч|ий	→	горя́ч|ее молоко́ — hot milk
настоя́щ|ий	→	настоя́щ|ее вре́мя — present time

Unit 8
GENDER AGREEMENT BETWEEN ADJECTIVES AND NOUNS OF ADJECTIVAL ORIGIN

An adjectival noun has the form(s) of an adjective but functions as a noun. Most adjectival nouns result from the omission of a noun qualified by the adjective, *for example*:

м. учён**ый** (челове́к) — scientist

м. ру́сск**ий** (челове́к) — Russian (*nat.*)

м. безрабо́тн**ый** (челове́к) — unemployed

f. ру́сск**ая** (же́нщина) — Russian (*nat.*)

f. столо́в**ая** (ко́мната) — dining room

f. ва́нн**ая** (ко́мната) — bathroom

f. на́бережн**ая** (у́лица) — embankment

n. втор**о́е** (блю́до) — second course

n. горя́ч**ее** (блю́до) — main course

n. моро́жен**ое** — ice cream

So, adjectival nouns are qualified like normal nouns:

м.   м.
изве́стн**ый** + учён**ый** — famous scientist

f.   f.
больш**а́я** + столо́в**ая** — large dining room

n.   n.
вку́сн**ое** + моро́жен**ое** — delicious ice cream

Unit 9
GENDER AGREEMENT BETWEEN NOUNS AND THE POSSESSIVE PRONOUNS
мой, наш, ваш, твой, его, её, их

The possessive pronouns **мой, наш, ваш, твой** have 3 gender forms depending on the gender of a noun:

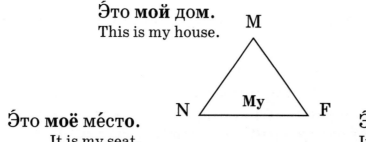

Э́то **мой** дом.
This is my house.

Э́то **моё** ме́сто.
It is my seat.

Э́то **моя́** маши́на.
It is my car.

Это наш дом.
This is our house.

Это на́ше ме́сто.
This is our seat.

Это на́ша маши́на.
It is our car.

Это ваш дом?
Is this your house?

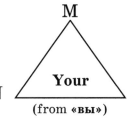

Это ва́ше ме́сто?
Is this your seat?

Это ва́ша маши́на?
Is it your car?

Это твой дом?
Is this your house?

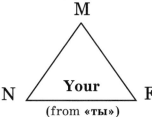

Это твоё ме́сто?
Is this your seat?

Это твоя́ маши́на?
Is it your car?

Exception:

The possessive pronouns его (his), **её** (her), **их** (their) **do not change** according to the gender principle; they exist only in one **unchangeable** form, *for example*:

его́ **(his)**	**его́** дом — his house **его́** маши́на — his car **его́** ме́сто — his place	**её** **(her)**	**её** дом — her house **её** маши́на — her car **её** ме́сто — her place
их **(their)**	**их** дом — their house **их** маши́на — their car **их** ме́сто — their place		

мой, наш, ваш, твой,   **его́, её, их**   + дом
моя́, на́ша, ва́ша, твоя́,   **его́, её, их**   + маши́на
моё, на́ше, ва́ше, твоё,   **его́, её, их**   + ме́сто

Unit 10
GENDER FORMS OF DEMONSTRATIVE, DETERMINATIVE AND OTHER TYPES OF PRONOUNS USED AS CHARACTERIZING WORDS

> **э́тот** — this, the... close to hand

Вот **э́тот** дом.
Here is this house.

M

this

N — — **F**

Вот **э́то** ме́сто.
Here is this place.

Вот **э́та** маши́на.
Here is this car.

> *Important!*
> It is necessary to distinguish the characterizing **э́то**, which changes according to genders, and **э́то** used in the meaning **«this is, that is, these are, those are»**.
> In the last example **э́то** is not a characterizing word; it does not change according to genders.

э́то —
**this is,
that is,
these are**

M.   **Э́то мой** дом.
This is my house.

F.   **Э́то моя́** маши́на.
This is my car.

N.   **Э́то моё** ме́сто.
This is my seat.

Pl. **Э́то мои́** друзья́.
These are my friends.

> **тот** — that one, the one which was meant, distant object

Вот **тот** дом.
Here is that house.

M

that

N — — **F**

Вот **то** ме́сто.
Here is that place.

Вот **та** у́лица.
Here is that street.

такóй — this kind, the same

Такóй дом?
This kind of house?

M

Такóе пи́во?   N △ this kind △ F   **Така́я** маши́на?
This kind of beer?   This kind of car?

такóй — used also in expressive sentences like:

Сегóдня **такóй** вéтер!
It is so windy today!

M

Сегóдня **такóе** сóлнце! N △ so △ F Сегóдня **така́я** жара́!
It is so sunny today!   It is so hot today!

такóй — what a... combines with long adjectives

Такóй си́льный вéтер!
What a heavy wind!

M

Такóе жа́ркое лéто! N △ what △ F **Така́я** си́льная гроза́!
What a hot summer!   What a heavy thunderstorm!

какой — such a..., what a...

Какóй си́льный вéтер!
What a heavy wind!

M

Какóе жа́ркое лéто! N △ what △ F **Кака́я** си́льная гроза́!
What a hot summer!   What a heavy thunderstorm!

> **тако́й же** — the same, the same kind as,
> also combines with long adjectives

Тако́й же дом!
The same kind of house.

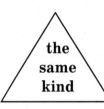

Тако́е же пи́во!   N
The same kind of beer.

Така́я же маши́на!   F
The same kind of car.

> **са́мый** — the very, the most, most

● Indicates precise location:

M.

Э́то **са́мый** центр го́рода. —
It is the very centre of the city.

● Combines **with long adjectives** to denote superlative meaning:

Э́то **са́мый большо́й** дом.
This is the biggest house.

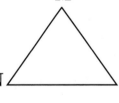

Э́то **са́мое удо́бное** ме́сто.   N
This is the most comfortable seat.

Э́то **са́мая дорога́я** маши́на!   F
This is the most expensive car.

> **тот са́мый** — the same, the very, mentioned before

Вот **тот са́мый** дом.
This is the very house.

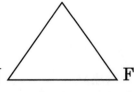

Вот **то са́мое** ме́сто.   N
This the place mentioned before.

Вот **та са́мая** маши́на.   F
This is the same car.

Unit 11
INTERROGATIVE PRONOUNS **КАКОЙ** AND **ЧЕЙ** USED AS CHARACTERIZING WORDS

Interrogative pronouns are used in questions.

> **како́й** — what, which, what kind of, what is the number of..?

Како́й?
M

Како́е? N ⟋△⟍ F **Кака́я?**

Како́й у вас ваго́н?	What is your carriage number? What is the class of your carriage?
Како́й он челове́к?	What kind of person is he?
Како́й у вас телефо́н?	What is your telephone number? What kind of telephone do you have?
Кака́я за́втра бу́дет пого́да?	What will the weather be tomorrow?
Кака́я у вас кварти́ра?	What kind of flat do you have? What is the number of your flat?
Како́е у вас купе́?	What is the number of your compartment? What is the class of your compartment?
Како́е у вас ме́сто?	What is the number of your seat?

> **чей?** means «Whose..?
> Who is the owner? To whom does it belong?»

чей? M

чьё? N ⟋△⟍ F **чья?**
whose

Чей э́то дом?
Whose house is this?

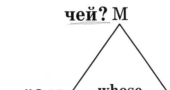

Чьё э́то купе́?
Whose compartment is this?

Чья э́то маши́на?
Whose car is this?

Unit 12
OTHER CHARACTERIZING WORDS: **ВЕСЬ**, **ОДИН**, **САМ**

весь — all, (the) whole

весь дом — (the) whole house

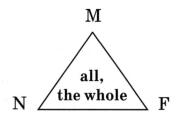

всё ле́то — (the) whole summer   **вся** страна́ — (the) whole country

оди́н — one, a...

оди́н дом — one house, a house

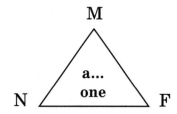

одно́ ме́сто — one seat, a place   **одна́** маши́на — one car, a car

сам — an emphatic pronoun, it can characterize both nouns and personal pronouns

Джон **сам** — John himself

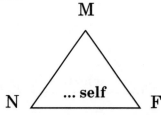

оно́/э́то **само́** — by itself   Мэ́ри **сама́** — Mary herself

Unit 13
PROFESSIONS IN RUSSIAN

Names of professions are exclusively **masculine**, ending in **consonants**, **-й** and **-ь**, as originally they were male dominated, *for example*:

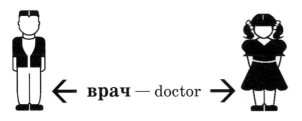

The characterizing words are always masculine irrespective of sex.

M. M.   M. M.
хоро́ший врач хоро́ший врач

Some other popular nouns denoting professions:

ди́ктор — announcer   дире́ктор — director   учи́тель — teacher
председа́тель — chairman   профе́ссор — professor   по́вар — cook
инжене́р — engineer   бухга́лтер — bookkeeper   тре́нер — trainer
экскурсово́д — guide   режиссёр — film-director
фото́граф — photographer   ме́неджер — manager   реда́ктор — editor, *etc.*

CHAPTER 2
THE PLURAL OF NOUNS. NUMBER AGREEMENT BETWEEN NOUNS AND CHARACTERIZING WORDS

Unit 14
SINGULAR-only NOUNS

Not all nouns have both singular and plural forms. There are nouns which exist only in the singular.
They include nouns which denote:

● **«collectives»**:
посу́да — dishware, ме́бель — furniture, о́бувь — footware,
ору́жие — weapons, оде́жда — clothes, косме́тика — cosmetics, *etc.*

● **human activities:**
поли́тика — policy/politics, промы́шленность — industry,
эконо́мика — economy/economics, медици́на — medicine,
спорт — sport, телеви́дение — television, ра́дио — radio, *etc.*

● **substances; foods, cereals, fruits & vegetables:**

зо́лото — gold, нефть — petroleum, шерсть — wool, ма́сло — oil, butter, пи́во — beer, рис — rice, мя́со — meat, мука́ — flour, виногра́д — grapes, изю́м — raisins, капу́ста — cabbage, лук — onion, шокола́д — chocolate, *etc.*

● **feelings and sensations:**

сча́стье — happiness, за́висть — envy, *etc.*

Unit 15
FORMATION OF PLURAL NOUNS

The nouns of all genders make plural forms with the help of 2 groups of endings.

First group	**Second group**
-ы or **-и** endings	**-а** or **-я** endings
A large group of **masculine** & **feminine** nouns	A small group of **masculine** & **neuter** nouns

First Group: Masculine and Feminine Nouns

● **-ы** ending is used after hard consonants:

Singular   *Plural*

м. чемода́н   ⇨   чемода́ны — suitcases
м. компью́тер   ⇨   компью́теры — computers
м. иностра́нец   ⇨   иностра́нцы — foreigners, *etc.*

● **-ы** ending replaces **-а:**

ꜰ. маши́на   ⇨   маши́ны — cars
ꜰ. кварти́ра   ⇨   кварти́ры — apartments
ꜰ. же́нщина   ⇨   же́нщины — women, *etc.*

● **-и** ending replaces **-ь, -й** and **-я:**

м. слова́рь   ⇨   словари́ — dictionaries
м. рубль   ⇨   рубли́ — roubles
м. гость   ⇨   го́сти — guests
м. день   ⇨   дни — days
ꜰ. ночь   ⇨   но́чи — nights
м. музе́й   ⇨   музе́и — museums
ꜰ. неде́ля   ⇨   неде́ли — weeks
ꜰ. фотогра́фия   ⇨   фотогра́фии — photos

● г, к, х + и		*Special cases!*		ж, ч, ш, щ + и		
Singular		*Plural*		*Singular*		*Plural*
F. кни́га	⇨	кни́ги — books		F. лы́жа	⇨ лы́жи	— skis
M. уче́бник	⇨	уче́бники — textbooks		M. нож	⇨ ножи́	— knives
F. спи́чка	⇨	спи́чки — matches		M. врач	⇨ врачи́	— doctors
M. слух	⇨	слу́хи — rumours, *etc.*		M. плащ	⇨ плащи́	— raincoats, *etc.*

Second group: Masculine and Neuter nouns

This group is **much smaller** than the -ы, -и group, but the nouns are **frequently used**.

● -á ending is used after hard consonants in **masculine** nouns:

Singular		*Plural*
го́род	⇨	города́ — cities, towns
дом	⇨	дома́ — houses
лес	⇨	леса́ — forests, woods
по́езд	⇨	поезда́ — trains
ве́чер	⇨	вечера́ — evenings
о́стров	⇨	острова́ — islands
цвет	⇨	цвета́ — colours
бе́рег	⇨	берега́ — banks, coasts
па́спорт	⇨	паспорта́ — passports
счёт	⇨	счета́ — bills, accounts
но́мер	⇨	номера́ — numbers, suites
ма́стер	⇨	мастера́ — craftsmen, *etc.*

● -a ending replaces -o in **neuter** nouns

Singular		*Plural*
о́зеро	⇨	озёра — lakes
сло́во	⇨	слова́ — words
лицо́	⇨	ли́ца — faces
кре́сло	⇨	кре́сла — armchairs
яйцо́	⇨	я́йца — eggs
письмо́	⇨	пи́сьма — letters
окно́	⇨	о́кна — windows
стекло́	⇨	стёкла — window glasses, *etc.*

also

вре́мя	⇨	времена́ — times
и́мя	⇨	имена́ — names

● -я ending replaces -е in **neuter** nouns

Singular		Plural
по́л**е**	⇨	пол**я́** — fields
зда́ни**е**	⇨	зда́ни**я** — buildings
предложе́ни**е**	⇨	предложе́ни**я** — sentences, offers

Special cases of plural noun formation

Singular		Plural				
друг	⇨	**друзья́** — friends		сосе́д	⇨	**сосе́ди** — neighbours
де́рево	⇨	**дере́вья** — trees		господи́н	⇨	**господа́** — ladies &
брат	⇨	**бра́тья** — brothers				gentlemen
сын	⇨	**сыновья́** — sons		хозя́ин	⇨	**хозя́ева** — owners
стул	⇨	**сту́лья** — chairs		я́блоко	⇨	**я́блоки** — apples
лист	⇨	**ли́стья** — leaves		у́хо	⇨	**у́ши** — ears

ребёнок	⇨	**де́ти** — children
челове́к	⇨	**лю́ди** — people

христиа́**нин**	⇨	христиа́**не** — Christians
мусульма́**нин**	⇨	мусульма́**не** — Muslims
россия́**нин**	⇨	россия́**не** — citizens of Russia
англича́**нин**	⇨	англича́**не** — English
датча́**нин**	⇨	датча́**не** — Danes
крестья́**нин**	⇨	крестья́**не** — peasants
гражда**ни́н**	⇨	гра́жда**не** — citizens
армя**ни́н**	⇨	армя́**не** — Armenians
цыга́**н**	⇨	цыга́**не** — Gypsies, *etc.*

котёнок	⇨	котя́та — kittens
цыплёнок	⇨	цыпля́та — chicks, *etc.*

Unit 16
PLURAL-ONLY NOUNS

Some nouns do not have a singular form. They exist only in the plural form.

They are listed in dictionaries in the plural form.
These words denote:

● **objects which consist of two parts:**

очки́ — glasses, но́жницы — scissors, весы́ — scale, каче́ли — swings,
воро́та — gate, брю́ки — trousers, джи́нсы — jeans, трусы́ — pants,
колго́тки — tights, *etc.*

● **collective actions:**

кани́кулы — school or university vacation, перегово́ры — negotiations,
вы́боры — elections, гастро́ли — tour (of artists), по́хороны — funeral,
про́воды — farewell party, пря́тки — hide & seek, ро́ды — childbirth, *etc.*

● де́ньги — money, ша́хматы — chess, часы́ — clock, watch,
кура́нты — chimes, ти́тры — subtitles, ку́дри — curls, са́нки — sledge,
опи́лки — sawdust, обо́и — wallpaper, дрова́ — firewood,
мемуа́ры — memoirs, счёты — abacus, аплодисме́нты — applause, *etc.*

● духи́ — perfume, щи — cabbage soup, макаро́ны — spaghetti,
консе́рвы — preserves, сли́вки — cream, *etc.*

● су́тки — 24-hour period, су́мерки — dusk, за́морозки — early frost

● **Some place names:**
some mountains:
Карпа́ты, А́льпы, Гимала́и, А́нды, *etc.*

some islands:
Кури́лы, Гава́йи, Кана́ры, Берму́ды, Фаре́ры

some countries:
Филиппи́ны, Нидерла́нды, Соединённые Шта́ты Аме́рики
also:
тро́пики — tropics, джу́нгли — jungle, Лужники́, Соко́льники
and lot of other geographical names, mainly denoting villages and towns
on the territory of the former Soviet Union.

Unit 17
PERSONAL PRONOUNS IN THE PLURAL

Any noun in the plural can be replaced by a corresponding personal pronoun.

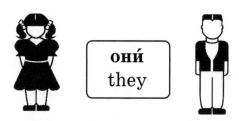

E.g.   **Это мои́ друзья́.**
These are my friends.

Они́ сейча́с живу́т в Ло́ндоне.
They live in London now.

Это мои́ кни́ги.
These are my books.

Они́ на по́лке.
They are on the shelf.

Unit 18
NUMBER AGREEMENT BETWEEN NOUNS AND ADJECTIVES

The Plural of Adjectives

Characterizing words, such as adjectives, take the plural form, so that they agree in number with the plural noun.

All three singular forms — masculine, feminine and neuter — fall into one plural form:

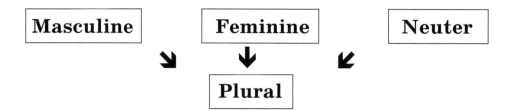

● **-ый, -ой** group, *for example:*

Singular

M.   **но́вый дом** — new house
F.   **но́вая маши́на** — new car
N.   **но́вое сло́во** — new word

Plural

но́вые дома́ — new houses
но́вые маши́ны — new cars
но́вые слова́ — new words

M. золот**о́й** брасле́т — golden bracelet
F. золот**а́я** меда́ль — gold medal
N. золот**о́е** кольцо́ — golden ring

Plural

золот**ы́е** часы́ — golden watch

Summing-up table			
M.	F.	N.	Pl.
-ый	**-ая**	**-ое**	**-ые**
-о́й	**-а́я**	**-о́е**	**-ы́е**

Summing-up table			
M.	F.	N.	Pl.
-ний	**-няя**	**-нее**	**-ние**

● **-ний** group, *for example*:

M. после́д**ний** уро́к — the last lesson
F. после́д**няя** страни́ца — the last page
N. после́д**нее** сло́во — the last word

Plural

после́д**ние** уро́ки
после́д**ние** страни́цы
после́д**ние** слова́

Mixed Plural Adjectival Endings

A large group of commonly used adjectives has the following peculiarities in the plural:

● **-гий, -кий, -хий,
-гой, -кой, -хой**
group

adjectives with stems ending in **г, к, х**
have the plural ending **-ие** in both written and spoken forms, *for example*:

M. стро́**гий**
F. стро́**гая**
N. стро́**гое**
— strict

Plural
стро́**гие**

M. доро**го́й**
F. доро**га́я**
N. доро**го́е**
— expensive, dear

Plural
дорог**и́е**

M. ру́сс**кий**
F. ру́сс**кая**
N. ру́сс**кое**
— Russian

Plural
ру́сс**кие**

M. городско́й   M. плохо́й   M. ти́хий

F. городска́я   F. плоха́я   F. ти́хая

N. городско́е   N. плохо́е   N. ти́хое

— city, urban   — bad, poor   — quiet, calm

Plural городски́е   *Plural* плохи́е   *Plural* ти́хие

Summing-up table

M.	F.	N.	Pl.	M.	F.	N.	Pl.
-гий	-гая	-гое	-гие	-го́й	-гая	-гое	-гие
-кий	-кая	-кое	-кие	-ко́й	-кая	-кое	-кие
-хий	-хая	-хое	-хие	-хо́й	-хая	-хое	-хие

● **-жий, -ший, -чий, -щий, -жой, -шой group**

The plural form of adjectives with stems ending in ж, ш, ч, щ is written with **-ие**, but pronounced **-ые**, *for example:*

M. све́жий   M. большо́й   M. чужо́й

F. све́жая   F. больша́я   F. чужа́я

N. све́жее   N. большо́е   N. чужо́е

— fresh   — big, large   — alien

Plural све́жие   *Plural* больши́е   *Plural* чужи́е

M. хоро́ший   M. горя́чий   M. настоя́щий

F. хоро́шая   F. горя́чая   F. настоя́щая

N. хоро́шее   N. горя́чее   N. настоя́щее

— good, nice   — hot   — real

Plural хоро́шие   *Plural* горя́чие   *Plural* настоя́щие

Summing-up table

M.	F.	N.	Pl.	M.	F.	N.	Pl.
-жий	-жая	-жее	-жие	-шой	-шая	-шое	-шие
-жой	-жая	-жое	-жие	-чий	-чая	-чее	-чие
-ший	-шая	-шее	-шие	-щий	-щая	-щее	-щие

Memorize!

све́жие горя́чие хоро́шие больши́е хрустя́щие бу́лочки —
fresh hot good big crunchy buns

Unit 19
NUMBER AGREEMENT BETWEEN NOUNS AND CHARACTERIZING PRONOUNS (POSSESSIVE, DEMONSTRATIVE, INTERROGATIVE AND GENERALIZING)

The Plural of Possessive pronouns

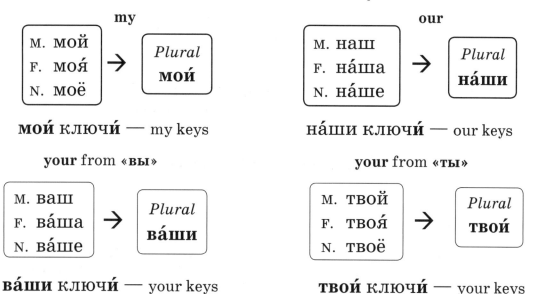

мои ключи́ — my keys

на́ши ключи́ — our keys

ва́ши ключи́ — your keys

твои́ ключи́ — your keys

But **his — его, her — её, their — их** have only one form for all genders and numbers:

его́ ключи́ — his keys, **её** ключи́ — her keys, **их** ключи́ — their keys

The Plural of Demonstrative pronouns

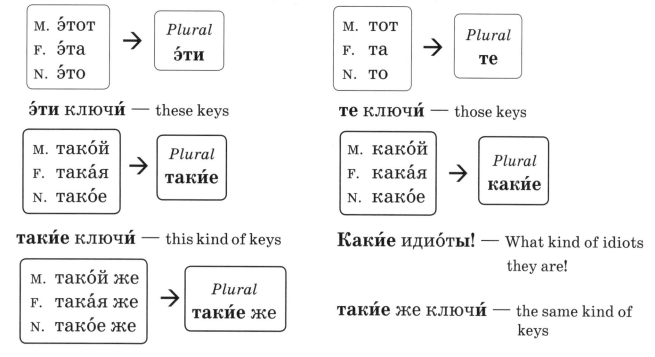

э́ти ключи́ — these keys

те ключи́ — those keys

таки́е ключи́ — this kind of keys

Каки́е идио́ты! — What kind of idiots they are!

таки́е же ключи́ — the same kind of keys

35

The Plural of Interrogative pronouns

What kind of? What?

M. како́й?
F. кака́я?
N. како́е?
→ *Plural* **каки́е?**

Whose?

M. чей?
F. чья?
N. чьё?
→ *Plural* **чьи?**

Каки́е у вас пла́ны? —
What are your plans?

Чьи э́то ключи́? —
Whose keys are these?

The Plural of other characterizing words

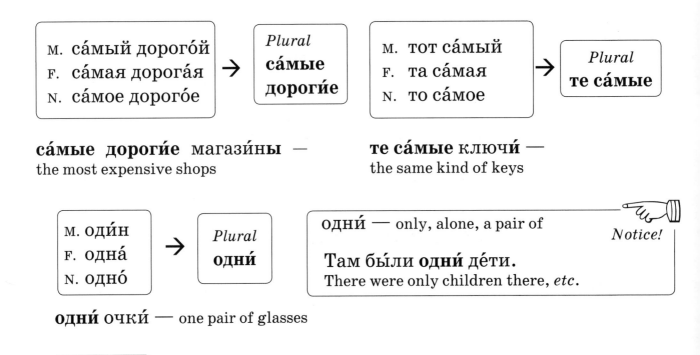

M. са́мый дорого́й
F. са́мая дорога́я
N. са́мое дорого́е
→ *Plural* **са́мые дороги́е**

M. тот са́мый
F. та са́мая
N. то са́мое
→ *Plural* **те са́мые**

са́мые дороги́е магази́ны —
the most expensive shops

те са́мые ключи́ —
the same kind of keys

M. оди́н
F. одна́
N. одно́
→ *Plural* **одни́**

одни́ — only, alone, a pair of

Notice!

Там бы́ли **одни́** де́ти.
There were only children there, *etc.*

одни́ очки́ — one pair of glasses

M. весь
F. вся
N. всё
→ *Plural* **все**

все ве́щи — all the things
все лю́ди — all the people

M. сам
F. сама́
N. само́
→ *Plural* **са́ми**

они́ **са́ми** — they themselves

also **мно́гие** лю́ди — many people
не́которые лю́ди — some people

CHAPTER 3
THE DECLENSION OF NOUNS, ADJECTIVES AND ADJECTIVAL WORDS IN THE SINGULAR

Unit 20
GENERAL OUTLINE OF THE CASE SYSTEM.
THE CASE SYSTEM AS THE RESULT OF THE GOVERNING PROCESS

There are two main types of relations between the words in a Russian sentence: **agreement** and **government.**

The agreement between nouns and characterizing words has been described in Chapter 1 (gender agreement) and Chapter 2 (number agreement).

This chapter deals with **government.**

Words and units used together to form a Russian sentence (to express an idea) are practically never equal.

Some words or simple constructions govern other words, causing **changes in their endings.**

Various kinds of endings have been «pigeon-holed» or classified into **cases.**

The **«governors»** are mainly as follows:
● **verbs** with or without prepositions,
● **prepositions,**
● **all quantitative words** including **cardinal numerals** from 2,
● **nouns in the qualifying combinations,**
● **negative constructions,**
● **impersonal constructions.**

The **«subordinates»** of the governing process are mainly as follows:
● **nouns,**
● **units** (characterizing word + noun),
● **personal pronouns,**
● **interrogative, indefinite and negative pronouns** based on personal pronouns,
● **numerals,** both cardinal and ordinal.

● There are **6** cases in Russian (given in order according to the Russian tradition):

1. The **Nominative**   4. The **Accusative**
2. The **Genitive**   5. The **Instrumental**
3. The **Dative**   6. The **Prepositional**

● The **Singular** case endings of nouns and units (characterizing words + nouns) fall into two **main groups:**

First group: Masculine & Neuter	Second group: Feminine
	-а/-я -ь

In each of these groups there are firm and soft options of the endings: **-а/-я, -о/-е**, *etc.*
For nouns of a masculine gender in singular and plural and of a feminine gender in plural it is important to distinguish animated and inanimate nouns.

● The **plural** case endings of nouns and units form one group:

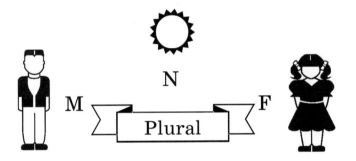

● Special attention has to be paid to the mosaic-like **genitive plural endings** of nouns.

> *Important!*
>
> Try to memorize the case endings in combination with prepositions or verbs most typical for each case.

Unit 21

DECLENSION OF MASCULINE NOUNS IN THE SINGULAR

All nouns are listed in dictionaries in the nominative case form.

Hard-ending masculine nouns

All masculine nouns, full first names and geographical names ending in a **hard** or **hissing consonant** change (decline) according to the following pattern.
Keep in mind that in this group the case endings are **attached to consonants:**

Nom.	Это **Ива́н.**
Gen.	У Ива́н**а** есть соба́ка. — Ivan has a dog.
Dat.	На́до позвони́ть Ива́н**у.** — I have to call Ivan.
Acc. = Gen.	
for animates	Я зна́ю Ива́н**а.** — I know Ivan.
Instr.	Я е́ду с Ива́н**ом.** — I go with Ivan.
Prep.	Мы говори́ли об Ива́н**е.** — We spoke about Ivan.

Nom.	Это **Петербу́рг.**
Gen.	Он живёт недалеко́ от Петербу́рг**а.**
	— He lives not far from Petersburg.
Dat.	Мы гуля́ли по Петербу́рг**у.**
	— We walked about Petersburg.
Acc. = Nom.	
for inanimates	Я е́ду в Петербу́рг. — I am going to Petersburg.
Instr.	Это ря́дом с Петербу́рг**ом.** — It is close to Petersburg.
Prep.	Он живёт в Петербу́рг**е.** — He lives in Petersburg.

Nom.	Сейча́с идёт **уро́к.** — The lesson is going on now.
Gen.	Он позвони́л по́сле уро́к**а.** — He called after the lesson.
Dat.	Он не гото́в к уро́к**у.** — He is not ready for the lesson.
Acc. = Nom.	
for inanimates:	Он пропусти́л уро́к. — He missed the lesson.
Instr.	Он позвони́л перед уро́к**ом.** — He called before the lesson.
Prep.	Он сейча́с на уро́к**е.** — He is at the lesson now.

Soft-ending masculine nouns

The ending vowel can vary depending on the stem consonant. If a stem consonant is soft (ends in **-ь**) or ends in **-й**, then a masculine noun declines according to the following pattern.

Keep in mind that the case endings **replace й** and **ь (soft sign)**.

Nom.	**Это Никола|й.**
Gen.	Биле́ты у Никола́я. — Nikolay has the tickets.
Dat.	На́до позвони́ть Никола́ю. — I have to call Nikolay.
Acc. = Gen.	
for animates	Я зна́ю Никола́я. — I know Nikolay.
Instr.	Я е́ду с Никола́ем. — I am going with Nikolay.
Prep.	Мы говори́ли о Никола́е. — We spoke about Nikolay.

Nom.	**Это учи́тел|ь.**
Gen.	Кни́га у учи́теля. — The teacher has the book.
Dat.	На́до позвони́ть учи́телю. — I have to call the teacher.
Acc. = Gen.	
for animates	Я ви́дел учи́теля. — I saw the teacher.
Instr.	Я е́ду с учи́телем. — I am going with the teacher.
Prep.	Мы говори́ли об учи́теле. — We spoke about the teacher.

Nom.	**Это хокке́|й.**
Gen.	Сего́дня нет хокке́я. — There is no hockey today.
Dat.	чемпиона́т ми́ра по хокке́ю — world hockey championship
Acc. = Nom.	
for inanimates	Он лю́бит хокке́й. — He likes hockey.
Instr.	Он занима́ется хокке́ем. — He plays hockey.
Prep.	Он говори́т то́лько о хокке́е. — He talks only about hockey.

Unit 22
THE ACCUSATIVE OF MASCULINE NOUNS IN THE SINGULAR, THE CONCEPT OF ANIMACY/INANIMACY

The accusative of masculine nouns does not have any special ending. Here Russians use the concept of **animacy** and **inanimacy**.

● **Animate nouns**, which are nouns denoting **human beings** and representatives of the **animal world**, take the form of the **genitive case** for the accusative:

Nom.	Э́то Ива́н.
Acc. = Gen.	Я ви́дел Ива́на. — I saw Ivan.
Nom.	Э́то крокоди́л.
Acc. = Gen.	Я ви́дел крокоди́ла. — I saw a crocodile.

● Inanimate nouns take the form of the **nominative** case for the accusative of inanimate nouns does not differ from the dictionary form, *for example*:

Nom. Сейча́с идёт уро́к. — The lesson is going on now.
Acc. Я пропусти́л **уро́к**. — I missed the lesson.

**Summing-up table of masculine nouns and names
in the accusative**

Accusative of animates = Genitive	**Accusative of** inanimates = Nominative
Я ви́дел Ива́на.	Я пропусти́л уро́к.
Я ви́дел Никола́я.	Я люблю́ хокке́й.
Я ви́дел крокоди́ла.	Я е́ду в Петербу́рг.
Я ви́дел учи́теля.	Я люблю́ дождь.

Unit 23
SPECIAL GROUP OF MASCULINES DENOTING «LOCATION». SOME PECULIARITIES IN INSTRUMENTAL ENDINGS

There is a large group of common masculine nouns denoting location which take -ý/-ю endings instead of -e ending in the prepositional. Keep in mind that these endings are always stressed.

Here are some of these nouns:

пол	⇨	на полý — on the floor
год	⇨	в 1985 годý — in 1985
сад	⇨	Мы сидéли в садý. — We sat in the garden.
порт	⇨	в портý — in the port
аэропóрт	⇨	в аэропортý — at the airport
лес	⇨	Мы гуля́ли в лесý. — We walked in the forest.
шкаф	⇨	Пáпки в шкафý. — The files are in the bookcase.
мост	⇨	На мостý прóбка.
		— There is a traffic jam on the bridge.
Крым	⇨	Рáньше я жил в Крымý.
		— I used to live in the Crimea.
ýгол	⇨	Корóбка стои́т в углý. — The box is in the corner.
бéрег	⇨	Дом стоя́л на берегý.
		— The house stood on the bank.
ад	⇨	в адý — in hell
рай	⇨	в раю́ — in paradise

● Some masculine nouns ending in **ц, ч, щ, ш** and **ж** take the ending **-ем** instead of **-ом** when the ending is unstressed, *for example*:

муж	⇨	с мýжем	but: нож	⇨	ножóм
иностра́нец	⇨	с иностра́нцем	врач	⇨	с врачóм

● Some masculine nouns ending in **ь** (soft sign) take the ending **-ём** in the instrumental case, *for example*:

день	⇨	С днём рождéния! — Happy birthday!
слова́рь	⇨	со словарём — with a dictionary

Unit 24
DECLENSION OF NEUTER NOUNS IN THE SINGULAR

Neuter nouns have the same case endings as masculine nouns.

Keep in mind that the case endings replace **-о** or **-е** endings.

Hard ending neuter nouns

● Neuter nouns ending in **-о** decline like the masculine noun **уро́к**, *for example*:

Nom.	Э́то о́зер|о.
Gen.	На́ша да́ча недалеко́ от о́зера.
	— Our summer cottage is not far from the lake.
Dat.	Э́то доро́га к о́зеру. — This road goes to the lake.
Acc. = Nom.	
for inanimates	Я иду́ на о́зеро. — I am going to the lake.
Instr.	На́ша да́ча ря́дом с о́зером.
	— Our summer cottage is close to the lake.
Prep.	На́ша да́ча на о́зере. — Our summer cottage is on the lake.

Soft ending neuter nouns

● Neuter nouns ending in **-е** and **-ье** decline like the soft masculine noun **хокке́й**, *for example*:

Nom.	Э́то мо́р|е.
Gen.	Он живёт недалеко́ от мо́ря.
	— He lives not far from the sea.
Dat.	Э́то доро́га к мо́рю.
	— This road goes to the sea.
Acc. = Nom.	
for inanimates:	Я люблю́ мо́ре. — I love the sea.
Instr.	Он живёт ря́дом с мо́рем.
	— He lives close to the sea.
Prep.	На́ша да́ча на мо́ре.
	— Our summer cottage is on the sea.

> Nom. = Acc. = Prep. *Notice!*

Nom.	Это **Подмоско́вь**|**е**.
Gen.	Вот ка́рта Подмоско́вья. — Here is a map of the Moscow region.
Dat.	Он мно́го е́здит по Подмоско́вью.
	— He travels a lot around the Moscow region.
Acc. = Nom.	
for inanimates	Он хорошо́ зна́ет Подмоско́вь**е**.
	— He knows the Moscow region very well.
Instr.	Э́тот райо́н грани́чит с Подмоско́вь**ем**.
	— This area borders the Moscow region.
Prep.	Он живёт в Подмоско́вь**е**. — He lives in the Moscow region.

> Nom. = Acc. = Prep.   *Notice!*

● Neuter nouns ending in **-ие** like **расписа́ние** decline like **мо́р**|**е**, except for the prepositional, *for example*:

Nom.	Вот **расписа́ни**|**е**.
Gen.	У меня́ нет расписа́ния на за́втра.
	— I have no timetable for tomorrow.
Dat.	Всё идёт по расписа́нию. — Everything is going according to schedule.
Acc. = Nom.	
for inanimates	Я ви́дел расписа́ни**е**. — I saw the timetable.
Instr.	У нас пробле́мы с расписа́ни**ем**.
	— We have problems with the timetable.
Prep.	В расписа́ни**и** есть оши́бка.
	— There is a mistake in the timetable.

● Several neuter nouns like **вре́мя** (time), **и́мя** (first name) and some others decline as follows:

Nom.	**Вре́мя** — де́ньги. — Time is money.
Gen.	У Ива́на нет вре́м|**ени**. — Ivan has no time.
Dat.	Мы пла́тим по вре́м|**ени**. — We pay according to time.
Acc. = Nom.	
for inanimates	Он то́лько потеря́л **вре́мя**. — He only lost time.
Instr.	— У Ива́на всегда́ пробле́мы со вре́м|**енем**.
	— Ivan has always problems with time.
Prep.	Он забы́л о вре́м|**ени**. — He forgot about time.

Unit 25
SUMMING-UP TABLE OF MASCULINE AND NEUTER NOUN DECLENSION IN THE SINGULAR

Hard declension	Soft declension
Nom.	**Nom.**
Ива́н	Никола́й
уро́к	учи́тель
Петербу́рг	мо́ре
о́зеро	**расписа́ние**
Gen. -а	**Gen. -я**
у Ива́на	у Никола́я
по́сле уро́ка	у учи́теля
о́коло Петербу́рга	о́коло мо́ря
о́коло о́зера	нет расписа́ния
Dat. -у	**Dat. -ю**
позвони́ть Ива́ну	позвони́ть Никола́ю
гото́в к уро́ку	сказа́ть учи́телю
гуля́ть по Петербу́ргу	е́ду к мо́рю
е́ду к о́зеру	по расписа́нию
Acc.	**Acc.**
Anim. = Gen.	Anim. = Gen.
Inanim. = Nom.	Inanim. = Nom.
я зна́ю Ива́на = Gen.	я зна́ю Никола́я = Gen.
я зна́ю уро́к = Nom.	я ви́жу учи́теля = Gen.
я люблю́ Петербу́рг = Nom.	я люблю́ мо́ре = Nom.
я ви́жу о́зеро = Nom.	я ви́дел расписа́ние = Nom.
Instr. -ом	**Instr. -ем**
е́ду с Ива́ном	е́ду с Никола́ем
пе́ред уро́ком	поговори́ть с у́чителем
под Петербу́ргом	за мо́рем
за о́зером	пробле́мы с расписа́нием
Prep. -е	**Prep. -е**
говори́ли об Ива́не	говори́ли о Никола́е
на уро́ке	говори́ли об учи́теле
в Петербу́рге	на мо́ре
на о́зере, *but* в лесу́	*but* в расписа́нии

Unit 26
DECLENSION OF FEMININE NOUNS IN THE SINGULAR

Most Russian nouns decline according to established patterns. Each type makes certain changes based on its ending.

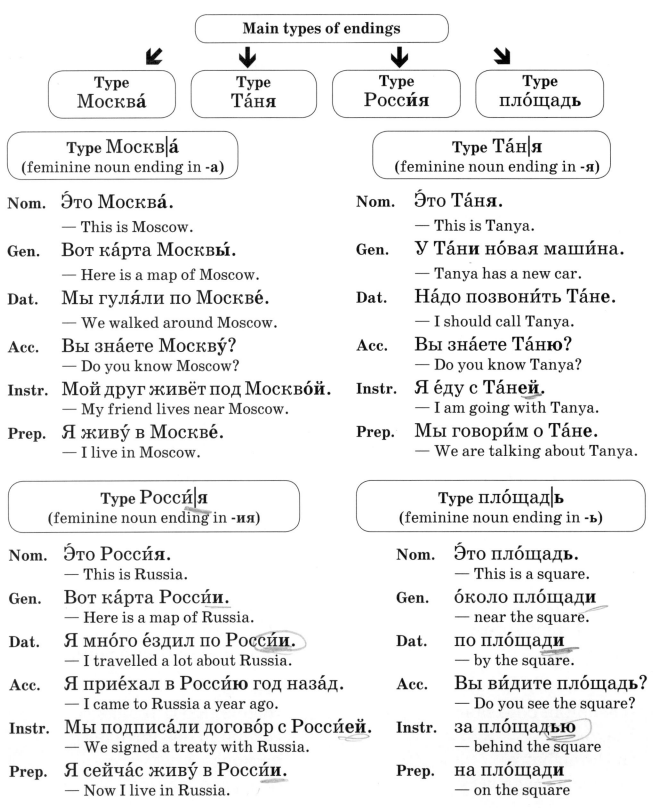

Main types of endings

| Type Москва́ | Type Та́ня | Type Росси́я | Type пло́щадь |

Type Москв|а́
(feminine noun ending in **-a**)

Nom. Это Москва́.
— This is Moscow.

Gen. Вот ка́рта Москвы́.
— Here is a map of Moscow.

Dat. Мы гуля́ли по Москве́.
— We walked around Moscow.

Acc. Вы зна́ете Москву́?
— Do you know Moscow?

Instr. Мой друг живёт под Москво́й.
— My friend lives near Moscow.

Prep. Я живу́ в Москве́.
— I live in Moscow.

Type Та́н|я
(feminine noun ending in **-я**)

Nom. Это Та́ня.
— This is Tanya.

Gen. У Та́ни но́вая маши́на.
— Tanya has a new car.

Dat. На́до позвони́ть Та́не.
— I should call Tanya.

Acc. Вы зна́ете Та́ню?
— Do you know Tanya?

Instr. Я е́ду с Та́ней.
— I am going with Tanya.

Prep. Мы говори́м о Та́не.
— We are talking about Tanya.

Type Росси́|я
(feminine noun ending in **-ия**)

Nom. Это Росси́я.
— This is Russia.

Gen. Вот ка́рта Росси́и.
— Here is a map of Russia.

Dat. Я мно́го е́здил по Росси́и.
— I travelled a lot about Russia.

Acc. Я прие́хал в Росси́ю год наза́д.
— I came to Russia a year ago.

Instr. Мы подписа́ли догово́р с Росси́ей.
— We signed a treaty with Russia.

Prep. Я сейча́с живу́ в Росси́и.
— Now I live in Russia.

Type пло́щад|ь
(feminine noun ending in **-ь**)

Nom. Это пло́щадь.
— This is a square.

Gen. о́коло пло́щади
— near the square.

Dat. по пло́щади
— by the square.

Acc. Вы ви́дите пло́щадь?
— Do you see the square?

Instr. за пло́щадью
— behind the square

Prep. на пло́щади
— on the square

Keep in mind that there are 3 additional mixed types of feminine noun case forms:

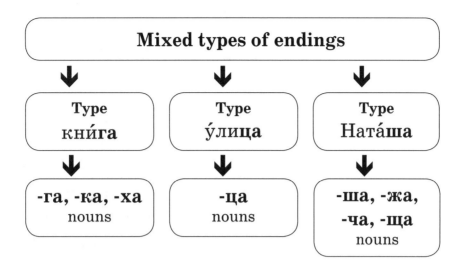

| Type
кни́|га | Feminine nouns ending in **-га, -ка, -ха** follow type **Москва́**, but in the genitive case **-и** is used instead of **-ы**:
кни́га ⇨ Дом кни́ги, -га ⇨ -ги |

| Type
у́ли|ца | Feminine nouns ending in **-ца** follow type **Москва́**, but in the **instrumental case -ей** is used instead of **-ой**:
у́лица ⇨ за у́лицей, -ца ⇨ -цей |

| Type
Ната́|ша | Feminine nouns ending in **-ша, -жа, -ча** и **-ща** follow type **Москва́**, but has two irregularities:
● in the genitive case the ending is written **-и** instead of **-ы**:
Ната́ша ⇨ у Ната́ши, -ша ⇨ -ши |

● in the **instrumental case -ей** is used instead of **-ой**:

Ната́ша ⇨ с Ната́шей, -ша ⇨ -шей

● Type «Natural Masculines» (masculine nouns ending in **-а** or **-я**) follows similar types of feminine nouns:

па́па like Москва́, де́душка like кни́га

Ко́ля like Та́ня, Серёжа like Ната́ша, *for example:*

у па́пы, у де́душки, у Ко́ли, у Серёжи

Unit 27
SUMMING-UP TABLE OF FEMININE NOUN DECLENSION IN THE SINGULAR

	Type Москв|а́	Type Та́н|я
Nom.	Москва́	Та́ня
Gen.	ка́рта Москвы́	у Та́ни
Dat.	гуля́л по Москве́	позвони́ть Та́не
Acc.	зна́ю Москву́	зна́ю Та́ню
Instr.	живёт под Москво́й	е́ду с Та́ней
Prep.	живёт в Москве́	говори́м о Та́не

	Type Росси́|я	Type пло́щад|ь
Nom.	Росси́я	пло́щадь
Gen.	ка́рта Росси́и	о́коло пло́щади
Dat.	е́здил по Росси́и	гуля́л по пло́щади
Acc.	прие́хал в Росси́ю	ви́жу пло́щадь
Instr.	догово́р с Росси́ей	за пло́щадью
Prep.	живёт в Росси́и	на пло́щади

Special case!

Declension of feminine nouns мать and дочь

Nom.	мать/дочь
Gen.	у ма́т|ер|и/у до́ч|ер|и
Dat.	позвони́ть ма́т|ер|и/до́ч|ер|и
Acc.	встре́тить мать/дочь = Nom.
Instr.	говори́ть с ма́т|ер|ью/до́ч|ер|ью
Prep.	говори́ть о ма́т|ер|и/до́ч|ер|и

Unit 28
ADJECTIVAL TYPE OF DECLENSION IN RUSSIAN, GENERAL OUTLINE

The following categories of Russian words have adjectival case forms:

- **all types of adjectives**
- **possessive pronouns** — мой, твой, наш, ваш
- **all demonstrative pronouns** — э́тот, тот, тако́й **and other pronouns in combinations with them**
- **interrogative/relative pronouns** — како́й, чей, кото́рый (which, who)
- **indefinite and negative pronouns based on** како́й, чей, кото́рый
- **possessive reflexive pronoun** — свой
- **determinative pronouns** — са́мый, весь (whole), ка́ждый (each, every)
- **all long participles** — сло́манный, опозда́вший, опа́здывающий, *etc.*
- **ordinal numerals** — пе́рвый (first), два́дцать пе́рвый (21 st), *etc.*
- **adjectival nouns** — дежу́рный (person on duty), моро́женое (ice cream), на́бережная (embankment), *etc.*
- **participial nouns** — ра́неный (wounded person), прохо́жий (passerby), *etc.*
- **family names of adjectival origin** — Достое́вский, Толста́я, *etc.*
- **place names and names of metro and railway stations, hotels,** *etc.* — село́ Коло́менское (earlier a village, now a part of Moscow), го́род Жуко́вский (town), ста́нция Лугова́я (station), ста́нция «Смоле́нская» (metro station), гости́ница «Прибалти́йская» (hotel), *etc.*
- **generalizing/replacing words** — э́то (this, that), всё (everything), все (everybody, everyone), мно́гие (many people).

The declension types of all adjectives and adjectival words can be grouped as follows:

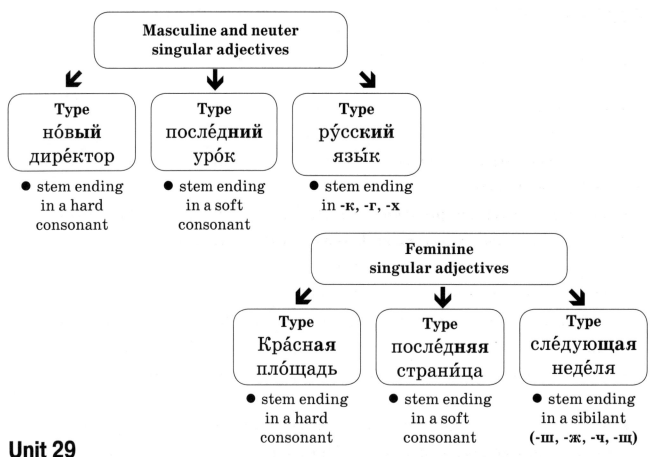

Unit 29

DECLENSION OF MASCULINE AND NEUTER ADJECTIVES IN THE SINGULAR

Hard declension

| | | Type
но́вый
дире́ктор |

Nom. Это наш но́в**ый** дире́ктор.
— This is our new director.

Gen. У но́в**ого** дире́ктора дорога́я маши́на.
— The new director has an expensive car.

Dat. Я иду́ к но́в**ому** дире́ктору.
— I am visiting the new director.

Acc. Я уже́ ви́дел но́в**ого** дире́ктора.
— I have already seen the new director.

Instr. Я говори́л с но́в**ым** дире́ктором.
— I have spoken with the new director.

Prep. Мы говори́ли о но́в**ом** дире́кторе.
— We were talking about the new director.

The following words belong to this declension type:
● all masculine and neuter long adjectives, long participles, ordinal numerals and adjectival pronouns ending in **-ый** or **-ой**;
● all possessive adjectives like **ма́мин** and their neuter forms.

Soft declension

Nom.	Это после́**дний** уро́к. — This is the last lesson.	
Gen.	Он пришёл по́сле после́**днего** уро́ка.	**Type** после́дний уро́к
	— He came after the last lesson.	
Dat.	Он пришёл к после́**днему** уро́ку.	
	— He came for (by) the last lesson.	
Acc.	Он пропусти́л после́**дний** уро́к.	
	— He missed the last lesson.	
Instr.	Он пришёл перед после́**дним** уро́ком.	
	— He came before the last lesson.	
Prep.	Он спал на после́**днем** уро́ке.	
	— He slept at the last lesson.	

The following words belong to this declension type:
● masculine and neuter long adjectives ending in **-ний, -чий, -жий, -щий, -ший, -сий**
● long participles ending in **-щий** or **-ший** and their neuter forms, *for example*:

хоро́**ший**, горя́**чий**, свé**жий**, настоя́**щий**, *etc*.

Note that the instrumental endings **-жим** and **-шим** are written **и**, but pronounced **ы**.
● the numeral **тре́тий** — third.

Mixed declension

Nom.	Это ру́**сский** язы́к.	**Type** ру́сский язы́к
	— This is the Russian language.	
Gen.	уро́к ру́**сского** языка́ — Russian lesson	
Dat.	экза́мен по ру́**сскому** языку́ — Russian exam	
Acc.	Я изуча́ю ру́**сский** язы́к. — I am learning Russian.	
Instr.	Я занима́юсь ру́**сским** языко́м. — I study Russian.	
Prep.	кни́ги на ру́**сском** языке́ — Russian books	

To this declension type belongs a large group of commonly used long masculine adjectives ending in **-кий, -ский, -гий, -хий; -ско́й, -го́й, -хо́й, -шо́й** and **-жо́й** and their neuter forms, *for example*:

ма́лень**кий**/ма́лень**кое** — small, little
англи́й**ский**/ англи́й**ское** — English
стро́**гий**/стро́**гое** — strict
ти́**хий**/ти́**хое** — quiet, calm
город**ско́й**/город**ско́е** — city, urban
дру**го́й**/дру**го́е** — other, another
пло**хо́й**/пло**хо́е** — bad
боль**шо́й**/боль**шо́е** — big, large
чу**жо́й**/чу**жо́е** — alien, strange

● The adjectival pronouns **какóй/какóе**, **такóй/такóе** and the numeral **одúн/однó** decline according to the same pattern.

Summing-up table of masculine and neuter adjectival declensions in the singular			
Type	нóвый	послéдний	рýсский
Nom.	нóвый	послéдний	рýсский
	нóвое	послéднее	рýсское
Gen.	нóвого	послéднего	рýсского
Dat.	нóвому	послéднему	рýсскому
Acc.	нóвый	послéдний	рýсский
	нóвого	послéднего	рýсского
	нóвое	послéднее	рýсское
Instr.	нóвым	послéдним	рýсским
Prep.	нóвом	послéднем	рýсском

Unit 30
DECLENSION OF FEMININE ADJECTIVES IN THE SINGULAR

There are 3 declension types:

Type Крáсная плóщадь	Type послéдняя странúца	Type слéдующая недéля

Hard declension

		Type Крáсная плóщадь
Nom.	Вот Крáсная плóщадь. — Here is Red Square.	
Gen.	Музéй нахóдится óколо Крáсной плóщади. — The museum is near Red Square.	
Dat.	Мы гуля́ли по Крáсной плóщади. — We walked about Red Square.	
Acc.	Вы вúдели Крáсную плóщадь? — Have you seen Red Square?	
Instr.	Собóр стоúт ря́дом с Крáсной плóщадью. — The cathedral is close to Red Square.	
Prep.	Мы бы́ли на Крáсной плóщади. — We were on Red Square.	

● To this type belong all **-ая** ending adjectives, including **больша́я, чужа́я,** *etc.*, the adjectival pronouns **кака́я, така́я** and the numeral **одна́.**

Soft declension

● To this declension type belong all **-няя** ending feminine adjectives.

Nom.	Э́то после́**дняя** страни́ца. — This is the last page.
Gen.	Здесь нет после́**дней** страни́цы.
	— There is no last page here.
Dat.	Мураве́й полз по после́**дней** страни́це.
	— An ant was crawling along the last page.
Acc.	Сейча́с я чита́ю после́**днюю** страни́цу.
	— I am reading the last page now.
Instr.	Ну́жно помести́ть фотогра́фию перед после́**дней** страни́цей. — You should place the photo before the last page.
Prep.	Оши́бка была́ на после́**дней** страни́це.
	— The mistake was on the last page.

> **Type**
> после́**дняя**
> страни́ца

Mixed declension

● To this declension type belong feminine adjectives and participles ending in unstressed **-шая, -чая, -щая:**

Nom.	Э́то сле́дую**щая** неде́ля. — This is the next week.
Gen.	Я бу́ду ждать до сле́дую**щей** неде́ли.
	— I will wait until next week.
Dat.	Всё бу́дет гото́во к сле́дую**щей** неде́ле.
	— Everything will be ready by next week.
Acc.	Он бу́дет там всю сле́дую**щую** неде́лю.
	— He will be there all of next week.
Instr.	Он позвони́т перед сле́дую**щей** встре́чей.
	— He will call before the next meeting.
Prep.	Всё бу́дет гото́во на сле́дую**щей** неде́ле.
	— Everything will be ready next week.

> **Type**
> сле́дую**щая**
> неде́ля

Summing-up table of feminine adjectival declension in the singular
Gen. = Dat. = Instr. = Prep.

Type	Кра́с**ная** пло́щадь	после́**дняя** страни́ца	сле́дую**щая** неде́ля
Gen.	Кра́с**ной**	после́**дней**	сле́дую**щей**
Dat.	Кра́с**ной**	после́**дней**	сле́дую**щей**
Acc.	Кра́с**ную**	после́**днюю**	сле́дую**щую**
Instr.	Кра́с**ной**	после́**дней**	сле́дую**щей**
Prep.	Кра́с**ной**	после́**дней**	сле́дую**щей**

CHAPTER 4
DECLENSION OF NOUNS, ADJECTIVES AND ADJECTIVAL WORDS IN THE PLURAL

Unit 31
DECLENSION OF NOUNS IN THE PLURAL

The nominative plural endings determine the attribution of nouns to one of the following groups:

↙   ↘

> **Hard ending group**

> **Soft ending group**

● **-ы** ending nouns:
маши́н**ы**, компью́тер**ы**

● **-и** ending nouns:
го́ст**и**, де́т**и**, музе́**и**, словар**и́**, тетра́д**и**

● **-а** ending nouns:
дом**а́**, слов**а́**, озёр**а**

● **-я, -ия, -ья** ending nouns:
пол**я́**, зда́н**ия**, друзь**я́**

● **-ги, -ки, -хи** ending nouns:
кни́**ги**, де́воч**ки**, слу́**хи**

● **-жи, -ши, -чи, -щи** ending nouns:
лы́**жи**, врач**и́**

● **-ане, -яне** ending nouns:
христиа́**не**, крестья́**не**

Declension of hard ending nouns in the plural

> **Type**
> **лы́жи**
>
> (**-жи, -ши, чи-, -щи** ending)

Nom.	Вот мои́ лы́жи. — Here are my skis.
Gen.	В магази́не мно́го лыж.
	(*See the genitive plural of nouns.*)
	— There are many skis in the shop.
Dat.	К лы́жам есть боти́нки. — There are boots for skis.
Acc. = Nom.	
for inanimates	Я купи́л лы́жи. — I bought the skis.
Instr.	Тепе́рь я занима́юсь лы́жами. — I go in for skiing now.
Prep.	Я люблю́ ката́ться на лы́жах. — I like skiing.

Declension of soft ending nouns in the plural

Nom.	Это мои́ друзья́.	— These are my friends.
Gen.	У моего́ бра́та мно́го друзе́й.	— My brother has many friends.
	(*See the genitive plural of nouns.*)	
Dat.	Он ча́сто звони́т друзья́м.	— He often calls his friends.
Acc. = Gen.		
for animates	Брат пригласи́л друзе́й.	— My brother invited his friends.
Instr.	Мой брат игра́ет с друзья́ми в хокке́й.	— My brother plays hockey with his friends.
	(but **детьми́, людьми́, лошадьми́**)	
Prep.	Он всегда́ расска́зывает о друзья́х.	— He always tells about his friends.

Unit 32
THE GENITIVE PLURAL OF NOUNS

Within the plural declension of nouns, special attention has to be paid to frequently used but very complicated forms — **the genitive plural of nouns.**

These forms have to be treated separately, because it is important for its formation to notice gender and stem (hard or soft) of a noun.

The formation of the genitive plural of nouns is based mainly on the **nominative singular** forms, and only in a limited number of cases it is based on the nominative plural forms. You can find the formation of the nominative plural of nouns in Unit 15.

The genitive plural noun endings can be grouped as follows:

1. **-ов** group: 100 ме́тр**ов**
2. **-ев** group: мно́го япо́нц**ев**
3. **-ей** group: 100 рубл**е́й**, мор**е́й**
4. **«zero ending»** group: мно́го **маши́н, о́кон**
5. **-ий** group: не́сколько фотогра́ф**ий**

Group 1

> **-ов** group
> Model: **100 метров**

● This group includes the **masculine hard-stem** nouns:

> **Nom. Singular** ⇨ **Gen. Plural**

метр	⇨ 100 ме́тр**ов**	до́ллар	⇨	100 до́ллар**ов**
час	⇨ 10 час**о́в**	лист	⇨	100 лист**о́в**
киломе́тр	⇨ 100 киломе́тр**ов**	уро́к	⇨	мно́го уро́к**ов**
литр	⇨ 100 ли́тр**ов**	финн	⇨	мно́го фи́нн**ов**
проце́нт	⇨ 100 проце́нт**ов**	гриб	⇨	мно́го гриб**о́в**, *etc.*

● And also some common **plural-only** nouns:

очк | **и́** — glasses	⇨ без очк**о́в**
джи́нс | **ы** — jeans	⇨ нет джи́нс**ов**
переговор | **ы** — negotiations	⇨ во вре́мя переговор**ов**
вы́бор | **ы** — elections	⇨ по́сле вы́бор**ов**
час | **ы́** — clock, watch	⇨ нет час**о́в**
мемуа́р | **ы** — memoirs	⇨ мно́го мемуа́р**ов**
аплодисме́нт | **ы** — applause	⇨ мно́го аплодисме́нт**ов**
дух | **и́** — perfume	⇨ флако́н дух**о́в**
консе́рв | **ы** — canned food	⇨ коро́бка консе́рв**ов**
Лужник | **и́**	⇨ в райо́не Лужник**о́в**
Соко́льник | **и**	⇨ в райо́не Соко́льник**ов**, *etc.*

Group 2

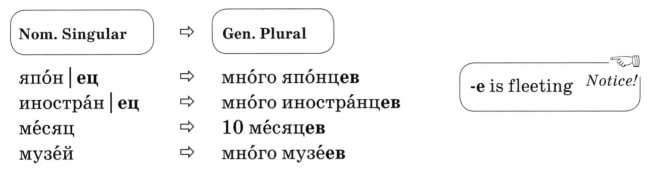

- This group also includes the **masculine** nouns ending in **-ец** and **-й** in the nominative singular:

Nom. Singular	⇨	Gen. Plural
япо́н | **ец**	⇨	мно́го япо́нц**ев**
иностра́н | **ец**	⇨	мно́го иностра́нц**ев**
ме́сяц	⇨	10 ме́сяц**ев**
музе́й	⇨	мно́го музе́**ев**

> **-е** is fleeting *Notice!*

- Several **masculine** and **neuter** nouns with the plural nominative ending in **-ья** also belong to this group:

Nom. Plural	⇨	Gen. Plural
дере́в | **ья**	⇨	дере́вь**ев**
бра́т | **ья**	⇨	бра́ть**ев**
сту́л | **ья**	⇨	сту́ль**ев**
ли́ст | **ья**	⇨	ли́сть**ев**

Group 3

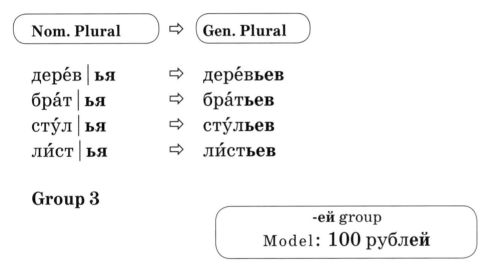

- This group includes the **soft-stem masculine** and **feminine** nouns ending in a **-ь** or a hissing consonant **ч, ж, щ, ш**, *for example*:

Nom. Singular	⇨	Gen. Plural
м. рубль	⇨	100 рубл**е́й**
м. день	⇨	10 дн**ей**
м. гость	⇨	мно́го гост**е́й**
м. учи́тель	⇨	мно́го учител**е́й**

Nom. Singular		⇨	Gen. Plural
M.	врач	⇨	мно́го врач**е́й**
M.	муж	⇨	мно́го муж**е́й**
M.	плащ	⇨	мно́го плащ**е́й**
F.	но́вость	⇨	мно́го новост**е́й**
F.	тетра́дь	⇨	10 тетра́д**ей**
F.	ночь	⇨	5 ноч**е́й**
F.	ло́шадь	⇨	мно́го лошад**е́й**
F.	мышь	⇨	мно́го мыш**е́й**
F.	вещь	⇨	мно́го вещ**е́й**

● This group also includes **neuter** nouns ending with **-e**:

по́л	е	⇨	мно́го пол**е́й**
мо́р	е	⇨	пять мор**е́й**

● Some common irregular nouns are also a part of this group:

Nom. Singular		⇨	Nom. Plural	⇨	Gen. Plural
M.	друг	⇨	друз | **ья́**	⇨	мно́го друз**е́й**
M.	сын	⇨	сынов | **ья́**	⇨	мно́го сынов**е́й**
			де́т | **и**	⇨	мно́го дет**е́й**
			лю́д | **и**	⇨	мно́го люд**е́й**
M.	сосе́д	⇨	сосе́д | **и**	⇨	мно́го сосе́дей
F.	мать	⇨	ма́тер | **и**	⇨	у матер**е́й**
F.	дочь	⇨	до́чер | **и**	⇨	5 дочер**е́й**

Group 4

> **«zero ending»** group
> Model: мно́го **маши́н**

● This group is quite vast. It includes the **feminine hard-stem** nouns (with **-a** ending in the nominative singular).

Nom. Singular	⇨	Gen. Plural
маши́н | **а**	⇨	мно́го **маши́н**
соба́к | **а**	⇨	мно́го **соба́к**
же́нщин | **а**	⇨	мно́го **же́нщин**
проблéм | **а**	⇨	мно́го **проблéм**
кни́г | **а**	⇨	мно́го **кни́г**
мину́т | **а**	⇨	10 **мину́т**
ты́сяч | **а**	⇨	10 **ты́сяч**
оши́бк | **а**	⇨	мно́го **оши́б<u>о</u>к**
ма́рк | **а**	⇨	100 **ма́р<u>о</u>к**
па́чк | **а**	⇨	10 **па́ч<u>е</u>к**
копéйк | **а**	⇨	10 **копéе<u>е</u>к**, *etc.*

Keep in mind, that **o** or **e** must be inserted between the final consonants for easier pronounciation.

● The **hard-stem neuter** nouns (-**o** ending nouns) also belong to the «zero ending» group:

мéст | **о**	⇨	нет **мест**
óзер | **о**	⇨	мно́го **озёр**
слóв | **о**	⇨	мно́го **слов**
окн | **ó**	⇨	мно́го **ók<u>о</u>н**
яйц | **ó**	⇨	12 **я<u>и</u>ц**, *etc.*

● The feminine **-я** ending nouns can also be considered a part of the «zero ending» group:

недéл | **я**	⇨	5 **недéль**
week		
дерéвн | **я**	⇨	мно́го **деревéнь**
village		
ды́н | **я**	⇨	мно́го **дынь**
honey-melon		

● The «zero ending» group also includes some **commonly used masculine nouns:**

Nom. Singular	⇨	Gen. Plural

один челове́к	⇨	**10 челове́к**
один раз	⇨	**мно́го раз**
один грамм	⇨	**100 грамм** Coll.
один килогра́мм	⇨	**10 килогра́мм** Coll.

● To this group belong a lot of **nouns identifying people,** *for example*:

один россия́н | **ин**	⇨	мно́го **россия́н**
один христиа́н | **ин**	⇨	мно́го **христиа́н**
один крестья́н | **ин**	⇨	мно́го **крестья́н**
один мусульма́н | **ин**	⇨	мно́го **мусульма́н**
один англича́н | **ин**	⇨	мно́го **англича́н**
один датча́н | **ин**	⇨	мно́го **датча́н**
один граждан | **и́н**	⇨	мно́го **гра́ждан**
but один цыга́н	⇨	мно́го **цыга́н,** *etc.*

● Nouns from the «**baby**» group:

Nom. Plural	⇨	Gen. Plural

ребя́т | **а**	⇨	мно́го **ребя́т**
котя́т | **а**	⇨	**5 котя́т**
цыпля́т | **а**	⇨	мно́го **цыпля́т,** *etc.*

● Also **some frequently used nouns:**

хозя́ев | **а**	⇨	нет **хозя́ев**
я́блок | **и**	⇨	мно́го **я́блок**
N.		
и́мя ⇨ имена́	⇨	мно́го **имён**

● The «zero ending» group includes the following **plural-only** nouns:

Nom. Plural		Gen. Plural
де́ньг | **и** — money	⇨	мно́го **де́нег**
воро́т | **а** — gate	⇨	о́коло **воро́т**
но́жниц | **ы** — scissors	⇨	нет **но́жниц**
са́нк | **и** — sledge	⇨	нет **са́нок**
кани́кул | **ы** — vacation	⇨	по́сле **кани́кул**
по́хорон | **ы** — funeral	⇨	по́сле **похоро́н**
дров | **а́** — firewood	⇨	нет **дров**
сли́вк | **и** — cream	⇨	па́чка **сли́вок**
су́тк | **и** — 24 hours	⇨	дво́е **су́ток**
Карпа́т | **ы**	⇨	в райо́не **Карпа́т**
А́льп | **ы**	⇨	в райо́не **Альп**
Кури́л | **ы**	⇨	пробле́мы **Кури́л**
Филиппи́н | **ы**	⇨	о́коло **Филиппи́н**

Group 5

-ий group
Model: мно́го фотогра́ф**ий**

This small group includes the **feminine** nouns ending in **-ия, -ья** and the **neuter** nouns ending in **-ие** in the nominative singular.

Nom. Singular		Gen. Plural
F. фотогра́фия	⇨	мно́го фотогра́ф**ий**
F. иллюстра́ция	⇨	мно́го иллюстра́ц**ий**
F. семья́	⇨	мно́го сем**е́й**
N. зда́ние	⇨	мно́го зда́н**ий**
N. предложе́ние	⇨	мно́го предложе́н**ий**
N. упражне́ние	⇨	мно́го упражне́н**ий**
N. соревнова́ние	⇨	мно́го соревнова́н**ий**

Unit 33
THE ACCUSATIVE PLURAL OF NOUNS

There are no special endings for the accusative plural of nouns.

The forms of **nominative plural** or the **genitive plural** of nouns are used for the accusative plural. The following diagram illustrates this:

> **The Accusative Plural**

> of **masculine** and **feminine animates** = **Genitive** Plural

> of **masculine** and **feminine inanimates**, also **neuter** nouns = **Nominative** Plural

Animates

Он пригласи́л **госте́й.** (гость — м.)
— He invited some guests.

Он лю́бит **соба́к.** (соба́ка — F.)
— He likes dogs.

See previous units for the formation of the genitive plural.

Inanimates

Он купи́л **биле́ты.** (биле́т — м.)
— He bought the tickets.

Он купи́л **лы́жи.** (лы́жа — F.)
— He bought the skis.

Он вы́учил **слова́.** (сло́во — N.)
— He learned the words.

Unit 34
DECLENSION OF PLURAL CHARACTERIZING WORDS
(adjectives, adjectival words, etc.)

All plural characterizing words (adjectives and adjectival words) fall into two ending groups:

> **First group**
> comprises words with **-ие** or **-и** endings in the nominative plural

> **Second group**
> comprises words with **-ые** or **-ы** endings in the nominative plural

Here you can find the examples with both types of endings:

Nom.	Вот мои́ но́вые лы́жи. — These are my new skis.	
Gen.	А э́то мазь для мои́х но́вых лыж.	
	— This is wax for my new skis.	
Dat.	К мои́м но́вым лы́жам на́до купи́ть боти́нки.	
	— I have to buy boots for my new skis.	

Acc. Мой друг ещё не ви́дел мои́ но́вые лы́жи.
— My friend has not yet seen my new skies.
(Inanimate = Nom. If Animate = Gen.)

Instr. Мой друг заинтересова́лся мои́ми но́выми лы́жами.
— My friend showed some interest in my new skis.

Prep. Хорошо́ ката́ться на мои́х но́вых лы́жах.
— It is nice to ride my new skis.

Here you can find the summing-up table of the plural adjectival endings:

Summing-up table	
First group	**Second group**
Nom. -ие, -и	-ые, -ы
Gen. -их	-ых
Dat. -им	-ым
Acc. -их (animates)	-ых (animates)
-ие, -и (inanimates)	-ые, -ы (inanimates)
Instr. -ими	-ыми
Prep. -их	-ых

Here you can find a list of **characterizing words** in the nominative plural declining like мой:

- all adjectives ending in **-ие**, like ру́сские, после́дние, *etc.*
- all possessive adjectives ending in **-и**, like соба́чьи, *etc.*
- participles ending in **-ие**, like настоя́щие, *etc.*
- the majority of the adjectival pronouns:

  твои́, на́ши, ва́ши, свои́, э́ти

  таки́е, таки́е же

  каки́е, каки́е-то, каки́е-нибудь

  чьи, чьи́-то, чьи́-нибудь

  никаки́е, ничьи́, други́е, мно́гие, са́ми

- adjectival surnames, like Успе́нские
- the ordinal numeral тре́тьи

Here you can find a list of **characterizing words** in the nominative plural declining like нóвые:

● all adjectives ending in -ые, like нóвые, *etc.*

● all possessive adjectives ending in -ы, like мáмины, *etc.*

● ordinal numerals: пéрвые, вторы́е, *etc.*

● participles ending in -ые, like рáненые

● a few adjectival pronouns: котóрые, любы́е, кáждые, сáмые, нéкоторые

● adjectival surnames, like Толсты́е

Keep in mind that two adjectival pronouns **те** and **все** have slightly different endings:

Nom.	те, все		
Gen.		тех, всех	
Dat.			тем, всем
Acc. Animates		тех, всех (= Gen.)	
Inanimates	те, все (= Nom.)		
Instr.			тéми, всéми
Prep.		тех, всех	

Unit 35
DECLENSION TABLES OF ADJECTIVAL PRONOUNS, BOTH SINGULAR AND PLURAL

<table>
<tr><td colspan="5" align="center">мой – my, mine</td></tr>
<tr><td></td><td>M.</td><td>N.</td><td>F.</td><td>Pl.</td></tr>
<tr><td>Nom.</td><td>мой</td><td>моё</td><td>моя́</td><td>мои́</td></tr>
<tr><td>Gen.</td><td colspan="2">моегó</td><td>моéй</td><td>мои́х</td></tr>
<tr><td>Dat.</td><td colspan="2">моемý</td><td>моéй</td><td>мои́м</td></tr>
<tr><td>Acc.</td><td>мой/моегó</td><td>моё</td><td>мою́</td><td>мои́/мои́х</td></tr>
<tr><td>Instr.</td><td colspan="2">мои́м</td><td>моéй</td><td>мои́ми</td></tr>
<tr><td>Prep.</td><td colspan="2">моём</td><td>моéй</td><td>мои́х</td></tr>
</table>

твой – your, yours (from «ты»)

	M.	N.	F.	Pl.
Nom.	твой	твоё	твоя́	твои́
Gen.	твоего́		твое́й	твои́х
Dat.	твоему́		твое́й	твои́м
Acc.	твой/твоего́	твоё	твою́	твои́/твои́х
Instr.	твои́м		твое́й	твои́ми
Prep.	твоём		твое́й	твои́х

свой – someone's own

	M.	N.	F.	Pl.
Nom.	свой	своё	своя́	свои́
Gen.	своего́		свое́й	свои́х
Dat.	своему́		свое́й	свои́м
Acc.	свой/своего́	своё	свою́	свои́/свои́х
Instr.	свои́м		свое́й	свои́ми
Prep.	своём		свое́й	свои́х

наш – our, ours

	M.	N.	F.	Pl.
Nom.	наш	на́ше	на́ша	на́ши
Gen.	на́шего		на́шей	на́ших
Dat.	на́шему		на́шей	на́шим
Acc.	наш/на́шего	на́ше	на́шу	на́ши/на́ших
Instr.	на́шим		на́шей	на́шими
Prep.	на́шем		на́шей	на́ших

ваш – your, yours (from «вы»)

	M.	N.	F.	Pl.
Nom.	ваш	ва́ше	ва́ша	ва́ши
Gen.	ва́шего		ва́шей	ва́ших
Dat.	ва́шему		ва́шей	ва́шим
Acc.	ваш/ва́шего	ва́ше	ва́шу	ва́ши/ва́ших
Instr.	ва́шим		ва́шей	ва́шими
Prep.	ва́шем		ва́шей	ва́ших

э́тот – this

	M.	N.	F.	Pl.
Nom.	э́тот	э́то	э́та	э́ти
Gen.	э́того		э́той	э́тих
Dat.	э́тому		э́той	э́тим
Acc.	э́тот/э́того	э́то	э́ту	э́ти/э́тих
Instr.	э́тим		э́той	э́тими
Prep.	э́том		э́той	э́тих

тот – that

	M.	N.	F.	Pl.
Nom.	тот	то	та	те
Gen.	того́		той	тех
Dat.	тому́		той	тем
Acc.	тот/того́	то	ту	те/тех
Instr.	тем		той	те́ми
Prep.	том		той	тех

весь – all, whole

	M.	N.	F.	Pl.
Nom.	весь	всё	вся	все
Gen.	всего		всей	всех
Dat.	всему́		всей	всем
Acc.	весь/всего	всё	всю	все/всех
Instr.	всем		всей	все́ми
Prep.	всём		всей	всех

какой – what, what kind of, which

	M.	N.	F.	Pl.
Nom.	како́й	како́е	кака́я	каки́е
Gen.	како́го		како́й	каки́х
Dat.	како́му		како́й	каки́м
Acc.	како́й/како́го	како́е	каку́ю	каки́е/каки́х
Instr.	каки́м		како́й	каки́ми
Prep.	како́м		како́й	каки́х

чей – whose

	M.	N.	F.	Pl.
Nom.	чей	чьё	чья	чьи
Gen.	чьего́		чьей	чьих
Dat.	чьему́		чьей	чьим
Acc.	чей/чьего́	чьё	чью	чьи/чьих
Instr.	чьим		чьей	чьи́ми
Prep.	чьём		чьей	чьих

	котóрый – which, who			
	M.	N.	F.	Pl.
Nom.	котóрый	котóрое	котóрая	котóрые
Gen.	котóрого		котóрой	котóрых
Dat.	котóрому		котóрой	котóрым
Acc.	котóрый/котóрого	котóрое	котóрую	котóрые/ котóрых
Instr.	котóрым		котóрой	котóрым
Prep.	котóром		котóрой	котóрых

Pronoun свой

Keep in mind that the use of the possessive reflexive pronoun **свой** (someone's own) has some peculiarities:

● The nominative case form of pronoun **свой** appears only in **possessive constructions**, *for example*:

У меня́ есть свой ключ. — I have my own key.

● In other cases **свой** qualifies the object that has a kind of ownership relation with the subject, *for example*:

Он не лю́бит свою́ рабо́ту. — **He** does not like **his** job.
Я позвоню́ свое́й подру́ге. — **I** will call **my** friend.

● The pronoun **свой** declines like **мой**.

CHAPTER 5
DECLENSION OF NAMES, GEOGRAPHICAL NAMES AND NOUN-REPLACING PRONOUNS

Important: you can find the declension of Russian first names, both male and female, in units 25 and 26.

Unit 36
DECLENSION OF RUSSIAN SURNAMES / FAMILY NAMES

● Common Russian **male** surnames / family names usually end in
-ов / **-ев** /**-ёв** or **-ин** / **-ын,** *for example*:

Петро́в, Васи́льев, Василёв, Тю́рин, Сини́цын

● Common Russian **female** surnames / family names usually end in
-ова / **-ева** / **-ёва** or **-ина** / **-ына,** *for example*:

Петро́ва, Васи́льева, Василёва, Тю́рина, Сини́цына

● The **plural** forms of Russian surnames / family names usually end in
-овы / **-евы** / **-ёвы** or **-ины** / **-ыны,** *for example*:

Петро́вы, Васи́льевы, Василёвы,Тю́рины, Сини́цыны

● All these types of Russian surnames / family names decline according to the pattern
of **Петро́в/Петро́ва/Петро́вы.**

1. **Nom.** M. Э́то Петро́в.
   F. Э́то Петро́ва.
   Pl. Э́то Петро́вы.

2. **Gen.** У Петро́ва
У Петро́вой } есть соба́ка.
У Петро́вых

3. Dat.

Я говори́л { Петро́ву.
Петро́вой.
Петро́вым.

4. Acc.

Я встре́тил { Петро́ва.
Петро́ву.
Петро́вых.

5. Instr.

Я говори́л с { Петро́вым.
Петро́вой.
Петро́выми.

6. Prep.

Я говори́л о { Петро́ве.
Петро́вой.
Петро́вых.

Unit 37
DECLENSION OF RUSSIAN ADJECTIVAL SURNAMES / FAMILY NAMES

Many Russian surnames / family names look and decline like adjectives.

There are **two main types:**

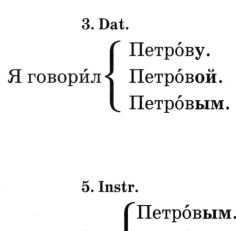

Type Успе́нский

The nominative ends in

-ский M.

-ская F.

-ские Pl.

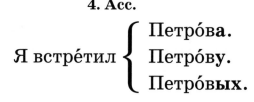

Type Толсто́й

The nominative ends in

-ой M.

-ая F.

-ые Pl.

They decline according to the pattern of **ру́сский** — **mixed** declension type

They decline according to the pattern of **но́вый** — **hard** declension type

Type Успенский

1. Nom.

M.   { Успе́нский.
F.   Э́то   { Успе́нская.
Pl.   { Успе́нские.

2. Gen.

У Успе́нского
У Успе́нской } нет да́чи.
У Успе́нских

70.

3. Dat.

Он рассказа́л всё $\left\{\begin{array}{l}\text{Успе́нскому.}\\\text{Успе́нской.}\\\text{Успе́нским.}\end{array}\right.$

4. Acc.

Он ви́дел $\left\{\begin{array}{l}\text{Успе́нского.} = \text{Gen.}\\\text{Успе́нскую.}\\\text{Успе́нских.} = \text{Gen.}\end{array}\right.$

5. Instr.

Он говори́л с $\left\{\begin{array}{l}\text{Успе́нским.}\\\text{Успе́нской.}\\\text{Успе́нскими.}\end{array}\right.$

6. Prep.

Он говори́л об $\left\{\begin{array}{l}\text{Успе́нском.}\\\text{Успе́нской.}\\\text{Успе́нских.}\end{array}\right.$

$\boxed{\text{Type } \textbf{Толсто́й}}$

1. Nom.

M.
F. Э́то $\left\{\begin{array}{l}\text{Толсто́й.}\\\text{Толста́я.}\\\text{Толсты́е.}\end{array}\right.$
Pl.

2. Gen.

$\left.\begin{array}{l}\text{У Толсто́го}\\\text{У Толсто́й}\\\text{У Толсты́х}\end{array}\right\}$ бы́ло мно́го дете́й.

3. Dat.

Он рассказа́л всё $\left\{\begin{array}{l}\text{Толсто́му.}\\\text{Толсто́й.}\\\text{Толсты́м.}\end{array}\right.$

4. Acc.

Он мно́го раз ви́дел $\left\{\begin{array}{l}\text{Толсто́го.}\\\text{Толсту́ю.}\\\text{Толсты́х.}\end{array}\right.$

5. Instr.

Он мно́го раз встреча́лся с $\left\{\begin{array}{l}\text{Толсты́м.}\\\text{Толсто́й.}\\\text{Толсты́ми.}\end{array}\right.$

6. Prep.

Он мно́го расска́зывал о $\left\{\begin{array}{l}\text{Толсто́м.}\\\text{Толсто́й.}\\\text{Толсты́х.}\end{array}\right.$

Unit 38
DECLENSION OF RUSSIAN PATRONYMICS

- Russian **male** patronymics end in **-ович/-евич/-ич**, *for example*:

    Ива́н Петро́**вич**

    Ива́н Васи́ль**евич**

    Ива́н Кузьм**и́ч**

- Russian **female** patronymics end in **-овна/-евна/-ична**, *for example*:

    Еле́на Петро́**вна**

    Еле́на Васи́ль**евна**

    Еле́на Кузьми́**нична**

- All Russian **female patronymics** decline according to the pattern of **Москва́**:

    Москв │ а́ = Еле́н │ а = Петро́вн │ а

For example:

Nom.	Э́то Еле́на Петро́вн**а**.
Gen.	У Еле́н**ы** Петро́вн**ы** нет соба́ки.
Dat.	Я звони́л Еле́н**е** Петро́вн**е**.
Acc.	Я ви́дел Еле́н**у** Петро́вн**у**.
Instr.	Я говори́л с Еле́н**ой** Петро́вн**ой**.
Prep.	Мы говори́ли о Еле́н**е** Петро́вн**е**.

- All Russian **male patronymics** decline according to the pattern of **Ива́н**, except for the Instrumental (**-ем/-ём** instead of **-ом**), *for example*:

Nom.	Э́то Ива́н Петро́вич.
Gen.	У Ива́н**а** Петро́вич**а** нет соба́ки.
Dat.	Я звони́л Ива́н**у** Петро́вич**у**.
Acc. = Gen.	Я ви́дел Ива́н**а** Петро́вич**а**.
Instr.	Я говори́л с Ива́н**ом** Петро́вич**ем**.
	(**-ём** in Кузьмич**ём**)
Prep.	Мы говори́ли об Ива́н**е** Петро́вич**е**.

Unit 39
NON-RUSSIAN NAMES

Male first names

A foreign first **male** name declines only if it ends in a **consonant, -a/-й**, or a **soft consonant** (consonant + **ь**), *for example*:

Nom.		Gen.
Джек	⇨	у Джéка
Э́рик	⇨	у Э́рика
Джон	⇨	у Джо́на
Майкл	⇨	у Ма́йкла
Абдалла́	⇨	у Абдаллы́
Рави́ль	⇨	у Рави́ля
Джеда́й	⇨	у Джеда́я

Female first names

A foreign female name declines only if it ends in **-а, -я, -ья** or **-ия** (like Russian first female names), *for example*:

Nom.		Gen.
Па́ула	⇨	у Па́улы
Кристи́на	⇨	у Кристи́ны
Со́ня	⇨	у Со́ни
Софи́я	⇨	у Софи́и

Keep in mind that the majority of **non-Russian first names**, both **male** and **female**, **do not change** in Russian, *for example*:

Nom.	Gen.	Nom.	Gen.
Би́лли =	у Би́лли	Лéо	= у Лéо
Бéтти =	у Бéтти	Клер	= у Клер
Ча́рли =	у Ча́рли	Э́дит	= у Э́дит

Surnames

Only consonant-ending male surnames change (decline), *for example*:

Nom.	⇨	Gen.
Лéннон	⇨	у Лéннона
Эйнштéйн	⇨	у Эйнштéйна
Старр	⇨	у Ста́рра
Бра́ун	⇨	у Бра́уна

Unit 40
DECLENSION OF NON-RUSSIAN GEOGRAPHICAL NAMES

The Russians decline, as nouns, only those non-Russian geographical names which are transcribed in Russian with the final **consonant** (both hard and soft), **-й, -а, -я, -ья** or **-ия** for the singular and **-ы, -и** for the plural-only nouns.

Examples:

Nom.		**Где?** Prep.
Лóндон	⇨	в Лóндон**е**
Брюссéль	⇨	в Брюссéл**е**
Китáй	⇨	в Китá**е**
Тéмза	⇨	на/в Тéмз**е**
Дунáй	⇨	на/в Дунá**е**
Памúр	⇨	на Памúр**е**
Венéция	⇨	в Венé**ции**
Финлянди	⇨	в Финлянд**ии,** *etc.*

Plural-only nouns ending in **-ы, -и** also change, *for example*:

Áльп**ы**	⇨	в Áльп**ах**
Гавáй**и**	⇨	на Гавáй**ях**
Канáр**ы**	⇨	на Канáр**ах**
Мальдúв**ы**	⇨	на Мальдúв**ах,** *etc.*

Unit 41
CASE FORMS OF PERSONAL PRONOUNS

All Russian pronouns can be divided into 2 groups:

First group Pronouns used as **characterizing words** with nouns	**Second group** Pronouns **replacing** single nouns, nouns with characterizing words and proper names

You can find a detailed description of the case forms of characterizing words in units 28, 29, 30. In this and some further units you can find the case forms of the following **noun-replacing pronouns:**

- Personal pronouns **он/она́/оно́/они́/я/ты/мы/вы**

- Interrogative/Relative pronouns **кто/что**

- Indefinite pronouns based on **кто/что**

- Reflexive pronoun **себя́**

- Nominative pronoun **э́то**

- Generalizing words like **всё, все**

Personal pronouns

We use the personal pronouns **он, она** in the following way: with **human beings** we use **он** for males and **она́** for females.

In other cases a noun is replaced by these pronouns depending on the **formally established gender.**

Keep in mind that the **same pronouns are used both for animate and inanimate objects.** The case forms are as follows:

The case forms of он — he, it

Nom.	Э́то мой **друг.** = **он**
Gen.	**У него́** есть маши́на.
	— He has a car.
or	**Его́** нет до́ма.
	— He is not at home.
Dat.	Я пое́ду **к нему́** э́тим ле́том.
	— I will go to him this summer.
or	Я звони́л **ему́** у́тром.
	— I called him in the morning.
Acc.	Я встре́тил **его́** в Пари́же.
	— I met him in Paris.
Instr.	Я учи́лся **с ним** в шко́ле.
	— I studied with him at school.
or	Я **им** дово́лен.
	— I am pleased with him.
Prep.	Я ча́сто **о нём** ду́маю.
	— I often think about him.

Nom.	Э́то **мой дом.** = **он**
Gen.	О́коло **него́** есть стоя́нка.
	— There is parking near it.
Dat.	К **нему́** подъе́хал большо́й авто́бус.
	— A big bus came up to it.
Acc.	**Его́** постро́или 20 лет наза́д.
	— It was built 20 years ago.
Instr.	За **ним** есть стоя́нка.
	— There is parking behind it.
Prep.	В **нём** 6 подъе́здов.
	— It has 6 entrances.

Keep in mind that the neuter pronoun **оно́** (it) has the some case forms.

The case forms of **она́ — she, it**

Nom.	Вот моя́ **подру́га.** = **она́**
Gen.	У **неё** есть соба́ка.
	— She has a dog.
or	**Её** нет до́ма.
	— She is not at home.
Dat.	Я пое́ду **к ней** э́тим ле́том.
	— I will go to her this summer.
or	Я позвоню́ **ей** за́втра.
	— I will call her tomorrow.
Acc.	Я ви́дела **её** вчера́.
	— I saw her yesterday.
Instr.	Я е́ду **с ней** в Пари́ж.
	— I will go to Paris with her.
or	Я **ей** дово́лен.
	— I am pleased with her.
Prep.	Я ду́маю **о ней** всё вре́мя.
	— I think about her all the time.

Nom.	Вот моя́ да́ча. = она́
Gen.	**О́коло неё** есть большо́е о́зеро.
	— There is a big lake near it.
Dat.	Мы подъе́хали **к ней** ра́но у́тром.
	— We drove up to it early in the morning.
Acc.	Мы постро́или **её** мно́го лет наза́д.
	— We built it many years ago.
Instr.	**Пе́ред не́й** большо́й сад.
	— There is a big garden in front of it.
Prep.	Я живу́ **на ней** то́лько ле́том.
	— I live in it only in the summer.

Keep in mind that the case forms take initial **н-** when governed by a preposition: у него́/его́, к ней/ей, *etc*.

The case forms of они — they

Nom.	Э́то мой друзья́. = они́
Gen.	Я жил **у них** про́шлым ле́том.
	— I stayed with them last summer.
or	**Их** нет до́ма.
	— They are not at home.
Dat.	Я пое́ду **к ним** за́втра.
	— I will go to them tomorrow.
or	Я звони́л **им** вчера́.
	— I called them yesterday.
Acc.	Я встре́тил **их** в Ло́ндоне.
	— I met them in London.
Instr.	Я пое́ду **с ни́ми** в Пари́ж.
	— I will go with them to Paris.
or	Я **и́ми** дово́лен.
	— I am pleased with them.
Prep.	Я ча́сто ду́маю **о них**.
	— I often think about them.

Nom.	Это **но́вые райо́ны.** = они́
	— These are new districts.
Gen.	**О́коло них** обы́чно есть лес.
	— There is usually a forest near them.
Dat.	**К ним** идёт одна́ больша́я доро́га.
	— A big road goes to them.
Acc.	Я не люблю́ **их.**
	— I don't like them.
Instr.	**Ме́жду ни́ми** и метро́ обы́чно хо́дит авто́бус.
	— A bus usually runs between them and the metro.
Prep.	**В них** нет метро́.
	— There is no metro in there.

The case forms of я — I, me

Nom.	Э́то **я.** — It's me.
Gen.	**У меня́** нет маши́ны. — I have no car.
or	За́втра **меня́** не бу́дет до́ма.
	— Tomorrow I will not be at home.
Dat.	Он не звони́л **мне.** — He didn't call me.
Acc.	Он **меня́** не зна́ет. — He doesn't know me.
Instr.	Он е́дет **со мной.** — He is going with me.
or	Он **мной** дово́лен. — He is pleased with me.
Prep.	Джон говори́л **обо мне?** — Did John talk about me?

The case forms of ты — informal «you»

Nom.	Э́то **ты?** — Is it you?
Gen.	**У тебя́** есть маши́на? — Do you have a car?
or	Я звони́л, но **тебя́** не́ было до́ма.
	— I called, but you were not at home.
Dat.	Я позвоню́ **тебе́** за́втра. — I'll call you tomorrow.
Acc.	Я **тебя́** люблю́. — I love you.
Instr.	Я пое́ду **с тобо́й.** — I'll go with you.
or	Я **тобо́й** дово́лен. — I am pleased with you.
Prep.	Я ча́сто ду́маю **о тебе́.** — I often think about you.

The case forms of вы — you, polite singular or plural form

Nom.	Это **вы**? — Is it you?
Gen.	У **вас** есть факс?
	— Do you have a fax machine?
or	Я звони́л, но **вас** не́ было до́ма.
	— I called, but you were not at home.
Dat.	Я позвоню́ **вам**. — I'll call you.
or	Я прие́ду **к вам** за́втра.
	— I will come to you tomorrow.
Acc.	Я **вас** не зна́ю. — I don't know you.
Instr.	Я пое́ду **с ва́ми**.
	— I'll go with you.
or	Я **ва́ми** дово́лен. — I am pleased with you.
Prep.	Я мно́го слы́шал **о вас**.
	— I've heard a lot about you.

вы

Вы

The case forms of мы

Nom.	Это **мы**! — It's us!
Gen.	У **нас** нет маши́ны. — We have no car.
or	За́втра **нас** не бу́дет в го́роде.
	— We will not be in town tomorrow.
Dat.	Он не звони́л **нам**. — He didn't call us.
or	Он прие́дет **к нам** за́втра.
	— He will come to us tomorrow.
Acc.	Они́ **нас** не зна́ют. — They don't know us.
Instr.	Они́ е́дут **с на́ми**. — They are going with us.
or	Он **на́ми** дово́лен. — He is pleased with us.
Prep.	Они́ **о нас** ничего́ не зна́ют.
	— They don't know anything about us.

 *Мы*

Unit 42
SUMMING-UP DECLENSION TABLE OF PRONOUNS ОН, ОНО, ОНА, ОНИ

The easiest way to memorize these case forms is to learn them in the typical combinations, which you can find below:

	M.	N.	F.	Pl.
Nom.	Вот **он**.	Вот **оно́**.	Вот **она́**.	Вот **они́**.
Gen.	**Его́** нет до́ма. У **него́** есть маши́на.		**Её** нет до́ма. У **неё** есть маши́на.	**Их** нет до́ма. У **них** есть маши́на.
Dat.	Я пое́ду к **нему́**. Я позвоню́ **ему́**.		Я пое́ду к **ней**. Я позвоню́ **ей**.	Я пое́ду к **ним**. Я позвоню́ **им**.
Acc.	Я **его́** люблю́.		Я **её** люблю́.	Я **их** люблю́.
Instr.	Я **им** дово́лен. Я е́ду с **ним**.		Я **ей** дово́лен. Я е́ду с **ней**.	Я **и́ми** дово́лен. Я е́ду с **ни́ми**.
Prep.	Я ду́маю о **нём**.		Я ду́маю о **ней**.	Я ду́маю о **них**.

Unit 43
INTERROGATIVE/RELATIVE PRONOUNS КТО AND ЧТО

Declension of кто

The interrogative/relative pronoun **кто** refers to **people**. It is used both in direct and indirect questions, *for example*:

Direct questions

Nom.	**Кто** э́тот челове́к? — Who is that man?
Gen.	У **кого́** есть маши́на? — Who has a car?
Dat.	**Кому́** вы э́то говори́ли? — Whom did you tell?
	К **кому́** вы е́дете? — Who are you visiting?
Acc.	**Кого́** вы здесь зна́ете? — Whom do you know here?
Instr.	С **кем** вы е́дете? — Who are you going with?
Prep.	О **ком** вы говори́ли? — Who are you talking about?

Indirect questions

Nom.	Он спроси́л, **кто** э́тот челове́к.
Gen.	Он спроси́л, **у кого́** есть маши́на.
Dat.	Он спроси́л, **кому́** я э́то говори́л.
	Он спроси́л, **к кому́** я е́ду.
Acc.	Он спроси́л, **кого́** я здесь зна́ю.
Instr.	Он спроси́л, **с кем** я е́ду.
Prep.	Он спроси́л, **о ком** мы говори́ли.

Declension of что

The pronoun **что** refers to a thing, an animal or an action:

Что э́то? — What is it? / What is this? / What is that?

Что э́то тако́е? — What is that?

Что он де́лает? — What is he doing?

Like **кто**, **что** can be used both in direct and indirect questions,

for example:

Direct questions

Nom.	**Что** э́то? — What is this?
Gen.	**Чего́** вы бои́тесь? — What do you fear? / What are you afraid of?
Dat.	**Чему́** он так ра́дуется? — What is he so delighted with?
Acc.	**Что** вы лю́бите? — What do you like?
Instr.	**Чем** вы недово́льны? — What are you dissatisfied with?
Prep.	**О чём** вы ду́маете? — What are you thinking about?

Indirect questions

Nom.	Он спроси́л, **что** э́то.
Gen.	Он спроси́л, **чего́** я бою́сь.
Dat.	Он спроси́л, **чему́** я так ра́дуюсь.
Acc.	Он спроси́л, **что** я люблю́.
Instr.	Он спроси́л, **чем** я недово́лен.
Prep.	Он спроси́л, **о чём** я ду́маю.

The case forms of **кто** and **что** are similar to masculine adjectival endings.

Combination что за

This combination is used as an equivalent of the pronoun **какой**, especially when an answer with a specifying word is expected, as in:

— **Что э́то** за зда́ние?
— Э́то теа́тр.

The combination is used only in one form:

S. **Что э́то за** переда́ча?
— What kind of programme is this?

Pl. **Что э́то за** лю́ди?
— What kind of people are they?

Unit 44
INDEFINITE PRONOUNS
кто-то/что-то AND кто-нибудь/что-нибудь, кое-кто/кое-что

Формы с -то

> **кто-то**

● With past tense verbs **кто́-то** always takes the **masculine** forms, even when reference is to a female, *for example*:

M.
Вам **кто́-то** звони́л. — Someone called you.

● **кто́-то** means **someone/somebody**, so it denotes an **unknown** or **forgotten** person, *for example*:

M.
Кто́-то об э́том сказа́л, но я не по́мню, кто э́то был. — Someone said it, but I can't remember who he was.

> **что-то**

● With past tense verbs **что-то** always takes the **neuter** forms, *for example*:

N.
Что́-то упа́ло. — Something fell.

N.
Что́-то случи́лось? — Has something happened?

Он расска́зывал **что́-то** интере́сное.
— He was telling something interesting.

● **что-то** refers to **unknown** or **unidentified** object, event or phenomenon:

Он **что́-то** сказа́л, но я не по́нял. — He said something, but I did not understand.

82

Формы с -нибудь

| кто-нибудь, что-нибудь |

● Forms in **-нибудь** imply someone or something indefinite, unspecified, still to be decided or selected.

● **-нибудь** forms are mostly used in questions, after imperatives and in conditional constructions:

Что́-нибудь случи́лось? Почему́ ты тако́й не́рвный?
— Has something happened? Why are you so nervous?

Кто́-нибудь звони́л? — Has anyone called?

Купи́ **что́-нибудь** на за́втрак.
— Buy something for breakfast.

Éсли **кто́-нибудь** прие́дет, позвони́те мне.
— If someone comes, call me.

The case forms of these pronouns are similar to **кто** and **что** forms.

Declension of кто-нибудь

Nom.	**Кто́-нибудь** звони́л? — Has anyone called?
Gen.	**У кого́-нибудь** есть маши́на?
	— Does anyone have a car?
Dat.	**Вы кому́-нибудь** звони́ли?
	— Did you call anyone?
Acc.	**Вы кого́-нибудь** тут зна́ете?
	— Do you know anyone here?
Instr.	Вы говори́ли **с ке́м-нибудь**?
	— Did you talk to anyone?
Prep.	**Вы о ко́м-нибудь** говори́ли с Джо́ном?
	— Did you talk about anyone with John?

-то and **-нибу́дь** do not change.   *Notice!*

Формы с -кое

- **кóе-что** and **кóе-кто** decline like **кто** and **что**
- **кóе-** forms refer to **people** or **things** which **are purposely not specified,**
- **кóе-** does not decline
- **кóе-кто** refers to people
- **кóе-что** refers to things

Examples:

Нáдо **кóе-что** сдéлать. — I have some things to do.

Нáдо **кóе-кому** позвонúть. — I must call someone.

- If prepositions are used, they appear between **кое-** and the case form:

Мне нáдо **кóе с кем** поговорúть. — I have to talk to someone.

Unit 45
REFLEXIVE PRONOUN **СЕБЯ**

The reflexive pronoun **себя** and its case forms are used for all persons, irrespective of gender and number:

Он сейчáс **у себя.** — He is at his office.

Онá сейчáс **у себя.** — She is at her office.

Они сейчáс **у себя.** — They are at their office.

These forms can correspond to:
- forms with **-self**
- combinations with **possessive** pronouns
- combinations with **own,**
- or they are **not translated** at all

Keep in mind that this pronoun does not have a nominative case form.

Declension of себя	
Gen.	Джон **у себя.** — John is at his office.
Dat.	Я приглашáю вас **к себé** в гóсти. — Come to see my place.
Acc.	Он лю́бит тóлько **себя.** — He loves only himself.
Instr.	У вас есть **с собóй** докумéнты? — Do you have papers with you?
Prep.	Он дýмает тóлько **о себé.** — He thinks only about himself.

Unit 46
REPLACING GENERALIZING PRONOUNS **ЭТО** AND **ВСЁ**

These pronouns can be used in a sentence both as a subject and an object. They have the following gender and number agreement:

● **э́то/всё + Neuter of Past tense verbs**, *for example*:

Э́то бы́ло интере́сно.

> — It was interesting.

Всё бы́ло хорошо́.

> — Everything was all right.

● **э́то/всё + 3rd person singular of present/future tense verbs**.

Э́то бу́дет интере́сно.

> — It will be interesting.

Всё бу́дет хорошо́.

> — Everything will be all right.

● When used as an object, **э́то** and **всё** have the following case forms:

Nom.	**э́то/всё**
Gen.	Она́ **э́того** бои́тся. — She is afraid of it.
	Она́ **всего́** бои́тся. — She is afraid of everything.
Dat.	Она́ **э́тому** ве́рит. — She believes it.
	Она́ **всему́** ве́рит. — She believes everything.
Acc.	Она́ **э́то** зна́ет. — She knows it.
	Она́ **всё** зна́ет. — She knows everything.
Instr.	Она́ **э́тим** интересу́ется. — She is interested in it.
	Она́ **всем** интересу́ется. — She is interested in everything.
Prep.	Она́ **об э́том** зна́ет. — She knows about it.
	Она́ **обо всём** зна́ет. — She knows about everything.

CHAPTER 6. CASE USAGE

Unit 47
USE OF THE NOMINATIVE CASE

Nominative case forms coincide with the dictionary form. The nominative is used as follows:

● It denotes the subject of an action or a state:

Моя́ маши́на стои́т в гараже́. — My car is in the garage.

Я живу́ в Москве́. — I live in Moscow.

● It is used in **э́то** phrases («this is, these are»):

Э́то мой дом. — This is my house.

Э́то мои́ друзья́. — These are my friends.

● In **вот** phrases («here is, here are, there is, there are»):

Вот мой дом. — Here is my house.

Вот мои́ докуме́нты. — Here are my documents.

● In **possessive constructions**:

У вас есть маши́на? — Do you have a car?

У Ле́ны есть ли́шний биле́т. — Lena has a spare ticket.

● In **definitions** (with present tense):

Булга́ков — мой са́мый люби́мый писа́тель.
— Bulgakov is my favourite writer.

Unit 48
GENERAL OUTLINE OF THE USE OF GENITIVE CASE

The genitive is the most frequently used Russian case. It comprises about 70% of all the case forms. The genitive case can be used **both with** and **without** prepositions.

We can speak about:

● The genitive of **negation/absence/exception**
● The genitive of **possession**
● The genitive of **relation/description**
● The genitive of **quantity**
● The genitive used **after cardinal numerals**
● The genitive of **time and date**
● The genitive of **place**
● The genitive used **after certain prepositions**
● The genitive used **after certain verbs**
● The genitive of **comparison**
● The genitive of **special descriptive characteristics**

Unit 49
THE GENITIVE OF NEGATION / ABSENCE / EXCEPTION

● The genitive is used to express an **absence** or **non-availability** of a person, object or quality.

Gen. Его	+	нет. нé было. не бу́дет.

Gen. У меня́	нет нé было не бу́дет	Gen. маши́ны.

● Two prepositions — **без** (without) and **кроме** (except) are used in the same meaning, *for example*:

> **без са́хара** — without sugar
> **все, кро́ме Ната́ши** — everyone except Natasha

Unit 50
THE GENITIVE OF POSSESSION

● The combination with the preposition **y** is used to denote **possession** of an object or some characteristics, *for example*:

> Gen.
> **У Ната́ши** есть соба́ка. — Natasha has a dog.

● The genitive is used to denote **an owner**, *for example*:

> Gen.
> Э́то маши́на **моего́ бра́та.** — It's my brother's car.

Unit 51
THE GENITIVE OF RELATION/DESCRIPTION

An object or a person is described **in relation** to another object/person, *for example*:

> Gen.
> ка́рта **Росси́и** — map of Russia
>
> Gen.
> расписа́ние **поездо́в** — train timetable

Unit 52
THE GENITIVE OF QUANTITY

● The genitive is used after **words of indefinite or relative amount**:

бо́льше — more

ме́ньше — less

ма́ло — few, little

мно́го — many, much

нема́ло — quite a few

немно́го — not many, a few

не́сколько — several

Coll. **чуть-чу́ть** — a bit

ско́лько — how many, how much

сто́лько — so many, so much

● After these words we use:

> **Gen. Plural**
>
> for **countables**:
>
> мно́го **книг**
>
> many books

> **Gen. Singular**
>
> for **uncountables**:
>
> мно́го **сне́га**
>
> much snow

● The genitive is used after words denoting a **certain amount, measure, containers, set of objects**:

> **Gen. Plural**
>
> for **countables**:
>
> килогра́мм **я́блок**
>
> буке́т **роз**

> **Gen. Singular**
>
> for **uncountables**:
>
> килогра́мм **са́хара**
>
> буты́лка **пи́ва**

● The genitive is used to denote **part of a whole**:

кусо́к **хле́ба**, полча́шки, полтора́ **ли́тра**,

also after:

два с полови́ной	$2\,^1/_2$ ..., *etc.*
треть	$^1/_3$
че́тверть	$^1/_4$
три че́тверти	$^3/_4$

Only the genitive singular is used in this meaning.

● The **genitive plural** is used after collective numerals **дво́е, тро́е, че́тверо, пя́теро, ше́стеро, се́меро**:

дво́е **дете́й**, тро́е **дете́й**

● The **genitive plural** is used after the nouns **ты́сяча, миллио́н, миллиа́рд**:

ты́сяча **челове́к**, ты́сяча **рубле́й**, ты́сяча **до́лларов**

миллио́н **челове́к**, миллио́н **рубле́й**, миллио́н **до́лларов**

миллиа́рд **челове́к**, миллиа́рд **рубле́й**, миллиа́рд **до́лларов**

These nouns can be preceded by a numeral:

5 ты́сяч **челове́к**, 5 ты́сяч **рубле́й**, 5 ты́сяч **до́лларов**

2 миллио́на **челове́к**, 2 миллио́на **рубле́й**, 2 миллио́на **до́лларов**

6 миллиа́рдов **челове́к**, 6 миллиа́рдов **рубле́й**, 6 миллиа́рдов **до́лларов**

See also the next unit.

Keep in mind that the noun **е́вро** never changes:

оди́н **е́вро** — 10 **е́вро** — 100 **е́вро** — 1000 **е́вро** — миллио́н **е́вро** — миллиа́рд **е́вро**

● After the double numerals **о́ба** and **о́бе** the **genitive singular** is used.
Masculine and neuter nouns:
о́ба студе́нта, **о́ба** до́ма, **о́ба** окна́

Feminine:
о́бе студе́нтки, **о́бе** кварти́ры

Unit 53
THE GENITIVE AFTER CARDINAL NUMERALS

There is a certain rule which regulates the use of singular and plural genitive forms after cardinal numerals.
● We use the **genitive singular** in the following instances: after the numbers **2, 3, 4** or after numbers ending in **2, 3, 4**.

2, 3, 4 or numbers **ending in 2, 3, 4**	+	**Genitive Singular**

Examples:

2 челове́ка, **22** челове́ка, **82** челове́ка, **102** челове́ка

3 челове́ка, **23** челове́ка, **43** челове́ка, **103** челове́ка

4 челове́ка, **24** челове́ка, **104** челове́ка

34 челове́ка, **44** челове́ка, **54** челове́ка

5072 челове́ка, **10253** челове́ка, **18 744** челове́ка

● We use the **genitive plural** in the following instances: after numbers **ending in 0** (zero), numbers **from 5 to 20** or numbers **ending in numbers from 5 to 20**. So:

numbers **ending in 0** numbers **from 5 to 20** numbers **ending in 5 to 20**	+ **Genitive Plural**

10 челове́к, **20** челове́к, **80** челове́к, **100** челове́к,

150 челове́к, **200** челове́к, **730** челове́к, **1 000** челове́к (ты́сяча челове́к),

5700 челове́к, **100 000** челове́к, **1 000 000** челове́к (миллио́н челове́к),

5 000 000 челове́к (5 миллио́нов челове́к)

More examples:

5 челове́к, **6** челове́к, **18** челове́к, **319** **челове́к**, **746** челове́к,

5077 челове́к, **10258** челове́к, **18 749** челове́к

Keep in mind that the genitive plural of the noun **челове́к** coincides with the nominative singular form.

● **Special case**

The cardinal numeral **1** and any number **ending in 1** take the **nominative singular**:

1 до́ллар, **21** до́ллар, **1001** до́ллар (ты́сяча оди́н до́ллар)

Unit 54. THE GENITIVE OF TIME

The genitive of time can be used **both with** and **without prepositions**.

● The genitive without a preposition is used to denote **exact dates of events**, *for example*:

Gen.

Он приéхал **пéрвого января́** ты́сяча девятьсóт девянóсто

Gen.

пéрвого гóда. — He arrived on January 1, 1991.

Gen.   Gen.

Онá родилáсь **пя́того апрéля двухты́сячного гóда.**

— She was born on April 5, 2000.

Gen.   Gen.

Э́то случи́лось **оди́ннадцатого октября́ две ты́сячи пéрвого гóда.**

— This happened on October 11, 2001.

● The genitive with a preposition is used in the following instances:

Intervals:

у́тро   →   вéчер

Gen.   Gen.

Он рабóтает **с утрá до вéчера.** — He works from morning till night.

13.00 → 14.00

Gen.   Gen.

У нас **с чáса до двух** обéд. — We have lunch from 1 to 2 p.m.

Time points:

Gen.

Он рабóтает тут **с сентября́.**

— He has been working here since September.

Age points or limits:

Gen.

Он нáчал кури́ть **с четы́рнадцати лет.**

— He started smoking when he was fourteen.

Phases or parts of «time» words:

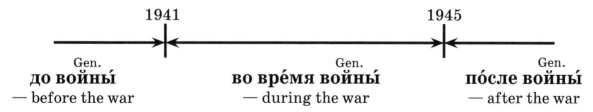

Gen.   Gen.   Gen.
до войны́   **во врéмя войны́**   **пóсле войны́**
— before the war   — during the war   — after the war

6 утра́ — 6 a.m.
Gen.

6 ве́чера — 6 p.m.
Gen.

Coll. **2 часа́ дня** — 2 p.m.
Gen.

2 часа́ но́чи — 2 a.m.
Gen.

● **Approximate time:**

Gen.

Coll. **о́коло двена́дцати** — about 12 o'clock, about 24.00

● **Time of the day**

First part of an hour:

Gen.

11.05, 23.05 — **пять мину́т двена́дцатого**

Second part of an hour:

Gen.

11.30, 23.30 — **полови́на двена́дцатого,**

Gen.

or **в полови́не двена́дцатого**

Gen.

11.55, 23.55 — **без пяти́ двена́дцать**

Unit 55
THE GENITIVE OF PLACE

In this meaning the genitive is used **only after prepositions and adverbial combinations.**
It is used to denote the **position** of an object or a person in relation to another object or person,
both stationary and moving. The following prepositions and adverbial combinations
are used here:

о́коло — near
у — near, at
недалеко́ от — not far from
бли́зко от — close to
далеко́ от — far from
вдали́ от — far from
напро́тив — opposite
посреди́/посреди́не
— in the middle of

среди́ — among
сле́ва от — to the left of
спра́ва от — to the right of
впереди́ — in front of
сза́ди/позади́ — behind
внутри́ — inside
снару́жи — outside

+ Gen.

вокру́г — around
вдоль — along
поперёк — across
ми́мо — past, passing by

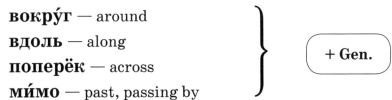

+ Gen.

недалеко́ от на́шего до́ма — not far from our house
Мы жи́ли у друзе́й. — We stayed at our friends.

● The genitive is used to denote **the place from which the action is directed, the starting point of motion**. The following prepositions are used:

из, с, от — from a place
из-за — from behind
из-под — from beneath

+ Gen.

Он верну́лся **из Пари́жа** вчера́ ве́чером.
— He came back from Paris yesterday night.

Я обы́чно выхожу́ **из до́ма** в 8.00.
— Usually I leave home at 8.00.

Он прие́хал **с рабо́ты** о́чень по́здно.
— He came back from work very late.

Мы е́хали **от Стокго́льма** на авто́бусе.
— We were driving from Stockholm by bus.

● The genitive is used to denote **distance** between two or more objects/persons or **part of the way**:

от + Gen. → до + Gen.

От Москвы́ до Ки́ева мы е́хали всю ночь.
— We were driving all night from Moscow to Kiev.

● After the preposition до the genitive is used to denote a **place of destination** (reaching a place or a person):

Как дое́хать **до вокза́ла?** — How do I to get to the central station?
Coll. Ско́лько (часо́в) лете́ть **до Ло́ндона?**
— How long does it take to get to London by air?
Я не могу́ **до вас** дозвони́ться. — I can't reach you (by phone).

Unit 56
THE GENITIVE AFTER CERTAIN PREPOSITIONS

The genitive can be also used after several **other prepositions** or in **other meanings** in addition to the ones described earlier, for example:

● **от** is used to denote a **sender** of an object:

Я получи́л письмо́ **от Никола́я.** — I got a letter from Nikolay.

● **от** is also used to denote the **relation** between two objects or phenomena:

ключ **от маши́ны** — key to the car

лека́рство **от аллерги́и** — anti-allergy medicine

● **из-за** is used to denote a **reason** or a **cause:**

Я опозда́л на рабо́ту **из-за про́бки.**

— I was late to work because of a traffic jam.

● **для** means **for, meant for**

Э́то бума́га **для ксе́рокса.** — This is paper for the photocopies.

● **из** — made of, composed of; it is used mostly with the following verbs:

де́лать/сде́лать **из** — to make
изгота́вливать/изгото́вить **из**
— to make, to manifacture, to produce
стро́ить/постро́ить **из** — to build
вари́ть/свари́ть **из** — to cook
состоя́ть **из** — to consist of
шить/сшить **из** — to sew
вяза́ть/связа́ть **из** — to knit

$\Biggr\}$ + (**Gen.**)

постро́ить **из бето́на,**
uncountables + Gen. Sing.

свари́ть **из я́блок**
countables + Gen. Pl.

Unit 57
THE GENITIVE AFTER SOME VERBS

The following **verbs** take the genitive:

● **жела́ть** — to wish

Жела́ю вам успе́ха! — I wish you succes.

Very often the verb is omitted:

Всего́ хоро́шего! — All the best to you!

This phrase comes from **Жела́ю вам всего хорошего!**

● **ждать/подожда́ть** — to wait

Мы ждём ва́шего отве́та. — We are waiting for your reply.

● **не хвата́ть** — to lack, to be short of, used only impersonally

Мне не хвата́ет вре́мени. — I lack time.

● **не хоте́ть** — to not want

Он не хо́чет сканда́ла. — He does not want a scandal.

Он не хо́чет арбу́за. — He does not want any watermelon.

● The genitive is also used with many other verbs:

боя́ться — to be afraid of, to be scared
избега́ть — to avoid
стесня́ться — to be shy, to feel uneasy
доби́ться — to achieve, to gain
дое́хать до, добра́ться до — to get to, to reach
сто́ить — to be worth
взять у — to take from someone
спроси́ть у — to ask someone
попроси́ть у — to ask someone to do or give something
купи́ть у — to buy something from a person or a company

> **Она бойтся темноты́.** — She is afraid of the dark.
>
> **Я спрошу́ у бра́та.** — I'll ask my brother.

● Also with **переводи́ть/перевести́ с...**

> **На́до перевести́ с англи́йского.**
>
> — You have to translate it from English.

Unit 58
THE GENITIVE OF COMPARISON

As an alternative to **чем + Nom.** the genitive is used to denote **an object or a person of comparison:**

Мой брат моло́же **меня́.** — My brother is younger than me.

= Мой брат моло́же, **чем я.**

Я ста́рше **своего́ бра́та.** — I am older than my brother.

Unit 59
THE GENITIVE OF SPECIAL DESCRIPTIVE CHARACTERISTICS

● The genitive is used **without a preposition** to describe characteristics of an object or a person: **colour, model, size, dimension, age, brand,** *etc.*

Он купи́л «Во́льво» **после́дней моде́ли.**

— He bought the latest «Volvo» (model).

literally: He bought a «Volvo» of the latest model.

● Very often the genitive descriptive combinations are used in **questions.**

	Asking about
Како́го цве́та ва́ша маши́на?	— colour
Како́го разме́ра э́ти ту́фли?	— size
Како́й ма́рки э́та маши́на?	— model, type
Како́й поро́ды ва́ша соба́ка, ко́шка?	— breed of dogs, cats, *etc.*
Како́го ро́ста ваш сын?	— height of a person
Како́й длины́ ва́ша у́лица?	— length
Како́й ширины́ э́та река́?	— width
Како́й высоты́ э́тот дом?	— height
Како́й глубины́ Байка́л?	— depth
Како́го со́рта э́ти я́блоки?	— brand, sort, type
Како́го ка́чества э́тот сви́тер?	— quality

Unit 60
USE OF THE DATIVE CASE

● The primary function of the dative case is to denote a **person for whom an action is performed** (the **indirect object**), *for example*:

Позвони́те **мне** за́втра! — Call me tomorrow!

Он купи́л **сы́ну** велосипе́д. — He bought a bike for his son.

● The main verbs which take the dative of person to whom something is **given**, **shown**, **said** or **sent**, are the following:

говори́ть/сказа́ть — to speak / to say

отвеча́ть/отве́тить — to answer / to reply

расска́зывать/рассказа́ть — to tell

звони́ть/позвони́ть — to phone / to call

пока́зывать/показа́ть — to show

дава́ть/дать — to give

отправля́ть/отпра́вить — to send

приноси́ть/принести́ — to bring

плати́ть/заплати́ть — to pay

помога́ть/помо́чь — to help

передава́ть/переда́ть — to hand over, to pass, to give, to tell

покупа́ть/купи́ть — to buy

посыла́ть/посла́ть — to send

дари́ть/подари́ть — to give (as a gift)

● When Russians wish to specify the **person** in **formally impersonal phrases** denoting internal feelings or states, they use the dative,
for example:

      Мне хо́лодно. — I am cold.

● The dative is used to denote the person whose age is mentioned,
for example:

      Моему́ сы́ну 5 лет. — My son is 5 years old.

      Мне 30 лет. — I am 30 years old.

● The dative is also used with **modal words and verbs**:

на́до, ну́жно — it is necessary, one has to…, one must

мо́жно — may, it is possible/permitted

нельзя́ — it is not allowed, one must not

      Мне на́до позвони́ть. — I must make a phone call.

Two common prepositions **к** and **по** take the dative case:

● **verbs of motion + к**

Приезжа́йте **к нам** в го́сти! — Come to see us!

Мы подъе́хали **к Москве́** по́здно ве́чером.

— We approached Moscow late in the evening.

● The preposition **по** is the vaguest of all Russian prepositions:

е́хать **по Тверско́й** — to go by way of Tverskaya (street)

экза́мен **по ру́сскому языку́** — Russian exam (exam in Russian)

е́здить **по Росси́и** — to travel about/around Russia

по зако́ну — according to the law

по утра́м — in the mornings

● The preposition **по** is also used with «**communication**» verbs:

смотре́ть/посмотре́ть — to watch, to see **пока́зывать/показа́ть** — to show **сказа́ть** — to say	**+ по телеви́зору**

звони́ть/позвони́ть — to phone / to give a call **говори́ть/поговори́ть** — to speak, to talk	**+ по телефо́ну**

отправля́ть/отпра́вить **посыла́ть/посла́ть** ——— — to send **присыла́ть/присла́ть** **получа́ть/получи́ть** — to receive	**+ по телефо́ну** **+ по фа́ксу** **+ по электро́нной по́чте**

слы́шать/услы́шать — to hear **передава́ть/переда́ть** — to broadcast/to report **сообща́ть/сообщи́ть** — to transmit **выступа́ть/вы́ступить** — to give a speech, to appear	**+ по ра́дио**

Unit 61
USE OF THE ACCUSATIVE CASE

The accusative can be used both **with** and **without** prepositions. It can be used:
- to denote the **object** of an action, without prepositions
- to denote the **direction** of an action, after some prepositions
- with a number of **prepositional verbs** and **combinations**
- with the preposition **про** (about)
- with a great number of **time-expressions**, both with and without prepositions

● The accusative **without** a preposition is used after **transitive** verbs to denote **the object of an action**, what we call the **direct object**, *for example*:

Я	купил	собáку. — I bought a dog.
Subject	**Action** expressed by the transitive verb (Predicate)	**Object in accusative**

The accusative without a preposition is also used with the same model to denote **cost, measure, distance,** *for example*:

Acc.
Эта собáка стóит **тысячу дóлларов.**
— This dog costs a thousand dollars.

Мы проéхали **всю Россию.**
— We drove whole Russia.

● The accusative is used to denote the **direction of an action** or the **place of destination** after prepositions **в, на, под, через, за,** *for example*:

Я	éду	в Лóндон. — I am going to London.
Subject	**Action** expressed by the verb of motion (Predicate)	**Object in accusative**

Some other examples:

Я идý **на выставку.** — I am going to the exhibition.

Я отпрáвил факс **в Лóндон.** — I sent a fax to London.

Он положил дéньги **в сейф.** — He put the money into the safe.

Он поступил **в университéт.** — He entered university.

Я позвонил **в Париж.** — I made a call to Paris.

Он постáвил корóбку **под стол.** — He put a box under the table.

Он уéхал рабóтать **за границу.** — He has gone to work abroad.

Я е́ду **за́ го́род.** — I am going to the countryside.

Он вы́стрелил **в полице́йского.** — He fired at a policeman.

Его́ ра́нили **в коле́но.** — He was wounded in the knee.

● The accusative is used after **certain prepositional verbs:**

заплати́ть **за биле́т** — to pay for the ticket

ве́рить **в Бо́га** — to believe in God

прода́ть **за ты́сячу до́лларов** — to sell for a thousand dollars

наказа́ть **за преступле́ние** — to punish for a crime

голосова́ть **за «зелёных»** — to vote for the «Greens»

тра́тить де́ньги **на кни́ги** — to spend money on books

отве́тить **на вопро́с** — to answer a question

влюби́ться **в сосе́да** — to fall in love with a neighbour

игра́ть **в футбо́л** — to play football

постуча́ть **в дверь** — to knock on the door

говори́ть **через перево́дчика** — to converse through a interpreter

● Some prepositional verbs with the preposition **на** are used to denote **the time for which something has been arranged:**

назна́чить встре́чу **на понеде́льник, на второ́е января́.**

— to arrange the meeting for Monday, on January the second

Other verbs include:

заказа́ть **на** — to order for…

перенести́ **на** — to postpone to…

отложи́ть **на** — to postpone to…

● The accusative is also used in some combinations:

реце́пт **на антибио́тик** — prescription for an antibiotic

рейс **на Ло́ндон** — flight to London

биле́т **на конце́рт** — ticket for the concert

счёт **за май** — bill for May

де́ньги **на биле́т** — money for the ticket

● In colloquial style the preposition **про** (about) is used with the accusative instead of **о/об** «about» with the prepositional, *for example*:

рассказа́ть **про пое́здку** (Acc.) = рассказа́ть **о пое́здке** (Prep.) —

to tell about the trip

Unit 62
THE ACCUSATIVE IN TIME EXPRESSIONS

The accusative is used:

● with **days of the week:**

в понеде́льник — on Monday

во вто́рник — on Tuesday

в сре́ду — on Wednesday

в четве́рг — on Thursday

в пя́тницу — on Friday

в суббо́ту — on Saturday

в воскресе́нье — on Sunday

● with **festivals and public holidays:**

в/на Но́вый год — at New Year

в/на Рождество́ — at Christmas

в/на Па́сху — at Easter

● to denote **a period of time:**

Я был **неде́лю** в Испа́нии. — I spent a week in Spain.

Я е́ду **на неде́лю** в Испа́нию. — I am going to Spain for a week.

● after **через** — **in**

Я е́ду **через неде́лю** в Испа́нию. — In a week I am going to Spain.

● with **наза́д** — **ago**

Я е́здил в Испа́нию **неде́лю наза́д.** — I took a trip to Spain a week ago.

● after **за** to denote **the time taken to complete the action:**

Мы дое́хали до це́нтра **за час.** — We got to the center in an hour.

● to denote **frequency** of occurrence:

раз в неде́лю — once a week

раз в ме́сяц — once a month

раз в год — once a year

● with **в — in, during, in the time of...**

в плоху́ю пого́ду — in bad weather

в жару́ — when it's hot

в хо́лод — when it's cold

в зи́мнее вре́мя — in winter time

в Сре́дние века́ — in the Middle Ages

в на́ше вре́мя — in our time

во вре́мя войны́
в войну́ (*Coll.*) } during the war

в ста́линские времена́ — in Stalin's time

в пери́од засто́я — in stagnation period

в по́лдень — at midday

в по́лночь — at midnight

в час — at one o'clock

в после́днюю мину́ту — at the last minute

в э́тот, про́шлый, бу́дущий вто́рник — this, last, next Tuesday

в пе́рвый день — on the first day

в то у́тро — that morning

во времена́ Петра́ Пе́рвого — in the reign of Peter the First

> *Notice*: **во времена́** + **Gen.** is used mostly for the distant past.

Unit 63
USE OF THE INSTRUMENTAL CASE

● The instrumental case got its name from one of its uses: the case form for the **instrument** used to do something, as in:

поре́заться **ножо́м** — to cut oneself with a knife

> *Notice:* the absence of a **preposition.**

● The use of the instrumental for denoting the «**agent**» of an **action** or a **state** is very common, see the following examples:

Го́род был блоки́рован **поли́цией.**

— The town was blocked by the police.

Самолёт был захва́чен **террори́стами.**

— The plane was hijacked by terrorists.

● The «**agent**» can be non-human:

Его́ уда́рили мячо́м.

— He was hit with a ball.

Доро́ги покры́лись льдом.

— The roads got covered with ice.

Пол был покры́т но́вым ковро́м.

— The floor was covered with a new carpet.

The instrumental is used after following prepositions:

● **с** — with (don't confuse it with **с** + Gen., meaning «from»)

Я е́ду туда́ с Ната́шей. — I am going there with Natasha.
Я говори́л вчера́ с Ната́шей. — Yesterday I spoke with Natasha.

вме́сте с — together with

Я е́ду туда́ вме́сте с Ната́шей. — I am going there together with Natasha.
бутербро́д с икро́й — a sandwich with caviar

The instrumental is used **after some verbs** taking the preposition **с**, *for example*:
поздра́вить **с днём рожде́ния** — to wish (someone) a happy birthday
договори́ться **с клие́нтом** — to come to agreement with a client
встре́титься **с дру́гом** — to meet with a friend

The instrumental is used after 5 prepositions to denote the **location of an object or a person**:
● **за** — behind
Маши́на стои́т за до́мом. — The car is parked behind the house.

Some other examples with the preposition **за**:
за столо́м — at the table
за обе́дом — at lunch
за рулём — at the wheel
● **ме́жду** — between
Маши́на стои́т ме́жду дома́ми. — The car is parked between the houses.

● **над** — above, over, on
Мы лете́ли над А́льпами. — We flew over the Alps.

● **перед** — in front of, before

Маши́на стоя́ла перед до́мом.

— The car was parked in front of the house.

под — under

Под гости́ницей есть большо́й гара́ж.

— There is a big garage under the hotel.

also **под Москво́й** — near Moscow

● The instrumental is used **after a number of verbs,** of which the most common are **был/бу́дет:**

Он был изве́стным фото́графом. — He was a famous photographer.

Он бу́дет хиру́ргом. — He will become a surgeon.

Когда́ я был ма́леньким... — When I was small...

рабо́тать **дире́ктором** шко́лы — to work as the director of a school

занима́ться **фотогра́фией** — to be indulged in photography

интересова́ться **фотогра́фией** — to be interested in photography

● Some other verbs also take the instrumental:

явля́ться — to be	**кома́ндовать** — to command
каза́ться — to seem	**управля́ть** — to manage
счита́ться — to be considered	**по́льзоваться** — to use
оста́ться — to remain, to stay	**владе́ть** — to own
горди́ться — to be proud of	**же́ртвовать** — to sacrifice
наслажда́ться — to enjoy	**боле́ть** — to be sick
увлека́ться — to be obsessed with	**плати́ть** — to pay (in)
хва́статься — to boast about	**корми́ть** — to feed (with)
отлича́ться — to be distinguished by	**награди́ть** — to reward (with)
па́хнуть — to smell of	**торгова́ть** — to trade in
руководи́ть — to manage, to run	

● The instrumental case is used **after some prepositional verbs:**

Он рабо́тал над контра́ктом.

— He worked on a contract.

Он смея́лся над свои́м дру́гом.

— He laughed at his friend.

● With **verbs of motion** and preposition **за** the instrumental is used to denote a **purpose of action**:

Я иду́ за хле́бом. — I am going to buy bread.

Он е́дет в шко́лу за до́чкой. — He is driving to school for his daughter.

● **The instrumental in time expressions.**
The instrumental **without a preposition** is used here.
With **parts of the day:**

у́тром — in the morning	⇦	**у́тро**
днём — in the afternoon	⇦	**день**
ве́чером — in the evening	⇦	**ве́чер**
но́чью — at night	⇦	**ночь**

With **seasons of the year:**

зимо́й ⇦ **зима́** **ле́том** ⇦ **ле́то**
весно́й ⇦ **весна́** **о́сенью** ⇦ **о́сень**

With the preposition **перед**:

перед обе́дом — before lunch

● The instrumental **without a preposition** is used to denote **means of conveyance**:

лета́ть **самолётом** — to go by plane
е́хать **по́ездом** — to go by train

● *Also* Он дово́лен **свое́й рабо́той**. — He is satisfied with his job.

Unit 64
USE OF THE PREPOSITIONAL CASE

The prepositional case is used **only after prepositions**:

в, на — to denote location or time
о — about
при — in the time of

● The prepositional is used after **в** and **на** to **denote a place**:

Сейча́с я живу́ в Москве́. — I live in Moscow now.

Вчера́ я была́ на вы́ставке. — I was at the exhibition yesterday.

● Some common verbs used with this case after prepositions **в** and **на**:

рабо́тать — to work

находи́ться — to be (situated)

роди́ться — to be born

сиде́ть — to sit

висе́ть — to hang

учи́ться — to study

гуля́ть — to take a walk

оста́ться — to stay

лежа́ть — to lie

● **игра́ть на** — to play (**music instruments**)

● The prepositional is used in **time expressions**:

в январе́ — in January, *etc.*

в про́шлом году́ — last year

в сле́дующем ме́сяце — next month

на э́той неде́ле — this week, *etc.*

Э́то бы́ло в две ты́сячи восьмо́м году́. — It was in the year 2008.

Он жил в девятна́дцатом ве́ке. — He lived in the 19th century.

● The prepositional is used after **при** to **denote a period in history**:

при царе́ — in the time of tsars

при Ста́лине — in Stalin's time

● The prepositional with **на** is used to **denote means of conveyance**:

Я пое́ду на маши́не. — I will go by car.

Я е́ду на по́езде. — I am going by train.

Я лечу́ на самолёте. — I am flying by plane.

● The prepositional with **в** is used to **describe a vehicle or to denote a scene of event**:

В самолёте 300 мест. — There are 300 seats on the plane.

В самолёте нельзя́ кури́ть. — It is prohibited to smoke on planes.

Он сиде́л в маши́не. — He was sitting in the car.

В по́езде бы́ло жа́рко. — It was hot in the train.

● The prepositional case is used with the following verbs after the preposition **o**:

ду́мать — to think
говори́ть — to speak, to talk
писа́ть — to write
чита́ть — to read
расска́зывать — to tell
спра́шивать — to ask
знать — to know,

} **+ o** (**+ Prep.**)

for example:

Он не лю́бит говори́ть **о свое́й рабо́те.**
— He does not like to talk about his work.

CHAPTER 7
VERBS

Unit 65
THE SYSTEM OF THE RUSSIAN VERB

Russian verbs have the following forms:

● The **infinitive**: **де́лать/сде́лать**
● **Three tenses**: the present tense, the past tense and the future tense.
● **Two aspects** — the imperfective and the perfective:

Forms	Imperfective aspect	Perfective aspect
Infinitive	делать	сделать
Present tense	я делаю	
Past tense	де́лал	сде́лал
Future tense	я бу́ду де́лать	я сде́лаю
Imperative	де́лай, де́лайте	сде́лай, сде́лайте

● Suppositional or **conditional forms** referring to the past:

Imperf.   Perf.

Я де́лал бы / Я сде́лал бы

● **Participles:**

Forms	Imperfective aspect	Perfective aspect
Present tense	де́лающий	
Past tense	де́лавший, де́ланный	сде́лавший, сде́ланный

● **Adverbial participles:**

Imperf.   Perf.

де́лая   сде́лав

● Some verbs have **reflexive forms** with the particle **-ся/-сь**, *for example*:

верну́ть / верну́ться: Он **верну́л** биле́т. / Он **верну́лся** в Ло́ндон.

Unit 66
THE INFINITIVE

In the dictionary Russian verbs are listed **in the infinitive**. The infinitive is the form which **does not have any ending indicating the tense**. It is possible to say that the infinitive is a «bare» form of the verb.

So, to «dress» the verb you need to add a tense ending. Further you will learn how to do this.

● In Russian infinitives **end in:** | **-ть, -чь** and **-ти** |
for example:

де́лать — to do   ползти́ — to crawl   бере́чь — to care
упа́сть — to fall down   нести́ — to carry
влезть — to climb

● **Combinations** with the infinitive can be represented by the following scheme:

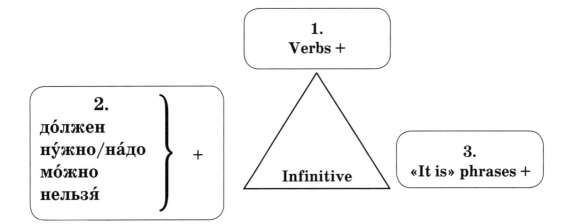

See the following examples:

● 1. The infinitive is normally **combined with a great many verbs**:

Я люблю́ **чита́ть.** — I like reading.

Я хочу́ **пое́хать** на экску́рсию. — I want to go sightseeing.

Он проси́л меня́ **прийти́.** — He asked me to come.

Я всегда́ бу́ду вам **помога́ть.** — I will always help you.

● 2. The infinitive is used in sentences with **obligatory** or **suppositional** meaning:

Он до́лжен **прие́хать** за́втра. — He should come tomorrow.

Мне ну́жно **рабо́тать.** — I have to work. / I should work. / I must work.

Мо́жно **пое́хать** на метро́. — You can go by metro. / It is possible to go by metro.

Здесь нельзя́ **ста́вить** маши́ну. — You may not park your car here.

● 3. The infinitive is used with **-o** forms in «**it is**» phrases like:

Тру́дно **води́ть** маши́ну в Москве́. — It is difficult to drive a car in Moscow.

Unit 67
ASPECT IN THE TENSE SYSTEM

● In addition to tense the Russian verb has an extra characteristic: **aspect.**

● The action expressed by a verb may be viewed from different points, such as **completion, frequency of occurence, action in progress, statement of fact.**

● Aspect is shown using **prefixes** or **suffixes**, but not endings (as with tenses). Practically every Russian verb belongs either to the **imperfective** or **the perfective aspect.**

● Most Russian verbs come in **pairs of imperfective and perfective verbs,**
for example: **де́лать/сде́лать** — to do

● The aspect of the verb is always marked in the dictionary,
for example:
де́лать — imperfective
сде́лать — perfective

● The verbs which make up an aspect pair **generally** have the same meaning, i.e. they name one and the same real action or state, *for example*:

де́лать/сде́лать

to do   to have something done

● Compare two kinds of formation:

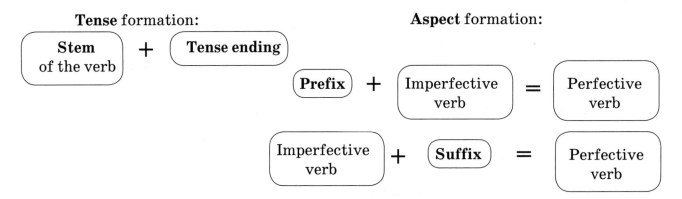

Tense formation:

Stem of the verb **+** **Tense ending**

Aspect formation:

Prefix **+** Imperfective verb **=** Perfective verb

Imperfective verb **+** **Suffix** **=** Perfective verb

Keep in mind that aspect is present in all tenses and forms of a Russian verb:

Aspect Infinitives Tenses Imperatives Participles **Aspect**

● With reference to aspect, the tense system of Russian verbs can be presented by the following diagram:

Imperfective aspect — **first** form or simply **imperfective verb**:

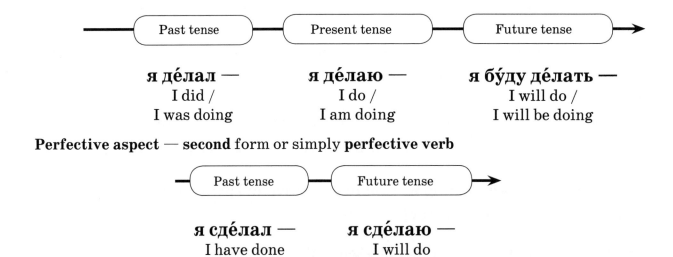

Past tense   Present tense   Future tense

я де́лал —
I did /
I was doing

я де́лаю —
I do /
I am doing

я бу́ду де́лать —
I will do /
I will be doing

Perfective aspect — **second** form or simply **perfective verb**

Past tense   Future tense

я сде́лал —
I have done

я сде́лаю —
I will do

You can find a detailed description of aspect and tenses in later units.

Unit 68
PRESENT TENSE FORMS, FIRST CONJUGATION

● Only imperfective verbs can be used in the present tense:

Imperfective verb

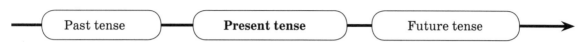

● In the present tense, verbs change based on **person** and **number** — they **conjugate**. Each person has its own ending. Based on two types of personal endings, the verbs fall into **two conjugations**:

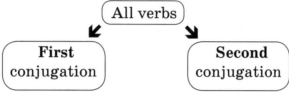

As a base for the present tense forms, we use a **present tense stem**, *for example*:

	Present tense stem	
знать	→	они́ зна́-|ют
говори́ть	→	они́ говор-|я́т
писа́ть	→	они́ пи́ш-|ут

● Many Russian first conjugation verbs are conjugated in agreement with the pattern of **знать** — **vowel** stem:

	Singular	*Plural*
1st person	я зна́ю	мы зна́ем
2nd person	ты зна́ешь	вы зна́ете — *plural or polite form!*
3rd person	он, она́ зна́ет	они́ зна́ют

● The first conjugation (also called **-e-**conjugation) comprises the verbs ending in: **-ать, -ять, -еть, -овать, -евать, -нуть, -ти, -чь.**

● The present tense endings are as follows:

	Singular			*Plural*
я	-у — after **consonants**	**мы**		-ем/-ём
	-ю — after **vowels**			
ты	-ешь/ -ёшь	**вы**		-ете/-ёте
он, она́	-ет/-ёт	**они́**		-ут — after **consonants**
				-ют — after **vowels**

Keep in mind that some **-ить** verbs also belong to the first conjugation:
жить — to live, **пить** — to drink, **лить** — to pour

Unit 69
PRESENT TENSE FORMS, SECOND CONJUGATION

● Many Russian second conjugation verbs are conjugated according to the pattern of **говори́ть** — **consonant** stem:

		Singular	*Plural*	
1st person	я	говорю́	мы говори́м	
2nd person	ты	говори́шь	вы говори́те — *plural or polite form*	
3rd person	он, она́	говори́т	они́ говоря́т	

● The second conjugation comprises verbs ending in **-ить**.
● This conjugation is also called **и** conjugation.
● The present tense endings are as follows:

Singular		*Plural*	
я	-у — after г/к/ж/ч/ш/щ	**мы**	-им
	-ю — in other cases		
ты	-ишь	**вы**	-ите
он, она́	-ит	**они́**	-ат after г/к/ж/ч/ш/щ
			-ят in other cases

● Keep in mind that a big group of common verbs ending in **-ать**, **-еть** and some **-ять** verbs also belongs to the second conjugation. Among them are:

смотре́ть — to watch, to look at, to see

ви́деть — to see	**молча́ть** — to be silent
слы́шать — to hear	**крича́ть** — to cry, to scream
лежа́ть — to lie	**зави́сеть от** — to depend on
сиде́ть — to sit	**стуча́ть** — to knock
стоя́ть — to stand	**держа́ть** — to hold, to keep
спать — to sleep	**дыша́ть** — to breathe *and some others*

ви́деть

я	ви́жу	мы	ви́дим
ты	ви́дишь	вы	ви́дите
он, она́	ви́дит	они́	ви́дят

Important! Prefixed verbs of both conjugations follow the same conjugation pattern as their root verbs, *for example*:

ви́деть — 2nd conjugation — to see

уви́деть — 2nd conjugation — to catch sight of

Unit 70
DIFFERENT GROUPS OF THE FIRST CONJUGATION

In some verbs the present tense stem can have some changings:

● **Dropping of some parts of the infinitive:**

Verbs ending in **-вать**
дава́ть — to give, **ва-** is dropped, the stem is **да-**:

я	даю́	мы	даём
ты	даёшь	вы	даёте
он	даёт	они́	даю́т

also узнава́ть — to recognize — **я узнаю́**
вставáть — to get up — **я встаю́**
продавáть — to sell — **я продаю́**

Verbs ending in **-овать/-евать**
голосова́ть — to vote, **-ова-** is dropped, **-у-** is added.

я	голосу́ю	мы	голосу́ем
ты	голосу́ешь	вы	голосу́ете
он	голосу́ет	они́	голосу́ют

also **тре́бовать** — to demand — **я тре́бую**

● **Changing of the stem vowel: е/о**
петь — to sing

я	пою́	мы	поём
ты	поёшь	вы	поёте
он	поёт	они́	пою́т

● **Changing of the stem vowel: и/ь**
пить — to drink

я	пью	мы	пьём
ты	пьёшь	вы	пьёте
он	пьёт	они́	пьют

also **бить** — to strike — **я бью**
лить — to pour — **я лью**
шить — to sew — **я шью**, *etc.*

● **Changing of the stem vowel: ы/о**
мыть — to wash

я	мо́ю	мы	мо́ем
ты	мо́ешь	вы	мо́ете
он	мо́ет	они́	мо́ют

● **-в- appears in the stem:**
жить — to live

я	живу́	мы	живём
ты	живёшь	вы	живёте
он	живёт	они́	живу́т

also **плыть** — to swim

113

● **-e- appears in the stem:**

брать — to take

я	**беру́**	мы	**берём**
ты	**берёшь**	вы	**берёте**
он	**берёт**	они	**беру́т**

● **Verbs ending in -ать:**

ждать — to wait

я	**жду**	мы	**ждём**
ты	**ждёшь**	вы	**ждёте**
он	**ждёт**	они́	**ждут**

Also:

рвать — to tear — он рвёт

врать — to lie — он врёт

● **Verbs ending in -ать with intechange of a stem consonant:**

с/ш interchange

писа́ть — to write

я	пишу́	мы	пи́шем
ты	пи́шешь	вы	пи́шете
он	пи́шет	они́	пи́шут

ск/щ interchange

иска́ть — to look for, to seek

я	ищу́	мы	и́щем
ты	и́щешь	вы	и́щете
он	и́щет	они	и́щут

Other interchanges:

т/ч — **шепта́ть** — to whisper — я шепчу́

к/ч — **пла́кать** — to weep — я пла́чу

з/ж — **вяза́ть** — to knit — я вяжу́

● Take note of the following **-ти** verbs:

идти́	—	я иду́, ты идёшь, он идёт
— to go		мы идём, вы идёте, они́ иду́т
везти́	—	я везу́, ты везёшь, он везёт
— to convey		мы везём, вы везёте, они́ везу́т
нести́	—	я несу́, ты несёшь, он несёт
— to carry		мы несём, вы несёте, они́ несу́т
расти́	—	я расту́, ты растёшь, он растёт
— to grow		мы растём, вы растёте, они́ расту́т
вести́	—	я веду́, ты ведёшь, он ведёт
— to lead		мы ведём, вы ведёте, они́ веду́т

● **Verbs ending in -сть:**

класть — to place/to put

я	**кладу́**	мы	**кладём**
ты	**кладёшь**	вы	**кладёте**
он	**кладёт**	они́	**кладу́т**

● Note that in the verbs described earlier, the changes carried through all the present tense forms. But now you'll meet with a special case:

Verbs ending in -чь

г/ж interchange

мочь — to be able

я	могу́	мы	мо́жем
ты	мо́жешь	вы	мо́жете
он	мо́жет	они́	мо́гут

к/ч interchange

печь — to bake

я	пеку	мы	печём
ты	печёшь	вы	печёте
он	печёт	они́	пекут

Also: течь — to flow

Unit 71
DIFFERENT GROUPS IN THE SECOND CONJUGATION

A consistent feature of the **second conjugation** is the **change** (mutation) of the consonant in the **first person singular** of verbs ending in **-ить** and **-еть**. So, **the first person singular differs from the other forms**. These verbs are as follows:

● -л appears in the stem in the first person singular after б, п, в, ф, м:

люби́ть — to love, to like

я	люблю́	мы	лю́бим
ты	лю́бишь	вы	лю́бите
он	лю́бит	они	лю́бят

also **гото́вить** — to cook, to prepare — я гото́влю

ста́вить — to put — я ста́влю

спать — to sleep — я сплю́

корми́ть — to feed — я кормлю́

лови́ть — to catch — я ловлю́

терпе́ть — to tolerate — я терплю́ *and others*

● д/ж interchange:

ви́деть — to see

я	ви́жу	мы	ви́дим
ты	ви́дишь	вы	ви́дите
он, она́	ви́дит	они	ви́дят

also

сиде́ть — to sit — я сижу́

гла́дить — to iron — я гла́жу

ходи́ть — to go — я хожу́

● т/ч interchange:

лете́ть — to fly

я	лечу́	мы	лети́м
ты	лети́шь	вы	лети́те
он	лети́т	они	летя́т

● с/ш interchange:

проси́ть — to ask

я	прошу́	мы	про́сим
ты	про́сишь	вы	про́сите
он	про́сит	они́	про́сят

● **т/ч interchange:**

плати́ть — to pay

я	плачу́	мы	пла́тим
ты	пла́тишь	вы	пла́тите
он	пла́тит	они́	пла́тят

Unit 72
FUTURE TENSE OF VERBS

Depending on the **aspect** of a Russian verb there are **two forms** of the **future tense:**

the **compound future** for **imperfectives** and   the **simple future** for **perfectives**

● In most cases, **perfective verbs borrow** the pattern of their future tense formation from the **imperfective present tense** forms.

● The **compound future** for the **imperfectives** consists of **two** verbs:

Future tense of the verb бытъ — to be	**+**	**Imperfective infinitive**

So,	я	**бу́ду**	смотре́ть	мы	**бу́дем**	смотре́ть
	ты	**бу́дешь**	смотре́ть	вы	**бу́дете**	смотре́ть
	он	**бу́дет**	смотре́ть	они́	**бу́дут**	смотре́ть

Summary of imperfective tense forms:

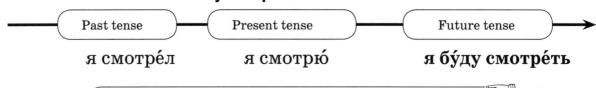

Past tense	Present tense	Future tense
я смотре́л	я смотрю́	**я бу́ду смотре́ть**

The **simple future for perfectives** consists of **one** verb.

Summary of perfective tense forms:

Past tense	Future tense
я посмотре́л	**я посмотрю́**

Keep in mind that usually the future perfective forms follow all the conjugation patterns of the present imperfectives of the same root:

найти́ — to find

я	**найду́**	мы	**найдём**
ты	**найдёшь**	вы	**найдёте**
он	**найдёт**	они́	**найду́т**

прийти́ — to come

я	**приду́**	мы	**придём**
ты	**придёшь**	вы	**придёте**
он	**придёт**	они́	**приду́т**

прие́хать — to arrive

я	**прие́ду**	мы	**прие́дем**
ты	**прие́дешь**	вы	**прие́дете**
он	**прие́дет**	они́	**прие́дут**

перевести́ — to translate

я	**переведу́**	мы	**переведём**
ты	**переведёшь**	вы	**переведёте**
он	**переведёт**	они́	**переведу́т**

Unit 73
DIFFERENT GROUPS OF THE CONJUGATION OF PERFECTIVE VERBS IN FUTURE

Here are some difficult forms of future perfective verbs:

● Verbs ending in **-нуть**

отдохну́ть — to give, у- is dropped, the stem is **отдохн-**.

я	**отдохну́**	мы	**отдохнём**
ты	**отдохнёшь**	вы	**отдохнёте**
он	**отдохнёт**	они́	**отдохну́т**

also пры́гнуть — to jump — я пры́гну

● **нача́ть** — to begin

я	**начну́**	мы	**начнём**
ты	**начнёшь**	вы	**начнёте**
он	**начнёт**	они́	**начну́т**

● **поня́ть** — to understand

я	**пойму́**	мы	**поймём**
ты	**поймёшь**	вы	**поймёте**
он	**поймёт**	они́	**пойму́т**

● **взять** — to take

я	**возьму́**	мы	**возьмём**
ты	**возьмёшь**	вы	**возьмёте**
он	**возьмёт**	они́	**возьму́т**

● **встать** — to get up

я	**вста́ну**	мы	**вста́нем**
ты	**вста́нешь**	вы	**вста́нете**
он	**вста́нет**	они́	**вста́нут**

● **сесть** — to take a seat, to sit down

я	**ся́ду**	мы	**ся́дем**
ты	**ся́дешь**	вы	**ся́дете**
он	**ся́дет**	они́	**ся́дут**

● з/ж interchange

сказа́ть — to say, to tell

я	**скажу́**	мы	**ска́жем**
ты	**ска́жешь**	вы	**ска́жете**
он	**ска́жет**	они́	**ска́жут**

also показа́ть — to show — покажу́

117

Unit 74
PRESENT/FUTURE TENSE FORMS OF MOST COMMON IRREGULAR VERBS

Most common verbs do not follow any of the above patterns, some of them also include the elements of both conjugations and interchange of consonants.

● **ч/т** interchange, mixed endings

хоте́ть — to want

я	хочу́	мы	хоти́м
ты	хо́чешь	вы	хоти́те
он	хо́чет	они́	хотя́т

● **г/ж** interchange, mixed endings

бежа́ть — to run

я	бегу́	мы	бежи́м
ты	бежи́шь	вы	бежи́те
он	бежи́т	они́	бегу́т

● special stem

ехать — to go by transport

я	е́ду	мы	е́дем
ты	е́дешь	вы	е́дете
он	е́дет	они́	е́дут

● special conjugation

есть — to eat

я	ем	мы	еди́м
ты	ешь	вы	еди́те
он	ест	они́	едя́т

дать — to give

я	дам	мы	дади́м
ты	дашь	вы	дади́те
он	даст	они́	даду́т

also **прода́ть**

● **быть** — to be

Only one present tense form is used — **есть**, which is the third person singular and plural. It is used mostly in the following construction,

for example:

У меня́ **есть** маши́на.   В до́ме **есть** гара́ж.

У меня́ **есть** маши́ны.   В кварти́ре **есть** ва́нная и туале́т.

Unit 75
PAST TENSE OF VERBS, GENERAL OUTLINE. REGULAR PAST TENSE FORMATION

Formation of the past tense is partly based on the **gender principle (singulars)** and partly on the number principle.

The **past tense stem** serving as a base for the past tense formation comes from the **infinitive**.

The infinitives end in: **-ть, -сть, -чь, -ти, -сти, -зти, -зть.**

As for the **past tense formation**, all the verbs fall into 2 groups.

> ### First group
> **-ть, -сть, -сти**
> verbs

> ### Second group
> **-чь, -ти, -сти, -зти, -зть**
> and several **-ть** verbs

This is the **regular** past tense formation, modern productive type of verbs, **vowel stem.**

This is the **irregular** past tense formation, non-productive old type of verbs, **consonant stem.**

> **-ть** verbs, vowel stem

Let us take, for example, the verb **быть** — to be

● To form the **masculine** past, we have to replace **-ть** with **-л**:

быть ⇨ он был
he was, he has been

> Past tense stem + **-л**

● The **feminine** past: replace **-ть** with **-ла**:

быть ⇨ она́ была
she was, she has been

> Stem + **-ла**

● The **neuter** past: replace **-ть** with **-ло**

быть ⇨ э́то бы́ло
it was, it has been

> Stem + **-ло**

● The **past** tense forms also have **plural** forms:
мы   бы́ли — we were, we have been
вы   бы́ли — you were, you have been
они́ бы́ли — they were, they have been

> Stem + **-ли**

So, the full table is as follows:

	Singular		*Plural & Polite*	
M.	я, он, ты	был	мы	бы́ли
F.	я, она́, ты	была́	вы	бы́ли
N.	э́то/оно́/что	бы́ло	они́	бы́ли

> **-сть/-сти verbs, vowel stem**

Let us take, for example, the verb **упа́сть** — to fall down.

To form the past tense we must replace **-сть/-сти** with **-л, -ла, -ло** or **-ли**. So, the full table of the past tense formation of this type of verb is as follows:

	Singular		*Plural & Polite*	
M.	я, он, ты	упа́л	мы	упа́ли
F.	я, она́, ты	упа́ла	вы	упа́ли
N.	э́то/оно́/что	упа́ло	они́	упа́ли

Some other verbs of the same type:

есть — to eat

укра́сть — to steal

попа́сть — to get to

пропа́сть — to disappear, to vanish

вести́* — to lead

цвести́** — to bloom

мести́** — to sweep

* вёл, вела́, **вело́, вели́**; *also* «leading» verbs

Inf. **привести́** from вести — to bring

Past tense: **привёл, привела́, привело́, привели́**

Inf. **отвести́** from вести — to take to, to lead away

Past tense: **отвёл, отвела́, отвело́, отвели́**

** цвёл, цвела́, цвело́, цвели́; мёл, мела́, мело́, мели́

Unit 76
GENDER AGREEMENT OF **Я/ТЫ**, **ВЫ** PRONOUNS WITH PAST TENSE FORMS

Pronoun я

A man/a boy says:

я был — I was/I have been

я упа́л — I fell

A woman/a girl says:

я была́ — I was/I have been

я упа́ла — I fell

Pronoun ты

Speaking to a man/a boy:

Где ты был? — Where have you been?

Ты что, упа́л? — You had a fall?

Speaking to a woman/a girl:

Где ты была́? — Where have you been?

Ты что, упа́ла? — You had a fall?

Pronoun вы (polite form)

Speaking to a man/a boy:

— Где вы бы́ли?

— Я был до́ма.

Speaking to a woman/a girl:

— Где вы бы́ли?

— Я была́ до́ма.

Unit 77
IRREGULAR PAST TENSE FORMATION

Some types of verbs **have no -л** in the **masculine past tense** forms.

Some чь- verbs (consonant stem)

● A great many verbs, mainly the most common verbs of the Russian language, have a **consonant past tense stem. No -л** is added to this stem in the masculine past.

● The stem consonant you can see in a present tense form, *for example*: **мочь** — to be able to — я мог|у́

The stem is **мог-**. So, the past tense forms are:

	Singular		*Plural & Polite*	
м.	я, он, ты	мог	мы	могли́
ф.	я, она́, ты	могла́	вы	могли́
n.	э́то могло́		они́	могли́

Some other verbs of the same type of past tense formation:

● **г** stem

помо́чь — to help	лечь — to lie down	зажéчь — to switch on, to light
он помо́г	он лёг	он зажёг
она́ помогла́	она́ легла́	она́ зажгла́
э́то помогло́	оно́ легло́	
они́ помогли́	они́ легли́	они́ зажгли́

постри́чь — to cut	берéчь — to save, to care
он постри́г	он берёг
она́ постри́гла	она́ берегла́
они́ постри́гли	они́ берегли́

● **к** stem

пересéчь — to cross	течь — to flow	испéчь — to bake
он пересёк	он тёк	он испёк
она́ пересекла́	она́ текла́	она́ испекла́
оно́ пересекло́	оно́ текло́	
они́ пересекли́	они́ текли́	они́ испекли́

And many other verbs have the same type of past tense formation.

Some -еть verbs (consonant stem)

They also have an **irregular past tense** formation (**no -л** in the masculine past):

умере́ть — to die

The stem is **умер-**.

So the past tense forms are:

он у́ме**р**, она́ уме**рла́**, они́ у́ме**рли**

Also some other verbs like:

запере́ть — to lock

вы́тереть — to wipe, *etc.*

Many -нуть verbs

привы́к|**нуть** — to get used to

The stem is **привы́к-**.

So, the past tense forms are:

он привы́**к**, она́ привы́**кла**, они́ привы́**кли**

Some other verbs of the same type:

поги́б**нуть** — to perish	исче́з**нуть** — to disappear, to vanish
замёрз**нуть** — to freeze	осле́п**нуть** — to become blind
вы́сох**нуть** — to become dry	прокис**нуть** — to become sour
пога́с**нуть** — to go out (*about light*)	промо́к**нуть** — to become wet
поту́х**нуть** — to go out (*about light*)	проту́х**нуть** — to become rotten, *etc.*

And many other verbs have the same type of the past tense formation.

-ти verbs

A large group of frequently used verbs ending in **-ти** has the following properties of the past tense formation:

Non-prefixed basic verbs

Infinitive   Past tense

«carrying» verbs

везти́   ⇨   **вёз, везла́, везло́, везли́**

Inf. привезти́ from **везти́** — to carry, to convey in a vehicle

Past tense: привёз, привезла́, привезло́, привезли́

нести́   ⇨   **нёс, несла́, несло́, несли́**

Inf. принести́ from **нести́** — to bring

Past tense: принёс, принесла́, принесло́, принесли́

Keep in mind that there are many other prefixes. They not only add new nuances in meaning, but **they may completely change the meaning of the verb**. But the formation of the past tense is **always based on the past tense forms of non-prefixed** verbs.

Some other verbs with the same irregularities in the past tense:

Infinitive		Past tense	
спасти́	⇨	**спас, спасла́, спасло́, спасли́**	— to save, to rescue
трясти́	⇨	**тряс, трясла́, трясло́, трясли́**	— to shake
ползти́	⇨	**полз, ползла́, ползло́, ползли́**	— to crawl
влезть	⇨	**влез, вле́зла, вле́зло, вле́зли**	— to climb up
грести́	⇨	**грёб, гребла́, гребли́**	— to row
расти́	⇨	**рос, росла́, росло́, росли́**	— to grow

Keep in mind that the above mentioned verbs may have different prefixes or meanings, but their past tense forms **retain the same irregularities.**

The verb идти

«going» verb
идти́ ⇨ **шёл, шла, шло, шли** — different stems

These past tense forms **serve as basic forms for further prefixation**, *for example*:

Inf. **пойти́** from **идти́** — to go
Past tense
пошёл, пошла́, пошло́, пошли́

Inf. **уйти** from **идти́** — to leave
Past tense
ушёл, ушла́, ушло́, ушли

Inf. **прийти** from **идти́** — to come
Past tense
пришёл, пришла́, пришло́, пришли́

Unit 78
IMPERATIVE FORMS

There is a special verbal form in Russian called the **imperative**. We use it in requests, commands, orders, warnings, *etc.*

Model 1. The base for the forms is the **present tense stem**, *for example*:

Infinitive	Present tense stem	Imperative singular — «ты» form	Imperative plural — «вы» form
дать — to give	⇨ да|ю́т (-й|ут)	⇨ дай	⇨ да́йте

Model 2. Verbs with a **stressed ending** in the form of present 1st sing. Add to the present tense stem **stressed -й**:

писа́ть — to write	⇨ пи́ш|ут, пишу́	⇨ пиши́	⇨ пиши́те
говори́ть — to speak	⇨ говор|я́т, говорю́	⇨ говори́	⇨ говори́те

Model 3. Verbs with a **stressed stem** in present 1st sing., which ends in a **consonant + н, м, р**. Add to the present tense stem **unstressed -и**:

пры́гнуть — to jump	⇨ пры́гн|ут, пры́гну	⇨ пры́гни	⇨ пры́гните

Model 4. Verbs with a **stressed stem** in present 1st sing., which ends in a **consonant**. Add to the present tense stem **-ь**:

доба́вить — to add	⇨ доба́в|ят, доба́влю	⇨ доба́вь	⇨ доба́вьте

Use of Imperative Singular

● If you are on **«ты» speaking terms**, you should use the singular imperative form:

Дай мне ру́чку! — Give me a pen!

Смотри́ кака́я маши́на! — Look, what a car!

Доба́вь ещё са́хара! — Add some more sugar!

● To sound more polite you should add the word **пожа́луйста**:

Дай мне, **пожа́луйста**, ру́чку. — Give me a pen, please.

Use of Imperative Plural

● If you are on **«вы» speaking terms or you are addressing a group of people**, to form the imperative you should add **-те** to the singular form of the imperative:

Да́йте мне, пожа́луйста, ру́чку.

● Here are some frequently used imperatives **(Model 1)**:

Infinitive	Present tense stem	«ты» Imperative	«вы» Imperative
чита́ть ⇨ — to read	**чита́**|ют ⇨	чита́й ⇨	чита́йте
дать ⇨ — to give	**да**|ю́т ⇨	дай ⇨	да́йте
переда́ть ⇨ — to hand over	**переда**|ю́т ⇨	переда́й ⇨	переда́йте
узна́ть ⇨ — to find out	**узна́**|ют ⇨	узна́й ⇨	узна́йте
откры́ть ⇨ — to open	**откро́**|ют ⇨	откро́й ⇨ **ы/о** interchange	откро́йте

● Here are some frequently used imperatives **(Model 2)**:

Infinitive	Present tense stem	«ты» Imperative	«вы» Imperative
входи́ть ⇨ — to enter	**вхо́д**|ят ⇨	входи́ ⇨	входи́те
идти́ ⇨ — to go	**ид**|у́т ⇨	иди́ ⇨	иди́те
подожда́ть ⇨ — to wait	**подожд**|у́т ⇨	подожди́ ⇨	подожди́те
говори́ть ⇨ — to talk, to speak	**говор**|я́т ⇨	говори́ ⇨	говори́те
позвони́ть ⇨ — to call	**позвон**|я́т ⇨	позвони́ ⇨	позвони́те
принести́ ⇨ — to bring	**принес**|у́т ⇨	принеси́ ⇨	принеси́те
помо́чь ⇨ — to help	**помо́г**|ут ⇨	помоги́ ⇨	помоги́те
купи́ть ⇨ — to buy	**ку́п**|ят ⇨	купи́ ⇨	купи́те
прости́ть ⇨ — to forgive	**прост**|я́т ⇨	прости́ ⇨	прости́те
написа́ть ⇨ — to write down	**напи́ш**|ут ⇨	напиши́ ⇨ **с/ш** interchange	напиши́те
приходи́ть ⇨ — to come	**прихо́д**|ят ⇨	приходи́ ⇨	приходи́те
сказа́ть ⇨ — to say, to tell	**ска́ж**|ут ⇨	скажи́ ⇨ **з/ж** interchange	скажи́те

● Here are some often used imperatives with **-ь/-ьте** — **Model 4:**

отве́тить ⇨	**отве́т**|ят ⇨	отве́ть ⇨	отве́тьте
— to answer			
быть ⇨	**бу́д**|ут ⇨	будь ⇨	бу́дьте
— to be			
не забы́ть ⇨	**забу́д**|ут ⇨	не забу́дь ⇨	не забу́дьте
— not to forget			

● The imperative forms of **reflexive** verbs have the same rules.
Keep in mind that the particle **-ся** is used after **-й, -ь**, and **-сь** is used after **-и, -е.**

сади́ть|ся ⇨	**сад**|я́тся ⇨	сади́сь ⇨	сади́тесь
верну́ть|ся ⇨	**верн**|у́тся ⇨	верни́сь ⇨	верни́тесь
умы́ть|ся ⇨	**умо́**|ются ⇨	умо́йся ⇨	умо́йтесь

● **Irregular forms** of imperatives: **есть — ешь; дать — дай; éхать — поезжáй; лечь — ляг; пить — пей** (also **бить, лить, шить,** etc.)

● The imperatives **давáй/давáйте** are used in the construction meaning **«Let's do something».**

давáй/давáйте + 1st person plural of future perfectives.
Давáй пойдём в кинó! — Let's go to the cinema!
Давáйте прове́рим счёт! — Let's check the bill!

Choice of aspect in the imperative

● **Perfectives** are mostly used in **polite requests:**
Принеси́/Принеси́те — Will you bring
Скажи́/Скажи́те — Will you tell
Дай/Дáйте — Will you give
Покажи́/Покажи́те — Will you show

● **Imperfectives** are used:
— in **negative requests** or **commands:**
Не звони́/Не звони́те так пóздно! — Don't call me so late!
Не ходи́/Не ходи́те тудá! — Don't go there!

— in **invitations:**
Приходи́/Приходи́те зáвтра! — Come tomorrow!

— in **requests** for **repeated actions:**
Звони́/Звони́те почáще! — Call more often!

Unit 79
SHORT PASSIVE PERFECTIVE PARTICIPLES

● This type of participles is very common in Russian.
Short passive perfective participles are used to describe **states** which are the **result of actions**. They originate from perfective transitive verbs.

● These participles end in **-ан, -ен, -ян** or **-т**.

● They agree with the subject in **gender** and **number**, like the past tense forms of verbs do:

сде́лать — to do smth, to have smth done

м. сде́лан	ф. сде́лана	н. сде́лано
	pl. сде́ланы	

м. **Ремо́нт уже́ сде́лан.** — The renovation has been done.
ф. **Рабо́та уже́ сде́лана.** — The work has been done.
н. **Всё уже́ сде́лано.** — Everything has been done.
pl. **Все дела́ уже́ сде́ланы.** — All things have been done.

Some more examples:

	Plural & Polite
м. я, он, ты **за́нят**	мы **за́няты**
ф. я, она́, ты **занята́**	вы **за́няты**
н. оно́ **за́нято**	они́ **за́няты**

Short passive perfective participles are used **only** as a **complement** to the verb **быть** — to be:

Past	Вчера́ магази́н **был закры́т.**
	— The shop was closed yesterday.
Present	Сего́дня магази́н **закры́т.**
	— The shop is closed today.
Future	За́втра магази́н **бу́дет закры́т.**
	— The shop will be closed tomorrow.

So, these participles are the meaningful part of the compound predicate.

● The **agent** of the action in passive constructions is rendered by the **instrumental**:
Маши́на была́ прове́рена **меха́ником.**

— The car was checked/has been checked by the mechanic.

Unit 80
FORMATION OF LONG PARTICIPLES

Long participles originate from various types of verbs.

Passive Participles

● from **transitive imperfectives:**

люби́мый ⇐ **люби́ть, люби́мый** фильм — favourite film

уважа́емый ⇐ **уважа́ть, уважа́емый** челове́к — respected person

Suffixes used for this formation:

-ем- — for the 1st conjugation verbs

-им- — for the 2nd conjugation verbs

● from **transitive perfectives:**

зако́нченный ⇐ **зако́нчить,**

зако́нченный рома́н — finished novel

разби́тый ⇐ **разби́ть**

разби́тый стака́н — broken glass

Suffixes used for this formation: **-нн-, -енн-, -т-.**

Active Participles

● from **intransitive and transitive imperfectives:**

опа́здывающий ⇐ **опа́здывать, пи́шущий** ⇐ **писа́ть**

опа́здывающий пассажи́р — a passenger who may be late for...

Suffixes used for this formation:

-ущ-, -ющ- — for the 1st conjugation verbs

-ащ-, -ящ- — for the 2nd conjugation verbs

● from **intransitive and transitive perfectives and imperfectives:**

опозда́вший ⇐ **опозда́ть, писа́вший** ⇐ **писа́ть**

опозда́вший пассажи́р — a passenger who was late

Suffix used for this formation: **-вш-.**

Unit 81
USE OF LONG PARTICIPLES

● Long participles are very often used as **adjectives**. They also decline as adjectives. Most common long participles are used as **adjectives**:

сле́дующий — next   **бу́дущий** — next

настоя́щий — present, real   **подходя́щий** — suitable

выдаю́щийся — outstanding   **люби́мый** — favourite

уважа́емый — respected, honourable   **незави́симый** — independent

необходи́мый — indispensable, necessary
also

сло́манный замо́к — broken lock

жа́реное мя́со — roasted meat

марино́ванные огурцы́ — pickled cucumbers

копчёная колбаса́ — smoked sausage

мо́лотый ко́фе — ground coffee

тёртый сыр — grated cheese

взби́тые сли́вки — whipped cream

наре́занная колбаса́ — sliced sausage, *etc.*

● Some long participles used as **nouns**:

настоя́щее — the present

бу́дущее — the future

про́шлое — the past

сумасше́дший — a madman

ра́неный — a wounded person

обвиня́емый — the accused

заключённый — a convict

прохо́жий — a passer-by

слу́жащий — a civil servant

уча́щийся — a pupil, a student

прису́тствующие — people present at...

● Long participles can be used in a special characterizing clause. This use is more typical of formal or bookish styles.
See the examples:

Он вошёл **в ко́мнату, освещённую со́лнцем.**
— He entered the room lit by the sun.

Пассажи́ры, опозда́вшие на самолёт, бы́ли о́чень расстро́ены.
— The passengers who had missed the plane were very upset.

Unit 82
USE OF IMPERFECTIVES AND PERFECTIVES

Let us take a pair of verbs:

читáть — imperfective / **прочитáть** — perfective

Use of imperfectives

Imperfectives have all three tense forms.

Present tense

Он **сейчáс читáет.** — Process
— He **is reading** now.

Обы́чно он **мнóго читáет.** — Statement of repeated fact/Habitual action
— Usually he **reads** a lot.
— Usually he **is reading** a lot.

Он **читáет кáждый день.** — Statement of fact/Habitual action

Past tense

Вчерá он **читáл весь день.** — Process
— Yesterday he **was reading** all day.

Рáньше он **мнóго читáл.** — Statement of fact/Habitual action
— Before he **used to read** a lot.

Он **ужé читáл** э́ту кни́гу. — Statement of fact
— He **has** already **read** this book.

Future tense

Он **бу́дет читáть** э́ту кни́гу **зáвтра.** — Plans/Probability
— He **will be reading** this book tomorrow.

Не мешáйте ему́, когдá он **бу́дет читáть.** — Process
— Do not disturb him when he **will be reading.**

● Very often occurrence imperfectives are used with the following time expressions denoting **frequency** and:

чáсто — often
иногдá — sometimes
всегдá — always
никогдá — never
рéдко — seldom
нéсколько раз — several times

раз в недéлю — once a week
мнóго раз — many times
кáждый день — every day
and other expressions with **кáждый**
по утрáм — in the mornings
по понедéльникам — on Mondays, *etc.*

● Imperfectives often combine with time expressions denoting **duration**:

до́лго — for a long time

це́лый час — whole hour

весь день — whole day

це́лый день — whole day

15 мину́т — for 15 minutes

полчаса́ — for half an hour

весь ме́сяц — whole month

весь год — whole year

всё у́тро — whole morning

весь ве́чер — whole evening

всю ночь — whole night

весь понеде́льник — whole Monday

всё воскресе́нье — whole Sunday, *etc.*

Use of Perfectives

Perfective verbs **are not used** in the present tense. *Notice!*

Past tense

Он **прочита́л** э́ту кни́гу. — Statement of fact/Result
— He **has finished reading** this book.

Он **уже́ прочита́л** э́ту кни́гу. — Statement of fact/Result
— He **has** already **finished reading** this book.

So, the perfectives used in the past tense denote the **completion of action,** the **result is** usually **implied.**

Future tense

Он **прочита́ет** э́ту кни́гу за́втра. — Plans/Promise/Probability
— He **will read** this book tomorrow (*completely*).

CHAPTER 8
VERBS AND CONSTRUCTIONS

Unit 83
REFLEXIVE VERBS

Reflexive verbs (-ся verbs)

● The suffix **-ся (-сь)** was originally the accusative form of the reflexive pronoun себя — self. In many verbs the reflexive meaning of the suffix has been lost, but there are still some verbs with this meaning. They are called the «true reflexives».

● The conjugation of a reflexive verb **does not differ** from its non-reflexive pair verb.

● The particle **-ся** is attached to verb forms ending in a **consonant** or **-й**:

> **consonant** or **-й** + **-ся**

Магази́н закры́лся. — The shop closed.
Магази́н закрыва́ется. — The shop is closing.
Не волну́йся! — Don't worry!

● The particle **-сь** is attached to verb forms ending in a **vowel**:
Она́ ещё не верну́лась. — She hasn't returned yet.

> **vowel** + **-сь**

● There are also 2 aspect forms:

Imp.   Perf.
одева́ться/оде́ться

Main use of reflexives

● A group of «true reflexives» is limited to **grooming** verbs.

Imperfective	Perfective	
кра́ситься	накра́ситься	to make up one's face
кра́ситься	покра́ситься	to dye one's hair
причёсываться	причеса́ться	to do one's hair
переодева́ться	переоде́ться	to change one's clothes
одева́ться	оде́ться	to dress oneself
раздева́ться	разде́ться	to undress oneself
обува́ться	обу́ться	to put on one's shoes
мы́ться	помы́ться	to wash oneself
па́риться	попа́риться	to go to sauna/to sweat
умыва́ться	умы́ться	to wash one's hands and face
купа́ться	искупа́ться	to bathe oneself
бри́ться	побри́ться	to shave oneself

There are also some other «true reflexives» like:

Imperfective	Perfective	
ока́зываться в	оказа́ться в	to find oneself in/at
гото́виться	пригото́виться	to get oneself ready

● Reflexives can be used in sentences with **inanimate subjects**; the action is presented **as if performed by itself**:

Дверь **откры́лась.** — The door opened.

Спекта́кль **начина́ется** в 19:00. — The performance starts at 19:00.

Вдруг компью́тер **отключи́лся.** — The computer suddenly switched off.

Во ско́лько **открыва́ется** магази́н? — When does the shop open?

У меня́ **слома́лась** маши́на. — My car broke down.

also

Imperfective	Perfective	
закрыва́ться	закры́ться	to close
включа́ться	включи́ться	to switch on
разлива́ться	разли́ться	to spill
продолжа́ться	продо́лжиться	to continue
уменьша́ться	уме́ньшиться	to decrease, to lessen
увели́чиваться	увели́читься	to increase, to grow
улучша́ться	улу́чшиться	to improve
ухудша́ться	уху́дшиться	to deteriorate
остана́вливаться	останови́ться	to stop
теря́ться	потеря́ться	to get lost

and some others

● The reflexive suffix can add a **passive meaning** to many transitive verbs:

Non-reflexives		Reflexives
писа́ть	⇨	Как э́то **пи́шется**? — How is it written?
чита́ть	⇨	Как **чита́ется** э́то сло́во? — How is this word read?
стира́ть	⇨	Как **стира́ется** э́тот сви́тер? — How is this sweater washed?
переводи́ть	⇨	Как **перево́дится** э́то сло́во? — How is this word translated?
включа́ть	⇨	Как **включа́ется** э́та плита́? — How does this stove turn on?
находи́ть	⇨	— Где **нахо́дится** э́тот банк? — Where is this bank located?

● The following reflexives are used to denote a **purposeful action**:

стара́ться/постара́ться	to try
пыта́ться/попыта́ться	to attempt
добива́ться/доби́ться + Gen.	to achieve

● Reflexives can be used to describe **internal states** or **feelings**:

боя́ться + Gen. — to fear, to be afraid of

испуга́ться + Gen. — to get frightened

каза́ться — to seem

наде́яться на + Acc. — to hope for

нра́виться/понра́виться + Dat. — to like (*used only impersonally*)

улыба́ться/улыбну́ться + Dat. — to smile

смея́ться/посмея́ться над + Instr. — to laugh at

горди́ться + Instr. — to be proud of

удивля́ться/удиви́ться + Dat. — to be surprised

беспоко́иться/забеспоко́иться — to worry

волнова́ться/заволнова́ться — to get excited

ра́доваться/обра́доваться + Dat. — to rejoice

расстра́иваться/расстро́иться из-за + Gen. — to get upset

серди́ться/рассерди́ться на + Acc. — to get angry with

просыпа́ться/просну́ться — to wake up

высыпа́ться/вы́спаться — to have a good sleep

напива́ться/напи́ться — to get drunk

● Reflexives are also used to denote **activities** and **actions**:

занима́ться + Instr. — to go in for, to study

учи́ться — to study

ката́ться/поката́ться — to ride

возвраща́ться/верну́ться — to come back

увлека́ться/увле́чься — to get involved in

ошиба́ться/ошиби́ться — to make a mistake

● Reflexives can denote an **ability**,
    for example:

Моя́ соба́ка не куса́ется.
— My dog does not bite.

● Reflexives are used to denote a **joint action**:

Мы познако́мились в Москве́.
— We met in Moscow.
Мы с ним познако́мились в Москве́.
Я познако́мился с ним в Москве́.

The counterpart is expressed by the preposition **c + instrumental**.

Other words with the similar forms:

Imperfective	Perfective	
догова́риваться	договори́ться	to settle, to agree
ви́деться	уви́деться	to see each other
собира́ться	собра́ться	to gather
жени́ться	пожени́ться	to marry, to get married
здоро́ваться	поздоро́ваться	to say hello
проща́ться	прости́ться	to say good-bye
объединя́ться	объедини́ться	to unite
разводи́ться	развести́сь	to divorce
ссо́риться	поссо́риться	to quarrel
мири́ться	помири́ться	to settle peace
целова́ться	поцелова́ться	to kiss
обнима́ться	обня́ться	to embrace each other

Unit 84
MODAL VERBS AND CONSTRUCTIONS

Sentences with modal verbs or constructions can be:

Personal	and	**Impersonal**
with **мочь/смочь**		with **на́до** or **ну́жно**
with **до́лжен**		with **мо́жно/нельзя́**
		with **возмо́жно/невозмо́жно**

Personal sentenctes

● Personal sentences with **мочь/смочь** + infinitive

мочь/смочь — can, to be able to

Infinitive		Present	Past	Future
Imp.	**мочь**	я могу́	я мог	—
Perf.	**смочь**	—	я смог	я смогу́

For example:

Я могу́ прие́хать. — I can come.

Я смог прие́хать. — I could come.

● Personal sentences with **до́лжен** + infinitive express **obligation, necessity or supposition**:

Я до́лжен идти́. — I have to go. = I must go.

Она́ должна́ сейча́с прие́хать. — She is supposed to come now.

До́лжен changes according to **gender** and **number** like the past tense forms of verbs:

M.	я, он, ты до́лжен
F.	я, она, ты должна́
Pl. & Pol.	мы, вы, они́ должны́

Impersonal sentences

● Impersonal sentences with **на́до/ну́жно** + infinitive express **necessity** or **obligation**:

Мне **на́до** идти́.
— I have got to go.
— I must go now.
— I have to go.

Keep in mind that **ну́жно** is more polite.

ну́жно = на́до

● Impersonal sentences with **мо́жно/нельзя́** + infinitive denote **permission, asking permission** or **possibility:**

Мо́жно посмотре́ть?
— May I have a look?

Как мо́жно туда́ дое́хать?
— How can I get there?

● Impersonal sentences with **нельзя́** denote **prohibition** or **impossibility:**

Сюда́ нельзя́! — You may not come here!

Туда́ нельзя́ дое́хать на метро́.
— You cannot get there by metro.

$$\boxed{\text{мо́жно} \Leftrightarrow \text{нельзя́}}$$

● Impersonal sentences with **можно/невозможно** denote **possibility** or **impossibility.**

Э́то **возмо́жно** сде́лать.	— It is possible to do it.
Э́то **невозмо́жно** сде́лать.	— It is not possible to do it.
	— It is impossible to do it.

Tense forms of modal constructions

Modal constructions are based on the forms of the verb **быть**:

Present	Future	Past
ну́жно, на́до мо́жно, нельзя́ возмо́жно невозмо́жно } + inf.	ну́жно, на́до мо́жно, нельзя́ возмо́жно невозмо́жно } + бу́дет + inf.	ну́жно, на́до мо́жно, нельзя́ возмо́жно невозмо́жно } + бы́ло + inf.

Present	Future	Past
м. **до́лжен** F. **должна́** N. **должно́** Pl. **должны́** } + inf.	м. **до́лжен бу́дет** F. **должна́ бу́дет** N. **должно́ бу́дет** Pl. **должны́ бу́дут** } + inf.	м. **до́лжен был** F. **должна́ была́** N. **должно́ бы́ло** Pl. **должны́ бы́ли** } + inf.

Unit 85
POSSESSIVE CONSTRUCTIONS

Positive possessive construction

The possessive construction is the Russian equivalent of the verb **have**, *for example*:

I have a dog. = **У меня́ есть соба́ка.**

> **У меня́**
> Gen.
> person who
> possesses

+ есть +

> **соба́ка**
> Nom.
> object which
> is possessed

Thus, literally: There is a dog **by me**.

So, the genitive denotes a person or a thing which possesses an object/objects. The object functions as a subject of a sentence and is denoted by the nominative.

● **есть** = there is/is/there are/are

● The possessive construction is used **without «есть»** when the **object is specified**:

У меня́ больша́я соба́ка. У меня́ две соба́ки.

Negative possessive construction

Positive	Negative
Nom.	Gen.
У меня́ **есть** соба́ка.	У меня́ **нет** соба́ки.
— I have a dog.	— I have no dog.

In the negative possessive construction the **negated object/objects** are expressed by the **genitive**.

● Both positive and negative constructions can be used in three tenses:

Positive		
Present	**Past**	**Future**
есть ⇨	м. **был** ⇨	**бу́дет** s.
есть ⇨	ғ. **была́** ⇨	**бу́дет** s.
есть ⇨	n. **бы́ло** ⇨	**бу́дет** s.
есть ⇨	Pl. **бы́ли** ⇨	**бу́дут** Pl.
Used for all genders and numbers	Used depending on the gender or number of possessed object/objects	Used depending on the number of objects

Present	Past
У меня́ **есть** друг.	У меня́ **был** друг.
У меня́ **есть** подру́га.	У меня́ **была́** подру́га.
У меня́ **есть** всё.	У меня́ **бы́ло** всё.
У меня́ **есть** друзья́.	У меня́ **бы́ли** друзья́.

Future

У меня́ **бу́дет** друг.

У меня́ **бу́дет** подру́га.

У меня́ **бу́дет** всё.

У меня́ **бу́дут** друзья́.

Negative		
Present	**Past**	**Future**
нет	**не́ было**	**не бу́дет**

● Keep in mind that the verb is used only in **one form irrespective** of gender or number of possessed objects.

Present	Past
У меня́ **нет** дру́га.	У меня́ **не́ было** дру́га.
У меня́ **нет** подру́ги.	У меня́ **не́ было** подру́ги.
У меня́ **нет** друзе́й.	У меня́ **не́ было** друзе́й.

Future

У меня́ **не бу́дет** дру́га.

У меня́ **не бу́дет** подру́ги.

У меня́ **не бу́дет** друзе́й.

Unit 86
RUSSIAN WORD ORDER

Direct word order

● The order **Subject** + **Verb** + **Object** is encountered in the vast majority of sentences which contain these three elements, *for example*:

Я	+	купил	+	маши́ну.
I		bought		a car
Subject	+	**Verb**	+	**Object**
		(Predicate)		

● A pronoun object may **precede** the verb:

Я **вас** не слы́шу.   Я **ничего́** не зна́ю.

I cannot hear **you**.   I do not know **anything**.

● Impersonal sentences can have two types of word order. Ussualy a **new** information is **in the phrase end**:

Reverse word order — this type of order is more common

Мне	+	нра́вится	+	э́та маши́на.
Indirect object	+	**Verb** **(Predicate)**	+	**Subject**

Direct word order

Э́та маши́на	+	мне	+	нра́вится·
Subject	+	**Indirect object**	+	**Verb** **(Predicate)**

● Long adjectives, all adjectival pronouns and ordinal numerals **precede** the noun or the pronoun they qualify:

Я купи́л **но́вую** маши́ну. — I bought a new car.
Он купи́л **свою́ пе́рвую** маши́ну. — He has bought his first car.

● Long adjectives **follow** the noun/pronoun when used as a **complement** to the **verb**:

Э́та маши́на совсе́м **но́вая**. — This car is quite new.

● In Russian equivalents to «**there is**» phrases, the place modifier **always** comes **first**:

В Москве́ мно́го но́вых гости́ниц. — There are many new hotels **in Moscow**.

● Adverbs like **всегда́**, **уже́**, **ещё не**, **обы́чно**, **иногда́**, **мно́го**, **ча́сто** usually **precede** the verb:

Он **всегда́** улыба́ется.

— He always smiles.

Она́ **ещё не** прие́хала.

— She has not arrived yet.

● Time expressions like **ра́но у́тром**, **по́здно ве́чером**, **ле́том**, **зимо́й**, **в 1991 году́**, **в девятна́дцатом ве́ке**, *etc.* normally occupy the **final** position.

Он прие́хал **ра́но у́тром**.

— He arrived early in the morning.

Я е́здил туда́ **зимо́й**.

— I went there in the winter.

Он роди́лся **в 1991 году́**.

— He was born in 1991.

Он жил **в 19-ом ве́ке**.

— He lived in the 19th century.

● The order of elements in a sentence is often determined by the necessity to place the **new** or **important** information towards the **end** of a sentence,
for example:

What?
В э́том магази́не продаётся **молоко́**.

— This shop sells milk.

Where?
Молоко́ продаётся **в э́том магази́не**.

— Milk is sold in this shop.

Ива́н Ма́шу **не лю́бит**.

— Ivan does not love Masha.

CHAPTER 9
ADVERBS AND ADJECTIVES

Unit 87
TYPES OF ADVERBS

● Adverbs can originate from different parts of speech,
for example:

ве́чером — in the evening, comes from **ве́чер** (evening) — noun,
вдвоём — in a group of two, comes from **дво́е** (a group of two)
— collective numeral.

Qualitative adverbs

● From adjectives denoting **nationality** adverbs are usually formed using the ending **-и** in a combination with the prefix **по-**, *for example*:

ру́сск**ий** → **по**-ру́сск**и**   англи́йск**ий** → **по**-англи́йск**и**

Я не понима́ю **по-ру́сски**.	I do not understand Russian
Я не говорю́ **по-ру́сски**.	I do not speak Russian

● If an adverb is not listed in the dictionary, you can try to form it on your own from an adjective.

Most adverbs derived from adjectives have the ending **-о**:

хоро́ш**ий** → хорош**о́**
по́здн**ий** → по́здн**о**

-ый
-ий → -о
-ой

● Some adverbs can be used in a sentence as a **complement** to **verbs**:

Вчера́ **бы́ло хо́лодно**. — It was cold yesterday.
Тру́дно сказа́ть. — It is hard to say.

Modal words можно, надо, нужно, нельзя

Мне на́до е́хать. — I have got to go.

Мо́жно посмотре́ть? — May I have a look?

Common adverbs of measure and grade

о́чень	— Сего́дня **о́чень** жа́рко.	—	It's **very** hot today.
мно́го	— Он **мно́го** рабо́тает.	—	He works **a lot**.
ма́ло	— Он **ма́ло** спит.	—	He sleeps very **little**.
чуть-чу́ть	— Он **чуть-чу́ть** опозда́л.	—	(*Coll.*) He was **a bit** late.
сли́шком	— Чай **сли́шком** горя́чий.	—	The tea is **too** hot.
почти́	— Уже́ **почти́** темно́.	—	It is **almost** dark.
дово́льно	— Сего́дня **дово́льно** хо́лодно.	—	It's **rather** cold today.
вдво́е	— **вдво́е** доро́же	—	**double** expensive
гора́здо	— **гора́здо** доро́же	—	**much more** expensive
два́жды	— Он приходи́л **два́жды**.	—	He came **twice**.
совсе́м	— Мя́со **совсе́м** сгоре́ло.	—	The meat has burnt **completely**.
	Он **совсе́м** ничего́ **не** зна́ет.	—	He does **not** know anything **at all**.

also **части́чно** — partially
по́лностью — fully

Adverbs of time

Here you can find a list of most common **adverbs of time**.

Когда́? — When?

зимо́й — in (the) winter
весно́й — in (the) spring
ле́том — in (the) summer
о́сенью — in (the) autumn

у́тром — in the morning
днём — in the afternoon
ве́чером — in the evening, at night
но́чью — at night

вчера́ — yesterday
сего́дня — today
за́втра — tomorrow
позавчера́ — the day before yesterday
послеза́втра — the day after tomorrow

давно́	— for a long time, a long time ago		
неда́вно	— not long ago, recently		
сейча́с	— now, nowadays		
тепе́рь	— now		
пото́м	— afterwards		
тогда́	— then	**до́лго**	— (for a) long time
ра́ньше	— before, earlier	**надо́лго**	— for a long time, for long
ра́но	— early		
по́здно	— late	**навсегда́**	— forever
сра́зу	— at once, immediately	**ежедне́вно**	— daily
неме́дленно	— immediately	**еженеде́льно**	— weekly
наконе́ц	— finally, at last	**ежеме́сячно**	— monthly
зара́нее	— beforehand	**ежего́дно**	— annually
ча́сто	— often	**наза́д**	— ago
ре́дко	— seldom		
всегда́	— always		
иногда́	— sometimes		
обы́чно	— usually		
никогда́	— never		

Adverbs of place and direction

Some adverbs of **place** and **direction** present a certain difficulty for foreign learners. Below you can find a table containing these adverbs.

Adverbs of place/position

> **Где? — Where?**

тут, здесь
Он живёт **тут**. — He lives **here**.

там
Он тепе́рь живёт **там**. — He lives **there** now.

впереди́
Я **впереди́** ничего́ не ви́жу. — I do not see anything **in front** of me.

сза́ди
Он стоя́л **сза́ди**, и я его́ не заме́тил.
— He was standing **in the back** and I did not notice him.

спра́ва

Магази́н нахо́дится **спра́ва.** — The shop is **on the right.**

сле́ва

Магази́н нахо́дится **сле́ва.** — The shop is **on the left.**

наверху́/све́рху

Он ждёт **наверху́.** — He is waiting **upstairs.**

Там **све́рху** есть кно́пка. — There is a knob **at the top.**

внизу́/сни́зу

Он ждёт **внизу́.** — He is waiting **downstairs.**

Там **сни́зу** есть кно́пка. — There is a knob **at the bottom.**

внутри́

При́нтер не рабо́тает: **внутри́** застря́ла бума́га.
— The printer does not work: the paper got stuck **inside.**

снару́жи

Он ждал **снару́жи.** — He was waiting **outside.**

до́ма

Он сейча́с **до́ма.** — He is **at home** now.

Adverbs of direction

Куда́? — Where to?

Отку́да? — Where from?
С како́й стороны́? — From what side?

сюда́
Иди́те **сюда́!**
— Come **here!**

отсю́да
Он уе́хал **отсю́да** час наза́д.
— He left **(from here)** an hour ago.

туда́
Я пое́ду **туда́** за́втра.
— I will go **there** tomorrow.

отту́да
Я верну́сь **отту́да** через неде́лю.
— I will come back **(from there)** in a week.

пря́мо, вперёд
Иди́те **пря́мо, …**
— Go **straight on, …**

спе́реди
Трамва́й ну́жно обходи́ть **спе́реди.**
— You should bypass trams **from the front.**

наза́д, обра́тно
Мы пое́дем сра́зу **наза́д.**
— We will go back at once.
but биле́т **туда́ и обра́тно** —
return ticket

сза́ди
Авто́бус ну́жно обходи́ть **сза́ди.**
— You should bypass buses **from the back.**

напра́во/впра́во

Сейча́с ну́жно поверну́ть **напра́во.**

— You should turn **to the right** now.

Подви́ньтесь чуть **впра́во.**

— Will you move **to the right.**

справа

Ара́бы пи́шут **спра́ва** нале́во.

— Arabs write **from right** to left.

нале́во/вле́во

Сейча́с ну́жно поверну́ть **нале́во.**

— You should turn **to the left** now.

Подви́ньтесь чуть **вле́во.**

— Will you move **to the left.**

сле́ва

Мы пи́шем **сле́ва** напра́во.

— We write **from left** to right.

наве́рх/вверх

Он подня́лся **наве́рх.**

— He went **upstairs.**

Ру́ки **вверх!** — Hands **up!**

све́рху

Лу́чше сверли́ть **све́рху.**

— You'd better drill **from the top.**

вниз

Он спусти́лся **вниз.**

— He went **downstairs.**

сни́зу

Лу́чше сверли́ть **сни́зу.**

— You'd better drill from the bottom.

внутрь

Снача́ла вста́вьте **внутрь** ка́рту…

— First insert the card…

изнутри́

Кто́-то за́пер дверь **изнутри́.**

— Someone locked the door **from the inside.**

нару́жу

Дверь открыва́ется **нару́жу.**

— The door **opens out.**

снару́жи

Кто́-то за́пер дверь **снару́жи.**

— Someone locked the door **from the outside.**

домо́й

Я е́ду **домо́й.** — I am going **home.**

but

из до́ма — from home

● It is not always easy to sort out even common adverbs. Below you can find some of them.

уже́	— Он **уже́** прие́хал.	— He has **already** arrived.
уже́ не	— Он **уже́ не** спит.	— He is **not** sleeping **anymore.**
ещё	— Он **ещё** спит.	— He is **still** sleeping.
ещё не	— Он **ещё не** прие́хал.	— He has **not** arrived **yet.**
всё ещё	— Он **всё ещё** спит.	— He is **still** sleeping.
пока́	— Он **пока́** спит.	— He is **still** sleeping.
пока́ не	— Он **пока́ не** прие́хал.	— He has **not** come **yet.**

Indefinite adverbs

гдé-то, гдé-нибудь	— somewhere, anywhere
кудá-то, кудá-нибудь	— (to) somewhere, (to) anywhere
когдá-то, когдá-нибудь	— sometime, anytime, ever
зачéм-то, зачéм-нибудь	— for some/any reason
почемý-то, почемý-нибудь	— for some/any reason

Он сейчáс живёт **гдé-то** в Испáнии.
— He is now living **somewhere** in Spain.

Он хóчет жить **гдé-нибудь** в цéнтре.
— He wants to live **somewhere** in the centre.

Он **кудá-то** уéхал.
— He has gone **somewhere**.

Он хóчет **кудá-нибудь** уéхать.
— He wants to go **somewhere**.

Éсли ты **когдá-нибудь** приéдешь в Петербýрг, позвони́ мне.
— If you **ever** come to Petersburg, call me.

Negative adverbs

нéгде	— no place, no room, nowhere
нéкуда	— no place, no room, nowhere
нéзачем	— no reason, useless

These adverbs are used only in **impersonal** sentences, *for example*:

Емý **нéгде** жить.
— He has **nowhere** to live.

Емý **нéкуда** положи́ть кни́ги.
— He has **no room** for books.

Емý **нéзачем** тудá éхать.
— There is **no reason** to go there.

Unit 88
DEGREES OF COMPARISON OF SOME ADVERBS

Only adverbs of **manner** can have degrees of comparison.

The comparative degree of adverbs

The **comparative degree** of adverbs is formed with the help of suffixes
-ee (*coll.* **-ей**) and **-e**.

> Comparative
> быстро ⇨ быстрée — faster, quicker

Since many of these comparatives are **irregular** in their formation, it is better simply to learn them as new vocabulary items:

> Comparative
> хорошó ⇨ **лýчше** — better
> плóхо ⇨ **хýже** — worse
> мáло ⇨ **мéньше** — less, fewer
> мнóго ⇨ **бóльше** — more

Also:

дорóже	— more expensive	**мя́гче**	— softer
дешéвле	— cheaper	**твёрже**	— harder
труднée	— more difficult	**вкуснée**	— more delicious
лéгче	— easier	**сложнée**	— more complicated
холоднée	— colder	**прóще**	— easier
теплée	— warmer	**дáльше**	— further
жáрче	— hotter	**блúже**	— closer
удóбнее	— more convenient	**вы́ше**	— higher, taller
рáньше	— earlier	**нúже**	— lower
пóзже	— later	**шúре**	— wider
грóмче	— louder	**ýже**	— more narrow
тúше	— more quiet	*etc.*	

● In colloquial style the comparatives can be prefixed with **по-**.

Приходúте **по**рáньше! — Come a bit earlier!

● The comparatives can be emphasized with the help of the following adverbs:

намно́го
гора́здо ⎱ much (much more)

намно́го быстре́е — much quicker
намно́го лу́чше — much better
намно́го ра́ньше — much earlier

● A **person** or an **object compared to,** can be expressed in two ways:
— by **the genitive,** which is more common:

Ко́ля бе́гает быстре́е **Ната́ши.**

— by **чем + nominative** combination:

Ко́ля бе́гает быстре́е, **чем Ната́ша.**

The superlative degree of adverbs

The **superlative degree** is formed as follows:

быстре́е всех — faster than anyone —
when compared to a **group of people;**

лу́чше всего́ — best of all —
when compared to **something abstract.**

Summary:

Positive	Comparative	Superlative
бы́стро	быстре́е	быстре́е всех
	намно́го быстре́е	быстре́е всего́
	гора́здо быстре́е	
хорошо́	лу́чше	лу́чше всех
	намно́го лу́чше	лу́чше всего́
	гора́здо лу́чше	

Unit 89
DEGREES OF COMPARISON OF ADJECTIVES

● Only **qualitative** adjectives can have degrees of comparison.

● There are **two** comparative degree forms: **simple** and **complex**.

Their choice depends on the **position/function** of the adjective in a sentence.

● The simple **adjective** comparative and the **adverb** comparative **coincide**,

for example:

Adverb	Comparative	Adjective
бы́стро ⇨	**быстре́е** ⇦	бы́стрый
хорошо́ ⇨	**лу́чше** ⇦	хоро́ший

The comparative degree of adjectives
Simple form

● The simple form is used **mainly** as a **complement** to the tense forms of the verb **быть**.

● The adjective stem takes **-ee**, **-ей** or **-e**.

холо́дный ⇨ холодне́е ⇨ холодне́й
дорого́й ⇨ доро́же

Also **г/ж** interchange.

Examples:

Present

Эта маши́на **доро́же**, чем та.

— This car is more expensive than that one.

Past

Эта маши́на **была́ доро́же**, чем та.

— This car was more expensive than that one.

Future

Эта маши́на **бу́дет доро́же**, чем та.

— This car will be more expensive than that one.

Complex form

● The complex form is used when the adjective functions as the **characterizing word** to a **noun**.

● The complex form consists of **two** words:

> **бо́лее + adjective**

● **Бо́лее** does not change, *for example*:

Никола́й купи́л **бо́лее дорогу́ю** маши́ну, чем Ива́н.
— Nikolay bought a more expensive car than Ivan.

● Keep in mind that both comparative forms can be emphasized by the following words:

> **намно́го** — much more
> **гора́здо** — much more

Examples:

Маши́на Никола́я **намно́го доро́же**, чем маши́на Ива́на.
— Nikolay's car is much more expensive than Ivan's car.

Никола́й купи́л **намно́го бо́лее дорогу́ю** маши́ну, чем Ива́н.
— Nikolay bought a much more expensive car than Ivan.

The superlative degree of adjectives

● The superlative form is used **only** when the adjective functions as the **characterizing word** to a **noun**.

● Most common is the **complex** form with **са́мый** (declines as an adjective), *for example*:

Никола́й купи́л **са́мую дорогу́ю** маши́ну.
— Nikolay bought the most expensive car.

● Sometimes the complex form uses the adverb **наибо́лее** — most, which does not change.

Он купи́л **наибо́лее дорогу́ю** маши́ну.
— He bought the most expensive car.

● Some adjectives can form the superlative degree using the suffixes **-ейш-/-айш-**, *for example*:

нове́йшая моде́ль — brand new model

● Four of the **most common** adjectives have the following forms:

Positive	Comparative	Superlative
хоро́ший	лу́чше	лу́чший/са́мый хоро́ший / наилу́чший
плохо́й	ху́же	ху́дший/са́мый плохо́й / наиху́дший
большо́й	бо́льше	са́мый большо́й/наибо́льший
ма́ленький	ме́ньше	са́мый ма́ленький/наиме́ньший

Unit 90
SHORT FORM OF ADJECTIVES

● Some Russian adjectives can be used in two functions:

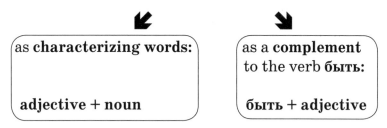

as **characterizing words**:	as a **complement** to the verb **быть**:
adjective + noun	быть + adjective

● As a complement to the verb **быть (to be)**, some common adjectives are used in a **shortened** form, *for example*:

свобо́дн│ый   ⇨   Он свобо́ден.
— free, vacant   — He is free.

● The short adjectives have **3 gender forms** and **1 plural & polite** form.

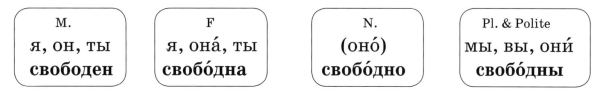

M. я, он, ты **свобо́ден**	F я, она́, ты **свобо́дна**	N. (оно́) **свобо́дно**	Pl. & Polite мы, вы, они́ **свобо́дны**

● To avoid difficulties with this tricky subject, check the list of most common short adjectives:

M.	я, он, ты **рад**	— be glad
F.	я, она́, ты **ра́да**	
Pl.&Pol.	мы, вы, они́ **ра́ды**	

M.	я, он, ты **согла́сен**	— agree
F.	я, она́, ты **согла́сна**	
Pl.&Pol.	мы, вы, они́ **согла́сны**	

M.	я, он, ты **уве́рен**	— be sure
F.	я, она́, ты **уве́рена**	
Pl.&Pol.	мы, вы, они́ **уве́рены**	

M.	я, он, ты **винова́т**	— be guilty
F.	я, она́, ты **винова́та**	
N.	оно́ **винова́то**	
Pl.&Pol.	мы, вы, они́ **винова́ты**	

M.	я, он, ты **дово́лен**	— be satisfied/pleased
F.	я, она́, ты **дово́льна**	
Pl.&Pol.	мы, вы, они́ **дово́льны**	

M.	я, он, ты **похо́ж**	— look like
F.	я, она́, ты **похо́жа**	
Pl.&Pol.	мы, вы, они́ **похо́жи**	

M.	я, он, ты **свобо́ден**	— be free/vacant
F.	я, она́, ты **свобо́дна**	
N.	оно́ **свобо́дно**	
Pl.&Pol.	мы, вы, они́ **свобо́дны**	

M.	я, он, ты **до́лжен**	— be obliged, must
F.	я, она́, ты **должна́**	
N.	оно́ **должно́**	
Pl.&Pol.	мы, вы, они́ **должны́**	

M.	я, он, ты **ну́жен**	— be necessary/needed
F.	я, она́, ты **нужна́**	
N.	э́то **ну́жно**	
Pl.&Pol.	мы, вы, они́ **нужны́**	

M.	я, он, ты **прав**	— be right
F.	я, она́, ты **права́**	
N.	оно́ **пра́во**	
Pl.&Pol.	мы, вы, они́ **пра́вы**	

M.	я, он, ты **здоро́в**	— be healthy, get recovered
F.	я, она́, ты **здоро́ва**	
Pl.&Pol.	мы, вы, они́ **здоро́вы**	

M.	я, он, ты **бо́лен**	— be ill/sick
F.	я, она́, ты **больна́**	
Pl.&Pol.	мы, вы, они́ **больны́**	

M.	я, он, ты **обя́зан**	— be obliged, have to, must
F.	я, она́, ты **обя́зана**	
N.	оно́ **обя́зано**	
Pl.&Pol.	мы, вы, они́ **обя́заны**	

M.	я, он, ты **осторо́жен**	— be careful, be on alert
F.	я, она́, ты **осторо́жна**	
N.	оно́ **осторо́жно**	
Pl.&Pol.	мы, вы, они́ **осторо́жны**	

«Size»-adjectives

M.	он **мал**	— be too small
F.	она́ **мала́**	
N.	оно́ **мало́**	
Pl.&Pol.	они́ **малы́**	

M.	он **вели́к**	— be too big
F.	она́ **велика́**	
N.	оно́ **велико́**	
Pl.&Pol.	они́ **велики́**	

● The short adjectives can be used with different forms of the word **быть,**
for example:

Present

Сего́дня он свобо́ден.

Past

Вчера́ он **был** свобо́ден.

Future

За́втра он **бу́дет** свобо́ден.

Imperatives (wishes and warnings)

«ты» form   **Будь здоро́в!**

— Be healthy!

«вы» form   **Бу́дьте добры́...** ⎫ Would you (be so kind)...
Бу́дьте любе́зны ⎭

Бу́дьте осторо́жны!   — Be careful!

● Keep in mind that many other adjectives can also be used in the short form by native speakers.

CHAPTER 10
NEGATIVE SENTENCES

Unit 91
SIMPLE AND COMPOUND NEGATIVE

Simple negative with не

You can negate **any meaningful word** in Russian with the help of the particle **не.**
The particle **не** always **precedes** the negated word:

Он **не прие́хал.** — He did not come.

Я **не е́ду** в Ло́ндон. — I am not going to London.

Я е́ду **не в Ло́ндон**, а в Пари́ж.

— I am going to Paris, not to London.

не = not

Э́то **не моя́** маши́на. — It's not my car.

Э́то **не но́вая** маши́на. — It's not a new car.

Сего́дня **не хо́лодно.** — It's not cold today.

156

Compound negative

● English negative sentences usually have the following pattern:

> «not» verbs + «any» words

Example: I do **not** know **any**thing.

● The sentences with that kind of pattern can be rendered into Russian with the following pattern:

> «не» verbs + «ни» words

Example: Я **ни**чего́ **не** зна́ю.

● The only **difference** between the Russian and English compound negatives is the **word order**. Usually we have the pattern:

> «ни» words + «не» verbs

Я **ни**чего́ **не** зна́ю.

I do **not** know **any**thing.

> «ни» words

«Ни» words can be of 3 types:

● Negative pronouns and their case forms based on **кто/что**:

	никто́/ничто́
Gen.	**ни у кого́/ничего́**
Dat.	**никому́/ничему́**
Acc.	**никого́/ничего́**
Instr.	**нике́м/ниче́м**
	ни с ке́м/ни с че́м
Prep.	**ни о ко́м/ни о чём**
	ни в ко́м/ни в чём

● Negative adverbs:

никогда́	—	never
нигде́	—	nowhere
никуда́	—	nowhere (direction)
ниско́лько	—	not at all
ника́к	—	in no way
ни ра́зу	—	not once
ниотку́да	—	from nowhere

● Negative adjectival pronouns:

никако́й
никака́я
никако́е } any
никаки́е

and their case forms

● Prepositions are inserted between **ни** and the pronoun, *for example*:

Instr.

Он **нике́м** не интересу́ется. — He is not interested in anyone.

Он **ни с ке́м** не говори́л. — He did not speak with anyone.

Unit 92
«НИ» PRONOUNS

● **никто́** and its case forms — no one, nobody, anyone, anybody

Nom.	**Никто́** не пришёл. — **Nobody**/no one came.
Gen.	Он **ни у кого́** не спроси́л. — He did not ask **anyone**.
Dat.	Он **никому́ ничего́** не сказа́л.
	— He did not tell **anything** to **anyone**.
Acc.	Я **никого́** тут не зна́ю. — I don't know **anyone** here.
Instr.	Я **ни с ке́м** не говори́л об э́том.
	— I didn't speak with **anyone** about this.
Prep.	Он **ни в ко́м** не уве́рен. — He is not sure of **anyone**.

● **ничто́** and its case forms — nothing, anything

Nom.	Его́ **ничто́** не интересу́ет. — **Nothing** interests him.
Gen.	У него́ **ничего́ нет.** — He does not have **anything**.
Dat.	Я **ничему́** не ве́рю. — I don't believe **anything**.
Acc.	Я **ничего́** не зна́ю. — I don't know **anything**.
Instr.	Он **ниче́м** не интересу́ется.
	— He is not interested in **anything**.
Prep.	Он **ни в чём** не винова́т. — He is not guilty of **anything**.
	Он **ни о чём** не расска́зывал.
	— He did not tell about **anything**.

Unit 93
«НИ» ADVERBS

Он **никогда́** не́ был в Áнглии. — He has **never** been to England.

Она́ **нигде́** не рабо́тает. — She does not work **anywhere**.

Он **никуда́** не е́здил. — He did not go **anywhere**.

Я **ниско́лько** не уста́ла. — I am not tired **at all**.

Он **ниотку́да** не получáет пи́сем. — He does not get letters from **anywhere**.

Some other negative adverbs:

● **ещё не** + verb — not yet

Она́ **ещё не** пришла́. — She has not come yet.

● **ещё нет**

It is used when the **verb** is **omitted**:

— Он пришёл? — Has he arrived?

— **Ещё нет.** — Not yet.

● **уже́ не** + verb
бо́льше не + verb } no longer, not anymore

Он здесь **уже не** живёт.
Он здесь **бо́льше не** живёт. } — He does not live here any more.

● **уже́ нет** and **бо́льше нет** are used when the **verb** is **omitted**:

— Он ещё в Москве́? — Is he still in Moscow?

— **Уже́ нет**, он уе́хал в Ло́ндон. — Not anymore, he has gone to London.

Unit 94
NEGATIVE CONSTRUCTIONS DENOTING ABSENCE OR NON-AVAILABILITY

These constructions are always **impersonal**.

Present
Его́ **нет** до́ма. — He **is not** at home.

Past
Его́ **не́ было** до́ма. — He **was not** at home.

Future
Его́ **не бу́дет** до́ма. — He **will not be** at home.

Present

У меня́ **нет** вре́мени. — I have **no** time.

Past

У меня́ **не́ было** вре́мени. — I **did not have** time.

Future

У меня́ **не бу́дет** вре́мени. — I **will not have** time.

Unit 95
NEGATIVE CONSTRUCTIONS DENOTING UNADVISABLE ACTIONS

These constructions are used with the following words:

● **не на́до** — you should not, do not

Не на́до туда́ е́здить.

— You should not go there.

● **не ну́жно** — you should not, it's not necessary

Не ну́жно э́того де́лать.

— You should not do it.

It's not necessary to do it.

● **не до́лжен, не должна́, не должны́** — should not

Вы **не должны́** опа́здывать.

— You should not be late.

● **нельзя́** — you cannot, it's forbidden, you should not

Тебе́ **нельзя́** так мно́го кури́ть.

— You should not smoke so much.

See the sentences with **negative adverbs** in Unit 87.

CHAPTER 11
IMPERSONAL CONSTRUCTIONS

Unit 96
IMPERSONAL CONSTRUCTIONS, GENERAL OUTLINE

● **Impersonal constructions** are sentences **without any subject** or **without** a **subject** expressed by the **nominative**.
They are used **quite often** in modern Russian.

● **Impersonal constructions** reflect the old thinking of the Russian folk, who considered themselves to be a part of a collective or an object affected by fate, pagan gods or an external force. With time the group of affecting factors also included «the authorities».

● **Impersonal constructions** present an important, vast and productive type of Russian grammatical patterns. They are also used frequently in Russian literature, particularly in lyrics.

● **Impersonal constructions** can deal both with **people** and **natural phenomena**.

● The need to describe the natural phenomena has always been keen in a country like Russia, with its continually changing climatic and weather conditions.

Unit 97
IMPERSONAL CONSTRUCTIONS INVOLVING PEOPLE

In these constructions a person or people may be presented by the following cases: the **dative**, the **accusative** or the **genitive**.

Impersonal constructions with the dative of person

● The dative of person is used in constructions denoting **age**:

Мне 20 лет. — I am 20 years old.

literally: **To me** 20 years were given.

● Impersonal constructions with the dative of person are used to denote someone's **internal state** or **feelings**:

Мне хо́лодно. — I am (feeling) cold.
Мне жа́рко. — I am (feeling) hot.

Мне пло́хо. — I am (feeling) bad.

Мне уже́ лу́чше. — I am (feeling) better.

Мне стра́шно. — I am scared.

Мне бо́льно. — It hurts.

Мне нра́вится... — I like...

Мне хо́чется пить. — I am thirsty.

Мне не спи́тся. — I do not feel sleepy.

Мне ка́жется... — It seems to me...

Мне присни́лось... — I had a dream...

● The dative of person is used in constructions denoting the **objective necessity**:

Мне ну́жно ⎤
Мне на́до ⎦ — I have to, I need to, it is necessary to me,
            I should, I must

Мне пришло́сь — I had to

● Constructions with **ну́жно/на́до, мо́жно, не ну́жно/не на́до, нельзя́** can be used in 3 tenses:

Present	Мне **ну́жно**	— I need, I have to
Future	Мне **ну́жно бу́дет**	— I will have to/I will need to
Past	Мне **ну́жно бы́ло**	— I had to/I needed to

● The dative of person is used when someone is **asking permission** or something is **prohibited**:

Мо́жно **мне** взять э́то? — May I take it?

Ему́ нельзя́ бе́гать. — He is not allowed to run.

● The dative of person is used with verbs denoting **chance, luck** or **success**:

Мне о́чень повезло́. — I was very lucky.

Ему́ всегда́ везёт. — He is always lucky.

Мне удало́сь... — I succeeded...

In the **present** tense these verbs are used in the **third-person singular**:
Ему́ всегда́ **везёт**. — He is always lucky.

In the **past** tense the verbs are used in the **neuter**:
Ему́ повезло́. — He was lucky.

● Impersonal constructions with **verbs** taking the **dative**:

Мне сказа́ли, что... — I was told. *literally*: They told me that...

Мне переда́ли... — I got (a message). *literally*: They conveyed (a message)...

Мне подари́ли... — I got smth. as a present. *literally*: The gave it to me...

Мне купи́ли велосипе́д. — *literally*: They bought me a bicycle.

Мне позвони́ли... — I got a phone call. *literally*: They called me.

Мне показа́ли... — They showed me *or* I was shown

Мне сде́лали опера́цию... — I have been operated on.

● In the **past** tense the verbs are used in the **plural**:

Мне позвони́ли ве́чером. — They called me in the evening.

● In the **present** tense the **third-person plural** is used:

Мне обы́чно **звоня́т** у́тром.
— They normally call me in the morning.

Unit 98
IMPERSONAL CONSTRUCTIONS WITH THE ACCUSATIVE OF PERSON

Keep in mind that the **accusative** of **person** is the **same** as the **genitive** form.

Passive constructions

The accusative of person is used in impersonal constructions with **verbs taking** the **accusative** and in sentences involving an **external force** or «**the authority**». Quite often these sentences deal with **accidents** or **unpleasant situations**:

Его́ уво́лили. — He was dismissed/fired.

Его́ уби́ли. — He was killed.

Его́ ра́нили. — He was wounded.

Его́ арестова́ли. — He was arrested.

Его́ оштрафова́ли. — He was fined.

Его́ обману́ли. — He was cheated.

Его́ перевели́. — He was transferred/moved.

Его́ положи́ли в больни́цу. — He was taken to hospital.

Его́ огра́били. — He was robbed.

Его́ перевели́ в другу́ю часть. — He was transferred to another unit.

Его́ отрави́ли. — He was poisoned.

● In the **past** tense the verbs are used in the **plural**:

> Его́ обману́ли. — He was cheated.

● In the **present** and **future** tense the verbs are used in the **third-person plural**:

> Его́ всегда́ обма́нывают. — He is always cheated.

Here are some common present tense examples:

> Вас (про́сят) к телефо́ну. — You are wanted on the phone.
> Меня́ ждут. — Someone is (some people are) waiting for me.
> Как вас зову́т? — What is your name? *literally:* How do they call you?

Unit 99
IMPERSONAL CONSTRUCTIONS WITH THE GENITIVE OF PERSON

Impersonal constructions with the genitive of person can be of three types:

● Negative constructions denoting the **absence** of a **person** or a **thing**:

> Его́ нет. — He is not available.
> Его́ не́ было. — He was not available.
> Его́ не бу́дет. — He will not be available.
> У меня́ нет вре́мени. — I don't have any time. / I have no time.
> У меня́ не́ было вре́мени. — I didn't have any time. / I had no time.
> У меня́ не бу́дет вре́мени. — I won't have any time.

● Constructions describing **accidents**:

> У меня́ укра́ли па́спорт. — My passport has been stolen.
> У меня́ угна́ли маши́ну. — My car has been stolen.

The **past tense** verb is always in the **plural** form.

● Constructions with **general statements**:

> У нас не ку́рят. — No smoking here.

The **present tense** verb is always in the **third-person plural**.

164

Unit 100
IMPERSONAL CONSTRUCTIONS DEALING WITH PEOPLE'S STATES OR NATURE

● There is a **limited** group of impersonal sentences dealing both with people and nature where the **accusative** is used.

● The verbs are used in the **third-person singular** in the **present** and **future**.

● In the **past** tense the **neuter** form is used.

Examples:

Зимóй рáно **темнéет.** — It gets dark early in the winter.

Ужé **стемнéло.** — It has gotten dark already.

Меня́ **удáрило** тóком. — I got an electric shock.

Меня́ **тошнúт.** — I feel sick.

Меня́ **укачáло.** — I am seasick.

Всё **зáлило** водóй. — Everything was covered with water.

Дорóгу **занеслó** снéгом. — The road was covered with snow.

● The natural phenomenon or the external force is expressed by the **instrumental**:

Всё зáлило **водóй.**

Дорóгу занеслó **снéгом.**

Unit 101
IMPERSONAL CONSTRUCTIONS DEALING WITH NATURE OR OBJECTIVE REALITY

Subjectless sentences with -o forms

● When describing natural phenomena, situations or objects, Russians normally use impersonal **subjectless** sentences with the so-called **-o** forms:

Сегóдня **хóлодно.** — It's cold today.

Тут **зáнято.** — It's occupied.

Окрáшено. — Wet paint. *literally*: It has been painted.

Пóздно. — It's late.

Ещё **рáно.** — It's still early, *etc.*

● The **-o** forms are adverbs like **хóлодно** or the **neuter** form of the **short perfective participles** like **зáнято, окрáшено,** *etc.*

● These sentences can be used in three tenses:

Present
Сего́дня хо́лодно. — It's cold today.

Future
За́втра бу́дет хо́лодно. — It will be cold tomorrow.

Past
Вчера́ бы́ло хо́лодно. — It was cold yesterday.

Unit 102
SEMI-IMPERSONAL CONSTRUCTIONS

«One» and «you» constructions

● The **second-person singular** of the **present** tense form of the verb is used in these constructions:

Рабо́таешь-рабо́таешь, а де́нег всё нет.
— **You** work a lot but as yet no money. *or*
One works a lot but as yet no money.

● These constructions are used frequently in Russian **proverbs, sayings** and **general statements** like:

Поспеши́шь — люде́й **насмеши́шь.** — Haste makes waste.

«Mass-media» constructions

Говоря́т, что... — They say that...

Пи́шут, что... — They are writing that...

Пока́зывают по телеви́зору... — They are showing...

Передаю́т по ра́дио... — They are reporting on the radio...

По ра́дио **сообща́ют,** что... — They are reporting on the radio...

For the **past** tense we use the **plural** form:

Говори́ли/Сказа́ли — They said/They told/It was said/They reported

Писа́ли/Написа́ли — They wrote/It was written

Пока́зывали/Показа́ли по телеви́зору — They showed/It was shown on TV

Передава́ли/Переда́ли по ра́дио — They reported on the radio

По телеви́зору **сообщи́ли,** что... — They reported on TV that...

По ра́дио **сообщи́ли,** что... — They reported on the radio that...

CHAPTER 12
NUMERALS

All numerals are divided into two main groups:

Cardinal numerals	**Ordinal** numerals
оди́н, два — one, two, *etc.*	**пе́рвый, второ́й** — first, second, *etc.*

There are also three smaller groups:

Quantitative words: **мно́го, ско́лько**, *etc.*

Double numerals: **о́ба/о́бе**

Collective numerals: **дво́е, тро́е**, *etc.*

Unit 103
CARDINAL NUMERALS

● The simple cardinals are as follows:

0	ноль/нуль	60	шестьдеся́т
1	оди́н/одна́/одно́/одни́	70	се́мьдесят
2	два/две	80	во́семьдесят
3	три	90	девяно́сто
4	четы́ре	100	сто
5	пять	200	две́сти
6	шесть	300	три́ста
7	семь	400	четы́реста
8	во́семь	500	пятьсо́т
9	де́вять	600	шестьсо́т
10	де́сять	700	семьсо́т
11	оди́ннадцать	800	восемьсо́т
12	двена́дцать	900	девятьсо́т
13	трина́дцать	1 000	ты́сяча
14	четы́рнадцать	2 000	две ты́сячи
15	пятна́дцать	5 000	пять ты́сяч
16	шестна́дцать	1 000 000	оди́н миллио́н
17	семна́дцать	2 000 000	два миллио́на
18	восемна́дцать	5 000 000	пять миллио́нов
19	девятна́дцать	1 000 000 000	оди́н миллиа́рд
20	два́дцать		/биллио́н
30	три́дцать	1 000 000 000 000	оди́н триллио́н
40	со́рок		
50	пятьдеся́т		

● **Compound cardinals** are formed according to the following pattern:

$$175 = 100 + 70 + 5 = \text{сто семьдесят пять}$$

● The cardinals from **2 govern** the **nouns** and **noun units** which **follow** them. The nouns and noun units take **genitive** case forms. You can find them in Unit 53 and Unit 54.

● In their turn, the cardinals **change themselves** according to cases in the following instances:

◆ If preceded by different **prepositions**, *for example*:

Она́ рабо́тает **в двух** шко́лах. — She is working in two schools.

Я приду́ по́сле **двух**. — I will come after two.

◆ If preceded by the **verb** taking a certain case, *for example*, the genitive:

Он **бои́тся двух** веще́й. — He is afraid of two things.

◆ When the cardinals are used in **negative constructions**, *for example*:

У меня́ **нет двух миллио́нов** до́лларов.
— I don't have two million dollars.

Unit 104
GENDER AND CASE FORMS OF **ОДИН**

● The cardinal numeral **оди́н**, which is the Russian equivalent of **one**, has three gender forms:

one

| M. | F. | N. |

оди́н журна́л **одна́** кни́га **одно́** окно́

● There is also the plural form **одни́**. This form is used with **plural-only nouns**, *for example*:

одни́ очки́ — a pair of glasses

● Keep in mind that besides the numerical meaning, the words **оди́н**, **одна́**, **одно́**, **одни́** and their case forms can be used in **some other meanings**.

They can denote an **unspecified object**:
Я чита́л э́то в **одно́м** журна́ле. — I read it in **some** magazine/in **a** magazine.

They can mean **the same**:
Мы живём в **одно́м** до́ме. — We live in **the same** house.

And these words can also mean **alone**:
Я е́ду туда́ **оди́н**. — I am going there **alone**.

The declension of один/одна/одно/одни			
M	**N**	**F**	**Pl.**
Nom. оди́н	одно́	одна́	одни́
Gen. одного́		одно́й	одни́х
Dat. одному́		одно́й	одни́м
Acc. оди́н/одного́	одно́	одну́	одни́/одни́х
Instr. одни́м		одно́й	одни́ми
Prep. одно́м		одно́й	одни́х

Unit 105
CASE FORMS OF NUMERALS ДВА/ДВЕ, ТРИ, ЧЕТЫРЕ

● The nominative form for **two** has **two gender forms**:
masculine and **neuter** — **два**, *for example*:

м. оди́н день ⇨ **два** дня

N. одно́ окно́ ⇨ **два** окна́

feminine — **две**, *for example*:

F. одна́ ты́сяча ⇨ **две** ты́сячи

● The rest of the case forms are all **the same for all three genders**.

Gen.	**двух** **трёх** **четырёх**	Я бу́ду **по́сле двух**. — I'll come after two.
Dat.	**двум** **трём** **четырём**	Я прие́ду **к двум**. — I'll come by two.
Acc.	**два, две** **три** **четы́ре**	м. Я прие́ду **в два**. — I'll come at two. F. Я куплю́ **две кни́ги**. — I'll buy two books.
Instr.	**двумя́** **тремя́** **четырьмя́**	Я прие́ду **ме́жду двумя́ и тремя́**. — I'll come between two and three.
Prep.	**двух** **трёх** **четырёх**	Она́ рабо́тает **в двух места́х**. — She is working in two places (*for two companies*).

Unit 106
CASE FORMS OF NUMERALS 5–20, 30, 50, 60, 70, 80

All these numerals are changed according to the pattern of **пять**.

Nom.	**пять** — 5	
Gen.	**пяти** — **без пяти** час — 12.55	
Dat.	**пяти** — **к пяти** — by five o'clock	
Acc.	**пять** — **в пять** — at five o'clock	
Instr.	**пятью** — **между пятью и шестью** — between five and six	
Prep.	**пяти** — **в пяти случаях** из десяти — in five instances out of ten	

Unit 107
CASE FORMS OF NUMERALS 40, 90, 100

Most common are the two case forms — the **accusative** and the **genitive**.

● **Nominative**

100 — сто

40 — сорок

90 — девяносто

● The **accusative** is commonly used after the verb **стоить** — to cost, *for example*:

Эта машина стоит одну тысячу. — This car costs one thousand.

Эта машина стоит сорок тысяч. — This car costs forty thousand.

Эта машина стоит девяносто тысяч. — This car costs ninety thousand.

So, the **accusative** forms **do not differ** from the **nominative** forms, except feminine.

● **Genitive**

The genitive is commonly used after the words **около, больше, более, меньше, менее, дороже, дешевле, до, после**.

Examples:

100 — Ему **около ста** лет. — He is about one hundred years old.

40 — После **сорока** он перестал есть мясо.
   — After forty he stopped eating meat.

90 — Эта машина **дороже девяноста** тысяч.
   — This car is more expensive than ninety thousand.

So, the **genitive** forms are: **ста, сорока, девяноста**.

Unit 108

CASE FORMS OF NUMERALS 200, 300, 400, 500, 600, 700, 800, 900

Most common are the two case forms — the **accusative** and the **genitive**.

● **Nominative**

200 —	двéсти	600 —	шестьсóт
300 —	трúста	700 —	семьсóт
400 —	четы́реста	800 —	восемьсóт
500 —	пятьсóт	900 —	девятьсóт

● **Accusative**

The **accusative** is commonly used after the verb **стóить** — to cost:

Э́тот дом **стóит двéсти** ты́сяч.

— This house costs two hundred thousand.

А э́тот дом **стóит семьсóт** ты́сяч.

— But that house costs seven hundred thousand.

So, the **accusative** forms **do not differ** from the **nominative** forms.

● **Genitive**

The genitive is commonly used after the words **óколо, бóльше, бóлее, мéньше, мéнее, дорóже, дешéвле, до, пóсле.**

Example:

Э́тот дом стóит **óколо**	двухсóт трёхсóт четырёхсóт пятисóт шестисóт семисóт восьмисóт девятисóт	ты́сяч.

Unit 109

CASE FORMS OF COMPOUND CARDINALS

Each part of the compound numeral **changes**, *for example*:

● **Nominative**

175 — сто сéмьдесят пять

● **Accusative**

The **accusative** is commonly used after the verb **стóить** — to cost.

The **accusative** forms **do not differ** from the **nominative** forms:

> **Эта машúна стóит сто сéмьдесят пять тысяч.**
>
> — This car costs one hundred seventy five thousand.

● **Genitive**

The genitive is commonly used after the words **óколо, бóльше, бóлее, мéньше, мéнее, доróже, дешéвле, до, пóсле.**

Gen.   Gen.   Gen.

> **Эта машúна стóит óколо ста семúдесяти пятú тысяч.**
>
> — This car costs about one hundred seventy five thousand.

Unit 110
USE OF CARDINALS IN TELLING THE TIME

The **second half** of the hour is rendered with **cardinals**, both for **hours** (in **Nom.**) and **minutes** (in **Gen.**):

		Gen.	Nom.
16.35	без	**двадцатú пятú**	**пять**
16.40	без	**двадцатú**	
16.45	без	**пятнáдцати**	
16.50	без	**десятú**	
16.55	без	**пятú**	

The **first half** of the hour is rendered with **cardinals** for **minutes** (in **Nom.**) and **ordinals** for **hours** (in **Gen.**):

Nom.   Gen.
16.05 = **пять минýт** ⎫ **пятого**
16.10 = **дéсять минýт** ⎭

This is the **unofficial way** of telling the time.

Unit 111
COMBINATIONS WITH CARDINAL NUMERALS

Type of combinations:

> **cardinal numeral + noun**

Combinations of this type, like **два часá, два человéка, пять часóв, пять человéк,** *etc.* follow the **basic rules** explained in detail in **Unit 53**.

> ### cardinal numeral + characterizing word + noun

In this kind of combination the **characterizing word** is **always** in the **genitive plural** form, but the **noun** follows the **basic rules** described in **Unit 53**.

Examples:

Gen. **Plural**	Gen. **Singular**	Gen. **Plural**	Gen. **Plural**
два **но́вых**	журна́ла	пять **но́вых**	журна́лов

Type of combinations:

— «governor» + cardinal numeral + noun
— «governor» + cardinal numeral + noun unit

The «governors» here can be words like **о́коло, бо́льше, бо́лее, ме́ньше, ме́нее, доро́же, деше́вле, до, по́сле**.

The presence of these words requires **solely** the use of the **genitive plural** for the **noun** and the **characterizing word** (if any).

Gen. **Singular**		Gen. **Plural**
два **часа́**	⇨	**о́коло** двух **часо́в**
три **ты́сячи**	⇨	**бо́льше** трёх **ты́сяч**
четы́ре **миллио́на**	⇨	**доро́же** четырёх **миллио́нов**

There are **no changes** when the plural form **is already present**:

Gen. **Plural**		Gen. **Plural**
пять **часо́в**	⇨	**о́коло** пяти́ **часо́в**
семь **миллио́нов**	⇨	**о́коло** семи́ **миллио́нов**

Unit 112
ORDINAL NUMERALS

The ordinal numerals have the same gender, number and case forms as **hard-type** adjectives (except for **тре́тий**, which follows the soft type). The ordinals are as follows:

1st	— **пе́рвый**	11th	—	оди́ннадцатый
2nd	— **второ́й**	12th	—	двена́дцатый
3rd	— тре́тий	13th	—	трина́дцатый
4th	— четвёртый	14th	—	четы́рнадцатый
5th	— пя́тый	15 th	—	пятна́дцатый
6th	— шесто́й	16th	—	шестна́дцатый
7th	— седьмо́й	17th	—	семна́дцатый
8th	— восьмо́й	18th	—	восемна́дцатый
9th	— девя́тый	19th	—	девятна́дцатый
10th	— деся́тый	20th	—	двадца́тый

21st — двáдцать пéрвый		300th — трёхсотый	
22nd — двáдцать вторóй		301st — тrиста пéрвый	
30th — тридцáтый		400th — четырёхсотый	
31st — тrидцать пéрвый		401st — четы́реста пéрвый	
40th — сороковóй		500th — пятисóтый	
41st — сóрок пéрвый		501st — пятьсóт пéрвый	
50th — пятидесáтый		600th — шестисóтый	
51st — пятьдеся́т пéрвый		601st — шестьсóт пéрвый	
60th — шестидеся́тый		700th — семисóтый	
61st — шестьдеся́т пéрвый		701st — семьсóт пéрвый	

70th — семидеся́тый	800th — восьмисóтый
71st — семьдеся́т пéрвый	801st — восемьсóт пéрвый
80th — восьмидеся́тый	900th — девятисóтый
81st — вóсемьдесят пéрвый	901st — девятьсóт пéрвый
90th — девянóстый	1000th — ты́сячный
91st — девянóсто пéрвый	1001st — ты́сяча пéрвый
100th — сóтый	1002nd — ты́сяча вторóй
101st — сто пéрвый	2000th — двухты́сячный
200th — двухсóтый	2001st — две ты́сячи пéрвый
201st — двéсти пéрвый	

10 000th — десятиты́сячный
100 000th — стоты́сячный
1 000 000th — миллиóнный

● The ordinal numerals can be used either as **characterizing words** or as a **complement** to the verb **быть**, *for example*:

пéрвый этáж — first floor

Он всегдá **был пéрвым.** — He was always the first.

Compound ordinals

In compound ordinals **only** the **last part** is **ordinal** and **changes** according to **case**:

Cardinal	Ordinal
двáдцать	**пéрвый** этáж — 21st floor
на двáдцать	**пéрвом** этажé — on the 21st floor

Unit 113
USE OF ORDINAL NUMERALS

● Ordinals are used as **characterizing words** to denote **the number** of a certain apartment, hotel room, hospital, hospital ward, living block, floor, flight, train, carriage, compartment, row, seat, street, congress, page, chapter, TV or radio channel; trolleybus, bus, tram line, size, school, school class or grade, university group, *etc.*

● Ordinals are used **in dates, in exact time expressions**.

● Both **cardinals** and **ordinals** can be used with **pages, chapters** and **lessons**:

page 5 — **пя́тая** страни́ца — страни́ца **пять**

● However, **cardinals** are used **instead** of **ordinals** when the information is rendered **officially**, *for example*:

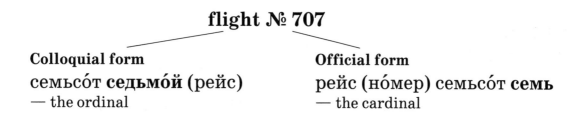

flight № 707

Colloquial form　　　　　　　　　　**Official form**
семьсо́т **седьмо́й** (рейс)　　　　рейс (но́мер) семьсо́т **семь**
— the ordinal　　　　　　　　　　　— the cardinal

Unit 114
USE OF ORDINALS IN DATES

● The **day** of the **month** is rendered by the **neuter** of the ordinal in nominative., but the **name** of the **month** (masculine) is in the **genitive**, *for example*:

   N.   N.   N.   Gen.
— **Како́е** сего́дня **число́?**　　— **Пе́рвое ма́я.**

● The **genitive** of ordinals is used to render the date in **time modifiers** answering the question **когда́? — when?**

Examples:
— **Когда́** ты вернёшься? — When will you come back?

            Gen.
— Я верну́сь **второ́го ма́я.** — I'll come back (on the) second of May.

— **Когда́** он роди́лся? — When was he born?

           Gen.   Gen.
— Он роди́лся **второ́го ма́я** ты́сяча девятьсо́т се́мьдесят **пя́того го́да.**
— He was born on the second of May, 1975.

● The **prepositional** of the ordinal and the noun **год** is used in time modifiers which render **solely the year**, *for example*:

Он уе́хал в две ты́сячи **пе́рвом году́.** — He left in 2001.

Он роди́лся в ты́сяча девятьсо́т девяно́сто **восьмо́м году́.**
— He was born in 1998.

● Ordinals are also used to denote historical periods, *for example*:

Prep.
в **двадца́том** ве́ке — in the twentieth century
в два́дцать **пе́рвом** ве́ке — in the twenty-first century

Acc.
в **тридца́тые** го́ды
Prep.
в **тридца́тых** года́х

} in the thirties

Unit 115
USE OF ORDINALS IN TELLING THE TIME

● Ordinals are used when telling the **approximate time**, *for example*:

нача́ло **шесто́го** — just after five
(*literally* the beginning of the sixth hour)

● The **first half** of each hour is rendered with the **ordinal** in the **genitive** to denote this hour, *for example*:

	Nom.	Gen.
16.05	пять мину́т	
16.10	де́сять мину́т	
16.15	пятна́дцать мину́т	
16.20	два́дцать мину́т	**пятого**
16.25	два́дцать пять мину́т	
16.30	полови́на	
16.35	три́дцать пять мину́т	

We also say **полпя́того** to denote 16.30.

Keep in mind that this is the **unofficial** way of telling the time.
In the **official** way we use only **cardinals**, *for example*:

16.05 — **шестна́дцать ноль пять**

or **шестна́дцать** часо́в **пять** мину́т

Unit 116
QUANTITATIVE WORDS

Quantitative words are as follows:

мно́го — many, much
немно́го — not many, a few
ско́лько — how many, how much
ма́ло — little, few

не́сколько — several
доста́точно — enough
сто́лько — so many
сто́лько..., ско́лько
— as much..., as

● Some quantitative words exist only in **one unchangeable** form (as an adverb: **мно́го.**).

● Some of them can change according to case (pronouns: **ско́лько**, *etc.*).

● All of them take the **genitive singular** for **uncountables** and the **genitive plural** for **countables**:

Uncountables Gen. Sing	Countables Gen. Pl.
мно́го сне́га — much snow	**мно́го книг** — many books

Unit 117
DOUBLE NUMERALS

The double numerals **о́ба/о́бе** (both) deal with **two** people, **two** animals or **two** objects. The double numeral **о́ба** is used for

● **masculine or mixed groups of two people:**

студе́нт + студе́нт = о́ба студе́нта
М.   М.   они́ **о́ба**
↓   ↓

студе́нт + студе́нтка = о́ба студе́нта
М.   F.   они́ **о́ба**
↓   ↓

● **a group of animal males**
М.   М.

тигр + тигр = о́ба ти́гра
они́ **о́ба**

177

● **and two objects:**

M.   M.

дом + дом = **óба** дóма

они́ **óба**

N.   N.

окнó + окнó = **óба** окнá

они́ **óба**

The double numeral **óбе** is used for **feminine** nouns denoting

● **a group of two females:**

F.   F.

дéвочка + дéвочка = **óбе** дéвочки

они́ **óбе**

● **a group of two animal females:**

F.   F.

собáка + собáка = **óбе** собáки

они́ **óбе**

● **also two objects**

F.   F.

маши́на + маши́на = **óбе** маши́ны

они́ **óбе**

● Keep in mind that the double numerals can **change** according to **case.** They have the same endings as the **plural** forms of the adjectival pronouns, see Unit 35.

Unit 118
COLLECTIVE NUMERALS

The most commonly used collective numerals are as follows:

двóе — a group of **two**

трóе — a group of **three**

чéтверо — a group of **four**

Other collective numerals:

пя́теро — a group of **five**

шéстеро — a group of **six**

сéмеро — a group of **seven**

● Collective numerals are used to denote **groups** of **people** either **solely male** or **mixed (male + female).**

— Ско́лько **вас?**   — How many are you?
— Нас **тро́е.**   — We are three.

● Collective numerals always take the **genitive plural** form of **nouns, noun units, adjectival nouns** and **personal pronouns.**

Examples:

Gen.

Нас тро́е. — We are three.

тро́е **дете́й** — three children

тро́е **мои́х друзе́й** — my three friends

тро́е **ма́леньких дете́й** — three small children

тро́е **полице́йских** — three policemen

● The verbs have the following forms:

Present	Нас	тро́е.
Past	Нас **бы́ло**	тро́е. — Neuter form
Future	Нас **бу́дет**	тро́е. — 3rd person singular form

Keep in mind that collective numerals are used in **impersonal sentences only.**

Unit 119
NOUNS BASED ON NUMERALS

● The following nouns are used when talking about **anniversaries** or **historical periods**:

десятиле́тие — 10-year anniversary

пятидесятиле́тие — 50-year jubilee/anniversary

столе́тие — centennial

двухсотле́тие — bicentennial

тысячеле́тие — millenium

● The following feminine nouns are used in the **marking scale, sports, card games,** *etc.*

едини́ца	— 1	шестёрка	— 6
дво́йка	— 2	семёрка	— 7
тро́йка	— 3	восьмёрка	— 8
четвёрка	— 4	девя́тка	— 9
пятёрка	— 5	деся́тка	— 10

For example:

Он получи́л **пятёрку.** — He got an excellent mark.

● When counting in some units, we use:

деся́ток — a ten	**деся́ток** яи́ц	— ten eggs
со́тня — a hundred	**со́тня** боле́льщиков	— a hundred sports fans
дво́йня — twins	У Ка́ти **дво́йня.**	— Katya has twins.
тро́йня — triplets	У Та́ни **тро́йня.**	— Tanya has triplets.

Unit 120
«HALVES»

● **Полови́на** (half) is reduced to **пол-** and forms a **compound word** with a **noun** in the **genitive.**

по́лчаса́ — half an hour

по́ллитра — half a litre   *also* **по́луфина́л** — semifinal

$$1\tfrac{1}{2} + \text{Gen.}$$

● **полтора́** — for **masculine** and **neuter** nouns:

полтора́ часа́ — $1\tfrac{1}{2}$ hours

● **полторы́** — for **feminine** nouns

полторы́ то́нны — $1\tfrac{1}{2}$ tons

Nom.   **полтора́** часа́, **полторы́** то́нны

Gen.   о́коло **полу́тора** часо́в, о́коло **полу́тора** тонн

● Starting from **два:**

$2\tfrac{1}{2}$ — два **с полови́ной**
$3\tfrac{1}{2}$ — три **с полови́ной**

These combinations also take the genitive:

$2\tfrac{1}{2}$ — два с полови́ной **часа́**   две с полови́ной **то́нны**

CHAPTER 13
PREPOSITIONS

Unit 121
RUSSIAN PREPOSITIONS (IN ALPHABETICAL ORDER)

● Prepositions are small but **important** words. They belong to the class of «**governors**» — words which **change (govern)** the case forms. Further you will find the list of **most common** prepositions and **their uses** given in **alphabetical order**.

● You will also discover that many prepositions can govern **different cases** and can have **different meanings**. Usually prepositions are unstressed.

> **без + Gen.**

без са́хара — without sugar

(time) **без пяти́ шесть** — *coll.* for 05.55 a.m. *or* p.m.

> **в + Acc.**

Я е́ду **в** Ло́ндон. — I am going to London.
В пя́тницу я е́ду **в** Ло́ндон. — I am going to London on Friday.

> **в + Prep.**

Я живу́ **в** Москве́. — I live in Moscow.
Я роди́лся **в** ма́е. — I was born in May.

> **вме́сте с + Instr.**

Я е́ду **вме́сте с** бра́том. — I am going with my brother.

> **вме́сто + Gen.**

Он бу́дет игра́ть **вме́сто** меня́. — He will play instead of me.

> **для + Gen.**

У меня́ **для** тебя́ хоро́шая но́вость. — I have some good news for you.
Э́то ча́шка **для** ко́фе. — This cup is for coffee.

до + Gen.

Как дое́хать **до** вокза́ла? — How to get to the central station?
Он рабо́тал **до** пяти́. — He worked until five.
До за́втра! — See you tomorrow!

за + Acc.

Мы дое́хали туда́ **за** ча́с. — We got there in an hour.
На́до заказа́ть биле́ты **за** неде́лю. — You should reserve the tickets a week in advance.
Я рад **за** вас. — I am glad for you.
Спаси́бо **за** по́мощь! — Thank you for your help!
На́до заплати́ть **за** телефо́н. — You have to pay the telephone bill.
Он купи́л э́ту кни́гу **за** 500 рубле́й. — He bought this book for 500 roubles.

за + Instr.

Маши́на стои́т **за** до́мом. — The car is behind the house.
Я е́ду на вокза́л **за** биле́тами. — I am going to the central station to buy the tickets.
Я зае́ду **за** ва́ми ра́но у́тром. — I will come for you early in the morning.

из + Gen.

Я выхожу́ **из** до́ма в 7. — I leave home at seven.
Все дета́ли сде́ланы **из** де́рева. — All parts are made of wood.
Не́которые **из** нас пое́дут ле́том в Ита́лию. — Some of us will go to Italy this summer.

из-за + Gen.

Все вы́шли **из-за** стола́. — Everyone left the table.
Я опозда́л **из-за** про́бки. — I came late because of a traffic-jam.

> **к (ко) + Dat.**

Приезжа́йте **ко** мне в го́сти. — Come to see me.

Мы подъе́хали **к** Москве́ по́здно ве́чером. — We approached Moscow late at night.

Я прие́ду **к** двум. — I will come by two.

> **кро́ме + Gen.**

Он ест всё, **кро́ме** ры́бы. — He eats everything except fish.

> **ме́жду + Instr.**

хокке́йный матч **ме́жду** Росси́ей и Кана́дой
— a hockey match between Russia and Canada

> **ми́мо + Gen.**

Мы прое́хали **ми́мо** вокза́ла. — We passed the central station.

> **на + Acc.**

Я е́ду **на** вокза́л. — I am going to the central station.

Я иду́ сего́дня **на** конце́рт. — I am going to the concert tonight.

Я е́ду **на** три дня в Ло́ндон. — I am going to London for three days.

> **на + Prep.**

Он сейча́с **на** рабо́те. — He is at work now.

Они́ сейча́с **на** дискоте́ке. — They are at a disco now.

На полу́ вода́. — There is some water on the floor.

На сле́дующей неде́ле я е́ду в Петербу́рг. — Next week I am going to Petersburg.

над + Instr.

Над вхо́дом виси́т колоко́льчик. — There is a bell over the entrance.

Он рабо́тает **над** но́вой кни́гой. — He is working on a new book.

о (об, обо) + Prep.

Мы говори́ли **о** пробле́мах. — We spoke about the problems.

О чём э́тот фильм? — What is this film about?

Не забу́дь обо мне́. — Don't forget me.

о́коло + Gen.

о́коло до́ма — near the house

о́коло ста до́лларов — about a hundred dollars

от + Gen.

Я получи́л письмо́ **от** Никола́я. — I got a letter from Nikolay.

ключ **от** маши́ны — key to the car

лека́рство **от** аллерги́и — anti-allergy medicine

Мы е́хали **от** Пари́жа на маши́не. — We were driving from Paris in a car.

От Москвы́ до Ки́ева 700 киломе́тров.

— It is seven hundred kilometres from Moscow to Kiev.

перед + Instr.

Он стоя́л **перед** на́ми. — He was standing in front of (before) us.

Мы поговори́м **перед** уро́ком. — We'll talk before the lesson.

по + Dat.

Он мно́го е́здит **по** Росси́и. — He travels a lot around Russia.

экза́мен **по** ру́сскому языку́ — Russian exam

по утра́м — in the mornings

по зако́ну — according to the law

Он говори́т **по** телефо́ну. — He is speaking on the phone.

$$\boxed{\text{под + Acc.}}$$

Он поста́вил я́щик **под** стол. — He put the box under the table.

$$\boxed{\text{под + Instr.}}$$

Я́щик стои́т **под** столо́м. — The box is under the table.

$$\boxed{\text{после + Gen.}}$$

Я прие́ду **по́сле** обе́да. — I'll come after lunch.

$$\boxed{\text{про + Acc.}}$$

Он рассказа́л **про** свою́ пое́здку. — He told about his trip.

$$\boxed{\text{с + Instr.}}$$

Я е́ду **с** бра́том. — I am going with my brother.
Я учи́лся **с** ним в шко́ле. — We studied at school together.
Я не люблю́ чай **с** молоко́м. — I don't like tea with milk.

$$\boxed{\text{у + Gen.}}$$

У меня́ есть соба́ка. — I have a dog.
Я бу́ду ждать вас **у** вхо́да. — I'll be waiting for you at the entrance.

$$\boxed{\text{через + Acc.}}$$

Мы лети́м в Ло́ндон **через** Франкфу́рт. — We are flying to London via Frankfurt.
Мы пое́дем **через** це́нтр. — We are going through the centre.
Я прие́ду **через** ча́с. — I'll come in an hour.

Unit 122
USE OF PREPOSITIONS **В** AND **НА** FOR POSITION / LOCATION AND DIRECTION / DESTINATION

The prepositions **в** and **на** can be used both with the **prepositional** and the **accusative**.

● To denote **position/location** we use the **prepositional**:

— **Где** он живёт? — Where does he live?
— **В Петербу́рге.** — In Petersburg.

● To denote the **direction** or **destination** of a **motion** or **action**, we use the **accusative**:

— **Куда** он е́дет? — Where is he going?
— **В Петербу́рг.** — To Petersburg.

The primary meanings of prepositions в and на

в — in, into, inside
на — on, onto, on top of, on the surface

Examples:

> **Action**
> **в/на + Acc.**

Он положи́л свой ключ **в** карма́н.

— He put his key into his pocket.

Я положи́л свой ключ **на** стол.

— I put my key on the table.

> **Position**
> **в/на+ Prep.**

Его́ ключ лежи́т **в** карма́не.

— His key is in his pocket.

Мой ключ лежи́т **на** столе́.

— My key is on the table.

Use of the preposition в

The preposition **в** combines with the following nouns, geographical and administrative names:

Continents: Европа, Азия, Америка, Африка, Австралия, Антарктида.

Countries: Россия, Великобритания, США, Китай, Индия, Германия, Франция, Бразилия, *etc.*

Territories and administrative units: Сибирь, Крым, Якутия, Флорида, Московская область, Прованс, *etc.*

Cities, towns, various settlements and their parts: Москва, Петербург, Париж, Нью-Йорк, Рим, Шереметьево, Измайлово, центр — centre, downtown; пригород — suburb, *etc.*

Some city, town and settlement features and objects: переулок — lane, парк — park, сад — garden, двор — yard, *etc.*

Most work places, public places, organizations and buildings: школа, парламент, банк, магазин, музей, аэропорт, фирма, больница, церковь

Organized groups of people: класс, группа, армия, лагерь — camp, отдел — department, *etc.*

Buildings and their parts: здание — building, дом — house, корпус — building, подъезд — entrance, квартира — flat, холл — entrance hall, коридор — corridor, зал — large hall, комната — room, all other names of rooms like, класс — classroom, подвал — cellar, *etc.*

Some activity (in a limited group): отпуск — leave, vacation, командировка — business trip, турпоездка — tourist trip

Some natural features: лес — forest, wood, горы — mountains, hills, тайга — taiga, *etc.*

Some mountain ranges, mostly with plural names: Альпы, Гималаи, Карпаты, Пиренеи, *etc.*

Use of the preposition на

The preposition **на** combines with the following nouns, geographical and administrative names:

Islands and some island countries: Кипр — Cyprus, Ку́ба, Гава́йи, Мальди́вы, *etc.*

Some territories and mountain ranges: Кавка́з, Пами́р, Ура́л, Алта́й, Балка́ны, *etc.*

City, town and settlement features, some organizations, activity areas:

доро́га	— road, way
у́лица	— street
пло́щадь	— square
шоссе́	— highway
проспе́кт	— prospect, avenue
на́бережная	— embankment
бульва́р	— boulevard
мост	— bridge
остано́вка	— stop, station
ста́нция	— station
стоя́нка	— parking
парко́вка	— parking
запра́вка	— petrol station
окра́ина	— outskirts
вокза́л	— terminal, central station
ры́нок	— market
по́чта	— post office
стадио́н	— stadium
склад	— warehouse
стро́йка	— construction site
заво́д, фа́брика	— factory
спортплоща́дка	— sport ground
футбо́льное по́ле	— soccer field
те́ннисный корт	— tennis court
пляж	— beach, *etc.*

Some events or organized activity:

рабо́та	— work
конце́рт	— concert
экза́мен	— exam
спекта́кль	— performance
собра́ние	— meeting
переговóры	— negotiations
день рожде́ния	— birthday party
экску́рсия	— tour
уро́к	— lesson
ле́кция	— lecture, *etc.*

Some parts of buildings:

черда́к	— attic
крыльцо́	— porch
ле́стница	— stairs, staircase
эта́ж	— floor
балко́н	— balcony

Some educational units:

отделе́ние	— department
факульте́т	— faculty
ка́федра	— chair
курс	— course
ку́рсы	— courses

The preposition на is used with the words:

ра́дио	— radio
телеви́дение	— television
пе́нсия	— pension, retirement
ро́дина	— motherland
Русь	— Rus
да́ча	— summer cottage

Nouns used with both prepositions

● Some nouns can be used with both prepositions, but only a few of them are used without a significant difference in meaning:

> кани́кулы — school/university vacation
>
> ку́хня — kitchen
>
> флот — navy

Example:

> **на** ку́хне = **в** ку́хне
>
> **на** каникулах = **в** кани́кулы
>
> **во** фло́те (air & sea) = **на** фло́те (sea *only*; *professional*)

● Many nouns are used with both prepositions, but with a difference in meaning, *for example*:

> **на** авто́бусе — a form of transport
>
> **в** авто́бусе — the scene of some activity

Unit 123

CORRELATION BETWEEN PREPOSITIONS В/НА AND ИЗ/С

> **Correlative pair в/из**
>
> в + Acc.
> в + Prep. $\Big\}$ ⇔ из + Gen.

в + Acc.

Я е́ду за́втра **в** Петербу́рг. — I am going **to** Petersburg tomorrow.

в + Prep.

Я пробу́ду **в** Петербу́рге три дня. — I'll stay for three days **in** Petersburg.

из + Gen.

Я верну́сь **из** Петербу́рга в воскресе́нье.
— I'll come back **from** Petersburg on Sunday.

> **Correlative pair на/из**
>
> на + Acc.
> на + Prep. $\Big\}$ ⇔ с + Gen.

на + Acc.

Я люблю́ ходи́ть **на** хокке́й. — I like going **to** hockey.

на + Prep.

Вчера́ я был **на** хокке́е. — I was **at** hockey yesterday.

с + Gen.

Я верну́лся **с** хокке́я по́здно. — I came home late **from** hockey.

CHAPTER 14
CONJUNCTIONS

Conjunctions are **invariable** words linking parts of sentences or sentences together in some logical order.

All conjunctions can be divided into **coordinating** and **subordinating**.

Coordinating conjunctions include three types:

● **Connective**

и — and

и, и — both... and

ни, ни — neither... nor

a — and

● **Adversative**

но — but

a — but

● **Disjunctive**

и́ли — or

и́ли, и́ли — either... or

Unit 124
CONNECTIVE CONJUNCTIONS

> и — and

Мне на́до купи́ть ру́чку **и** блокно́т. — I need to buy a pen **and** a pad.

> и... и — both... and

Мне на́до купи́ть **и** ру́чку, **и** блокно́т. — I need to buy **both** a pen **and** a pad.

> ни... ни — neither.., nor

Он не прие́хал **ни** вчера́, **ни** сего́дня. — He came **neither** yesterday **nor** today.

> a — and, used in the beginning of a sentence

А куда́ вы сейча́с идёте? — **And** where are you going now?

Unit 125
ADVERSATIVE CONJUNCTIONS

Foreign learners often experience difficulty in making the choice between the adversative conjunctions **a** and **но**.

> (**a — but**)

The adversative conjunction **a** is used when we have the **opposition** of **two subjects, their actions, features, states, facts,** *for example*:

Он спит, **а** я рабо́таю.
— He is sleeping, but I am working.

У него́ есть велосипе́д, **а** у меня́ нет.
— He has a bicycle, **but** I don't.

> (**но — but**)

The adversative conjunction **но** introduces a clause which contains information about one subject **contrary** to what was said, known or planned, or it may contain some **clarifying information.**
For example:

У меня́ есть биле́ты на хокке́й, **но** я не хочу́ идти́.
— I have tickets for a hockey match, **but** I don't want to go.

Я прие́ду, **но** не сего́дня. — I'll come, **but not** today.

Он не прие́хал сего́дня, **но** обеща́л прие́хать за́втра.
— He did not come today, **but** he promised to come tomorrow.

Unit 126
DISJUNCTIVE CONJUNCTIONS

> (**и́ли — or...**)

Мне на́до купи́ть биле́ты на суббо́ту **и́ли** на воскресе́нье.
— I need to buy tickets for Saturday **or** for Sunday.

> (**и́ли, и́ли — either... or**)

На́до купи́ть биле́ты **и́ли** на суббо́ту, **и́ли** на воскресе́нье.
— I need to buy tickets **either** for Saturday **or** for Sunday.

192

Unit 127
MOST COMMON SUBORDINATING CONJUNCTIONS

что — that

Он сказа́л, **что** прие́дет за́втра. — He said (that) he would come tomorrow.

что́бы + past tense of a verb

Он сказа́л, **что́бы** я прие́хал за́втра. — He told me to come tomorrow.

потому́, что — because

Она́ пла́чет, **потому́ что** упа́ла. — She is crying **because** she fell.

е́сли — if + future tense of a verb

Скажи́те мне, **е́сли** он прие́дет. — Tell me **if** he comes.

е́сли бы + past tense of a verb

Е́сли бы он прие́хал во́время, то мы бы успе́ли.
— **If** he had come on time, we would have made it.

хотя́ — although

Мы пошли́ на дискоте́ку, **хотя́** о́чень уста́ли.
— We went to a disco **even though** we were very tired.

как бу́дто — as if

Он посмотре́л на меня́, **как бу́дто** мы никогда́ не встреча́лись.
— He looked at me **as if** we had never met before.

как — as, like

Он де́лает всё, **как** я. — He does everything like I do.

чем — than

Он рабо́тает бо́льше, **чем** его́ нача́льник.
— He is working more **than** his boss.

CHAPTER 15
USE OF TENSES IN COMPLEX SENTENCES

Unit 128
TENSES IN INDIRECT SPEECH. CONDITIONAL SENTENCES

Tenses in indirect speech

● When something is reported about future plans in the form of indirect speech, it is usually introduced by the conjunction **что**. In these clauses in Russian we generally use the same tense that would appear in the form of the **direct** speech, *for example*:

	Future	
A girl says:	Я ско́ро **приду́**. — I will come soon.	

	Present	Future
Indirect speech	Она́ **говори́т, что** ско́ро **придёт.**	
(Reported speech)	— She says she will come soon.	

	Past	Future
	Она́ **сказа́ла, что** ско́ро **придёт.**	

— She said she would come soon.

The same pattern applies to sentences with clauses introduced by **когда́, е́сли, где, куда́.**

● When someone wants somebody else to do something, Russians always use the **past tense** in the **«что́бы»** clause:

Я хочу́, что́бы он прие́хал. — I want him to come.

Conditional sentences

● Conditional sentences like

If I meet him, I'll tell him.

are rendered into Russian as:

Е́сли я его́ уви́жу, я скажу́ ему́.

So, Russians use the **future tense** perfective in both parts:

(**е́сли + Future tense,**) + (**Future tense**)

● To make a **«would»** type conditional sentence, add the particle **бы** to both parts of the sentence and use the **past tense** forms:

$$\boxed{\text{éсли бы} + \text{Past Tense}} \text{ , } \qquad \boxed{\text{бы} + \text{Past tense}}$$

$$\textit{or} \boxed{\text{Past tense} + \text{бы}}$$

Éсли бы я егó **встрéтил**, я **сказáл бы** емý. *or*
Éсли бы я егó **встрéтил**, я **бы сказáл** емý.

Depending on the context, this phrase could be rendered into English in two ways:
    If I met him, I would tell him. *or*
    I would have told him if I had met him.

CHAPTER 16
VERBS OF MOTION: NON-PREFIXED «GOING» VERBS

Verbs of motion form a large class. As for the structure, they can be non-prefixed and prefixed. As for the meaning and usage, non-prefixed verbs form 15 pairs. Each pair had an original meaning based on the **nature of movement**, such as **walking, driving, transporting, bringing,** *etc*. Within each pair verbs of motion differ with reference to the **mode of action:** whether it happened **once** or **repeatedly, in one concrete direction,** or **in many directions** and so on. Prefixes in verbs of motion specify the direction of the movement or add some new meaning.

Unit 129
SINGLE MOTION VERBS, PRESENT AND FUTURE TENSE. PAIRING OF «GOING» VERBS

We use the present and future forms of verbs for reporting our plans or intentions asking about these plans. To tell about or find out the details of a journey, we have the following pair of verbs:

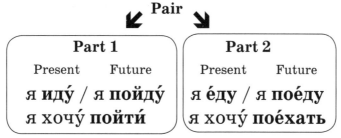

Part 1 presents:
● the verbs of **unspecified** or **general** motion.
● the **«walking»** verbs.
Part 2 presents:
● the **«journey»** or **«travelling»** verbs.
● these verbs **always** presuppose using some form of **transport**.

Part 1. Unspecified or general motion:
Я иду́ / Я пойду́

● **Reporting plans, intentions, wishes for visiting some event:**

Сего́дня ве́чером я иду́ на конце́рт.
— I am going to a concert tonight.

Сего́дня ве́чером я пойду́ на конце́рт.
— Tonight I am going/I will go to a concert.

За́втра я иду́ на конце́рт. — Tomorrow I am going to a concert.
За́втра я пойду́ на конце́рт.
— Tomorrow I am going/I will go to a concert.

Я хочу́ пойти́ на э́тот конце́рт. — I want to go to this concert.

● **Asking about plans, intentions:**

Ты куда́ идёшь по́сле заня́тий?
— Where are you going after classes?

Ты пойдёшь за́втра на конце́рт?
— Will you go to the concert tomorrow?

Ты куда́ сейча́с идёшь? — Where are you going now?

● **«Walking» motion**
On the way:
Ско́лько мы уже́ идём? — How long have we been walking?
Ду́маю, мину́т со́рок. — I think, about forty minutes.

Part 2. Journeys or travelling:
Я е́ду / Я пое́ду

● **Long distance** visits **within** a city, town, village by some form of **transport.**

Plans:
По́сле обе́да я е́ду/пое́ду в банк.
— After lunch I am going/will go to the bank.

● **Long distance** travelling (journeys to another city, town or country).

Plans:
Сего́дня ве́чером я е́ду/пое́ду в Петербу́рг.
— Tonight I am going/I will go to Petersburg.

On the train from Moscow:

— **Вы éдете** в Хéльсинки?   — Are you going to Helsinki?

— Нет, в Петербýрг.   — No, to Petersburg.

— Скóлько мы ужé **éдем**?   — How long have we been travelling?

— Часá три.   — About three hours.

Pairing of «going» verbs

The **pairing** of verbs is typical for the verbs of **«going»**, **«carrying»** and **«leading»**. The difference between Part 1 and Part 2 of the pair could be described as follows:

Part 1. «Walking» verbs. Verbs of unspecified or general motion

The verbs in **Part 1** of the pair are used in **two** instances:

● When telling or asking about plans or intentions which can be accomplished **within walking** distance:

Я **идý** гуля́ть. — I am going/I will go for a walk.

Я **пойдý** гуля́ть вéчером. — I'll go for a walk in the evening.

Я **не пойдý** гуля́ть. — I am not going for a walk.

Я хочý **пойти** погуля́ть. — I want to go for a walk.

● When a person plans to visit **an event** or a **place of «interest» within** the city/town/village limits, like a concert, theater, cinema, football match, school, doctor, friends, hairdresser, *etc.*, there is **no reference** to the **form** of transport, *for example:*

Зáвтра я идý
— Tomorrow I will go to
$\begin{cases} \text{на концéрт} \\ \text{в теáтр} \\ \text{в кинó} \\ \text{на футбóл} \\ \text{в гóсти} \end{cases}$

Зáвтра я не **пойдý**
— Tomorrow I am not going to
Tomorrow I will not go to
  or
$\begin{cases} \text{на рабóту} \\ \text{в университéт} \\ \text{в шкóлу} \end{cases}$

Мне нýжно/нáдо **пойти**
— I need to go to
$\begin{cases} \text{к врачý} \\ \text{в поликли́нику} \\ \text{в парикмáхерскую} \end{cases}$

Part 2. «Journey» or «travelling» verbs

The verbs in **Part 2** of the pair are used only for motion by some form of **transport**. Sometimes the form of transport is not specified but is **always implied**.

● These verbs are **always** used for trips **beyond** a country, city, town or village limits, *for example*:

В э́ту суббо́ту мы **е́дем/пое́дем** на да́чу.

— This Saturday we are going/will go to the summer cottage.

В сентябре́ мы **е́дем/пое́дем** в Испа́нию.

— In September we will go to Spain.

We are going to Spain in September.

Мы **е́дем/пое́дем** с друзья́ми. — details of the trip

— We are going/we will go with our friends.

● These verbs are used for a movement/visit **within** a city, town or village by some form of **transport**, *for example*:

Я сейча́с **е́ду** в о́фис. — I am going/driving to the office now.

Я сейча́с **пое́ду** на «Ку́рскую» в банк. — I am going/driving to the bank at Kurskaya (*Moscow metro station*).

— Ты как **пое́дешь**, на маши́не и́ли на метро́?
— How are you going, by car or by metro?
— На метро́. — By metro.

Time expressions used with the single motion verbs

These verbs usually combine with the following time expressions:

за́втра — tomorrow

сейча́с — now

сего́дня — today

ско́ро — soon

через неде́лю, через ме́сяц, через год — in a week/month/year

на сле́дующей неде́ле, в сле́дующем ме́сяце, в сле́дующем году́ — next week, next month, next year

в январе́ — in January (and in the other months)

в суббо́ту — on Saturday (and other days of the week)

198

Present and future tense forms of single motion verbs

«Walking» verbs/verbs of unspecified or general motion			
я	иду́	мы	идём
ты	идёшь	вы	идёте
он	идёт	они́	иду́т
	я пойду́	мы пойдём	
	ты пойдёшь	вы пойдёте	
	он пойдёт	они́ пойду́т	

«Journey» or «travelling» verbs			
я	е́ду	мы	е́дем
ты	е́дешь	вы	е́дете
он	е́дет	они́	е́дут
	я пое́ду	мы пое́дем	
	ты пое́дешь	вы пое́дете	
	он пое́дет	они́ пое́дут	

Unit 130
SINGLE MOTION VERBS, PAST TENSE.
ACCOMPLISHED/UNACCOMPLISHED SINGLE VISITS OR JOURNEYS

The **past tense** is used to denote an accomplished or unaccomplished visit or journey. Here we use a special **pair** of verbs:

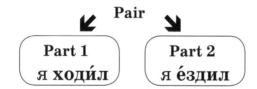

Pair

| Part 1 я ходи́л | Part 2 я е́здил |

Part 1. Unspecified or general motion:
Я ходи́л

● **Accomplished visits:**

Вчера́ я **ходи́л** на конце́рт. — I went to a concert yesterday.

= Вчера́ я **был** на конце́рте. — I was at a concert yesterday.

— Что вы **де́лали** в выходны́е?   — What did you do on the weekend?

— Мы **ходи́ли** на сва́дьбу.   — We went to a wedding.

— Где ты **была́** вчера́ ве́чером?   — Where were you yesterday?

— Я **ходи́ла** с подру́гой в кафе́.   — I went to a cafe with my friend.

● **Checking visits:**

Ты **ходи́л** вчера́ в шко́лу? — Did you go to school yesterday?

Ты **ходи́ла** вчера́ к врачу́? — Did you visit a doctor yesterday?

● **Unaccomplished visits:**

Я **не ходи́л** вчера́ на концéрт, потому́ что у меня́ нé́ было билéта.

— I did not go to the concert yesterday because I did not have a ticket.

● **«Walking» motion:**

Мы **не ходи́ли** гуля́ть, потому что шёл дождь.

— We did not go for a walk because it was raining.

Part 2. Journeys or travelling:
Я éздил

● **Accomplished journeys:**

— Что вы **де́лали** в выходны́е?   — What did you do on the weekend?

— Мы **е́здили** на да́чу.   — We went to our summer cottage.

— Куда́ ты **е́здила** в о́тпуск?   — Where did you go for vacation?

— Я **е́здила** в Испа́нию.   — I went to Spain.

— Вчера́ тебя́ нé́ было в о́фисе.   — You were not in the office yesterday.

— А я **е́здил** в командиро́вку.   — I went on a business trip.

● **Checking visits:**

Вы **е́здили** на склад?   — Did you go to the storage?

Ты **е́здил** за биле́тами?   — Did you go for the tickets?

Past tense forms of single motion verbs	
M.	я **ходи́л**, он **ходи́л**, ты **ходи́л**
F.	я **ходи́ла**, она́ **ходи́ла**, ты **ходи́ла**
Pl. & Polite	мы **ходи́ли**, вы **ходи́ли**, они́ **ходи́ли**
M.	я **е́здил**, он **е́здил**, ты **е́здил**
F.	я **е́здила**, она́ **е́здила**, ты **е́здила**
Pl. & Polite	мы **е́здили**, вы **е́здили**, они́ **е́здили**

Unit 131
VERBS OF REGULAR OR FREQUENT MOTION: PRESENT TENSE

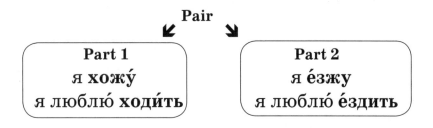

Part 1. Я хожу́

● **Unspecified or general motion.**

По суббо́там я **хожу́** в бассе́йн.

— On Saturdays I go to the swimming pool.

Мы ре́дко **хо́дим** в кино́. — We rarely go to the cinema.

Мой брат **хо́дит** на футбо́л. — My brother goes to football.

Он бо́льше не **хо́дит** в университе́т.

— He does not go to university anymore.

В како́й магази́н ты обы́чно **хо́дишь**?

— What shop do you usually go to?

● «walking» motion

Я ча́сто хожу́ от метро́ пешко́м.
— I often walk from the metro station.

Part 2. Я е́зжу

На рабо́ту я обы́чно е́зжу на маши́не.
— I usually drive to work by car.

Он ча́сто е́здит в командиро́вки.
— He often goes on business trips.

Мой брат не лю́бит е́здить на/в метро́.
— My brother does not like going by metro.

The following **time expressions** accompany these verbs:

ча́сто — often
обы́чно — usually
раз в неде́лю — once a week
по суббо́там — on Saturdays, *etc.*
ка́ждый день — every day
ка́ждую неде́лю — every week

всегда́ — always
иногда́ — sometimes
через де́нь — every other day

ка́ждый ме́сяц — every month
ка́ждый год — every year, *etc.*

Present tense forms of regular/frequent motion verbs

я	хожу́	мы	хо́дим
ты	хо́дишь	вы	хо́дите
он	хо́дит	они	хо́дят

я	е́зжу	мы	е́здим
ты	е́здишь	вы	е́здите
он	е́здит	они́	е́здят

Unit 132
VERBS OF REGULAR OR FREQUENT MOTION, PAST TENSE

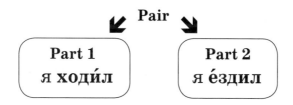

Part 1. Я ходи́л

● **Unspecified or general motion:**

Ра́ньше я ходи́л в бассе́йн три ра́за в неде́лю.
— Before I went to the swimming pool three times a week.

В про́шлом году́ он ходи́л в другу́ю шко́лу.
— Last year he attended another school.

В про́шлом году́ мы ходи́ли в кино́ всего́ не́сколько раз.
— Last year we visited the cinema only several times.

На про́шлой неде́ле он ходи́л на заня́тия то́лько два ра́за.
— Last week he attended classes only twice.

Ра́ньше мы ча́сто ходи́ли в э́тот магази́н.
— We used to go to this shop often.

● **«Walking» motion:**

Ра́ньше я ча́сто ходи́л от метро́ пешко́м.
— Before I often walked from the metro station.

Part 2. Я е́здил

● **Driving, travelling, journeys:**

Ра́ньше я е́здил на рабо́ту на маши́не, а тепе́рь на метро́.
— I used go to work by car, but now I go on the metro.

В про́шлом году́ он ча́сто е́здил в командиро́вки.
— Last year he often went on business trips.

Ра́ньше мы ча́сто е́здили в о́тпуск в Ту́рцию.
— Before we often went to Turkey for vacation.

Мы **е́здили** в Ту́рцию мно́го раз. — We visited Turkey many times.

— Где ты была́? — Where have you been?
— Я **е́здила** по магази́нам. — I was going round the shops.

Past tense forms of regular/frequent motion verbs

M.	я **ходи́л**, он **ходи́л**, ты **ходи́л**
F.	я **ходи́ла**, она́ **ходи́ла**, ты **ходи́ла**
Pl. & Polite	мы **ходи́ли**, вы **ходи́ли**, они́ **ходи́ли**
M.	я **е́здил**, он **е́здил**, ты **е́здил**
F.	я **е́здила**, она́ **е́здила**, ты **е́здила**
Pl. & Polite	мы **е́здили**, вы **е́здили**, они́ **е́здили**

Unit 133
VERBS OF REGULAR OR FREQUENT MOTION, FUTURE TENSE

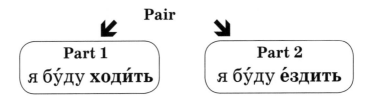

Pair

Part 1	Part 2
я бу́ду **ходи́ть**	я бу́ду **е́здить**

Part 1. Unspecified or general motion:
Я бу́ду ходи́ть

● **Plans, promises, wishes:**

В э́том году́ я **бу́ду ходи́ть** в бассе́йн то́лько в воскресе́нье.

— This year I will go to the swimming pool only on Sundays.

Я **бу́ду ходи́ть** в шко́лу ка́ждый день.

— I will go to school every day.

Тепе́рь я **бу́ду ходи́ть** в друго́й магази́н.
— From now on I will be going to another shop.

Я бо́льше не хочу́ **ходи́ть** к э́тому врачу́.

— I don't want to go to this doctor anymore.

● «**Walking**» **motion, plans:**

Тепéрь я **бу́ду ходи́ть** от метрó пешкóм.
— From now on I plan to walk from the metro station.

Part 2. Driving, travelling, journeys plans, wishes:
Я бу́ду éздить

Тепéрь я **бу́ду éздить** на рабóту на метрó.
— From now on I will be travelling to work by metro.

Я не **бу́ду** бóльше **éздить** на рабóту на маши́не.
— I will not be driving to work anymore.

Мы бóльше не **бу́дем éздить** в óтпуск в Еги́пет.
— We will not be going to Egypt for vacation anymore.

Future tense forms of regular/frequent motion verbs			
я	бу́ду ходи́ть	мы	бу́дем ходи́ть
ты	бу́дешь ходи́ть	вы	бу́дете ходи́ть
он	бу́дет ходи́ть	они́	бу́дут ходи́ть
я	бу́ду éздить	мы	бу́дем éздить
ты	бу́дешь éздить	вы	бу́дете éздить
он	бу́дет éздить	они́	бу́дут éздить

CHAPTER 17
MOST COMMON PREFIXED VERBS OF MOTION

● Various prefixes can be added to the basic verbs of motion.
● These prefixes can add an additional meaning or even completely change the meaning of the basic verb of motion:

éхать — приéхать

● Prefixed verbs of motion can form a standard aspect pair through internal modification, *for example*:

Imperfective		Perfective		Imperfective
éхать	⇨	**приéхать**	⇨	**приезжáть**

Unit 134
«WALKING» VERBS.
«GOING» VERBS OF UNSPECIFIED OR GENERAL MOTION

Imperfective	Perfective
приходи́ть	**прий**ти́
уходи́ть	**уй**ти́
входи́ть	**вой**ти́
вы́ходи́ть	**вы́**йти
заходи́ть	**зай**ти́
переходи́ть	**перей**ти́
подходи́ть	**подой**ти́
отходи́ть	**отой**ти́
доходи́ть	**дой**ти́
обходи́ть	**обой**ти́
	пойти́*
	сходи́ть*

Some common examples:

пойти́, уйти́

	— Где Та́ня?
Perf.	— Она́ **пошла́/ушла́** гуля́ть. — She's gone for a walk.

	— Где Никола́й?
Perf.	— Он **пошёл/ушёл** обе́дать. — He's gone for lunch.

Perf.	Я **пошёл/ушёл.** ⎫
Perf.	Я **пошла/ушла.** ⎬ — I'm off.

Perf.	Он **пошёл** в шко́лу в пять лет.
	— He started school at the age of 5.

Perf.	Всё **пошло́** не так с са́мого нача́ла.
	— Everything went wrong from the very beginning.

сходи́ть (*Coll.*) – short return visit

Perf.	Я хочу́ **сходи́ть** в кино́. — I want to go to the cinema.
Perf.	Мне на́до **сходи́ть** в магази́н. — I need to go to the shop.

Imperf.	Perf.

приходи́ть — прийти́

Imperf. **Приходи́те** к нам в го́сти в э́ту суббо́ту.
— Come visit us this Saturday.

Imperf. Он всегда́ **прихо́дит** пе́рвым.
— He is always the first one to come.

Imperf. Вчера́ к вам **приходи́л** курье́р, но вас не́ было в о́фисе.
— Yesterday a courier came to you, but you were not in the office.

Imperf. Вы мо́жете **приходи́ть** на рабо́ту пора́ньше?
— Can you come to work a bit earlier?

Perf. Вы мо́жете **прийти́** за́втра пора́ньше?
— Can you come to work earlier tomorrow?

Perf. Я ско́ро **приду́**. — I'll soon come/be back.

Perf. — Никола́й **пришёл**? — Has Nikolay come/arrived?
— Да, он у себя́ в кабине́те. — Yes, he is in his office.

уходи́ть — уйти́

Imperf. Я **ухожу́**. — I am leaving.

Imperf. Обы́чно я **ухожу́** с рабо́ты в шесть.
— I usually leave work at 6.

Imperf. Когда́ бу́дете **уходи́ть**, включи́те сигнализа́цию.
— Activate the security system when leaving.

Imperf. Он всегда́ **ухо́дит** после́дним. — He always is the last one
                                                                to leave.

Imperf. **Уходи́!** — Go away! Get out!

Perf. Я могу́ **уйти́** сего́дня пора́ньше?
— Can I leave earlier today?

Perf. — Где Никола́й? — Where is Nikolay?
— Он уже́ **ушёл**. — He has already left.

ВХОДИ́ТЬ — ВОЙТИ́

Imperf. Входи́те, пожа́луйста. — Come in, please.

Perf. Мо́жно **войти́**? — May I come in?

Perf. Он ти́хо **вошёл** в ко́мнату. — He quietely entered the room.

ВЫХОДИ́ТЬ — ВЫ́ЙТИ

Imperf. — Во ско́лько ты **выхо́дишь** из до́ма?
— When do you usually leave home?

Imperf. Обы́чно я **выхожу́** в 7.30,
Perf. но сего́дня **вы́шла** в 7.45 и опозда́ла на рабо́ту.
— I usually leave home at 7.30.
But today I left at 7.45 and came late to work.

—Никола́й Ива́нович у себя́?　— Is Nikolay Ivanovich in his office?
Perf. — Нет, он **вы́шел**.　— No, he has left for a short while.

Perf. Мо́жно **вы́йти**? — May I leave the room?

Imperf. Мне ну́жен зоопа́рк. На како́й остано́вке мне **выходи́ть**?
— I need the zoo. What stop should I get off at?

ЗАХОДИ́ТЬ — ЗАЙТИ́

Imperf. К вам **заходи́л** главбу́х.
— The chief accountant called on you.

Perf. — Я могу́ к вам **зайти́**?　— Can I drop in now?
— Нет, лу́чше **зайди́те** по́сле обе́да. — No, better come after lunch.

Perf. Мне ну́жно **зайти́** в библиоте́ку.
— I need to stop by the library.

переходи́ть — перейти́

Perf. Как мо́жно **перейти́** э́ту у́лицу?

— How can I cross the street?

Perf. Я **перешла́** у́лицу по подзе́мному перехо́ду.

— I crossed the street by the underground crossing (tunnel).

подходи́ть — подойти́

Perf. Он **подошёл** ко мне и спроси́л…

— He came up to me and asked…

Imperf. Она́ уже́ **подхо́дит** к до́му.

— She is already approaching the house.

Imperf. **Подойди́те** ко мне, пожа́луйста.

— Will you come (up) to me, please.

проходи́ть — пройти́

Imperf. **Проходи́те**, пожа́луйста. — Move along, please.

Perf. Мо́жно **пройти́**? — Can I pass? Can I walk through?

Perf. Мы **прошли́** пять киломе́тров.

— We have covered 5 kilometers.

Perf. Как всё **прошло́**? — How did it go?

отходи́ть — отойти́

Perf. Мне ну́жно **отойти́** на пять мину́т.

— I need to be away for a short while.

Imperf. Ребёнок не **отхо́дит** от ма́мы.

— The child does not walk away from his mother.

доходи́ть — дойти́

Imperf. Обы́чно я **дохожу́** до метро́ за де́сять мину́т.

— Usually it takes me 10 minutes to get to the metro station. (*walking*)

Perf. Мы **дошли́** до метро́ за два́дцать мину́т.

— We reached the metro station in 20 minutes. (*walking*)

обходи́ть — обойти́

Imperf. В магази́нах она́ обы́чно **обхо́дит** все отде́лы.
— In the shops she usually goes to every department.

Perf. Она́ **обошла́** все магази́ны в торго́вом це́нтре, но ничего́ не купи́ла.
— She went to every shop in the shopping centre but did not buy anything.

Perf. Как **обойти́** э́ту пробле́му?
— How can we bypass this problem?

Unit 135
«TRAVELLING» VERBS. GROUND OR UNDERGROUND MOTION. UNSPECIFIED TRAVELLING

Imperfective	Perfective
приезжа́ть	прие́хать
уезжа́ть	уе́хать
въезжа́ть	въе́хать
выезжа́ть	вы́ехать
заезжа́ть	зае́хать
переезжа́ть	перее́хать
подъезжа́ть	подъе́хать
проезжа́ть	прое́хать
доезжа́ть	дое́хать
объезжа́ть	объе́хать
	пое́хать*
	съе́здить*

пое́хать

— Где Никола́й?

Perf. — Он **пое́хал** в аэропо́рт. (= Он **уе́хал** в аэропо́рт.)
— He has gone to the airport.

Perf. Я сейча́с **пое́ду** в банк.
— I am going/I'll go to the bank now.

съе́здить – to make a quick return journey

Perf. — Вам ну́жно **съе́здить** в аэропо́рт и встре́тить Джо́на.
— You should go to the airport and meet John.

Perf. — Вы **съе́здили** в банк? — Have you visited the bank?
— Да, **съе́здила.** — Yes, I have.

приезжа́ть — прие́хать

Imperf. Он **приезжа́ет** за́втра. — He is coming tomorrow.

Imperf. Во ско́лько он **приезжа́ет?** — When is he coming?

Imperf. Она́ всегда́ **приезжа́ет** на рабо́ту после́дней.
— She is always the last one to arrive at work.

Perf. Я **прие́ду** к вам по́сле обе́да.
— I'll come to you after lunch.

Perf. Никола́й **прие́хал** из аэропо́рта?
— Has Nikolay come back from the airport?

уезжа́ть — уе́хать

Imperf. За́втра я **уезжа́ю** в командиро́вку.
— Tomorrow I am going on a business trip.

Perf. — А́нна тут? — Is Anna here?
— Нет, она́ **уе́хала** (= **пое́хала**) в Петербу́рг.
— No, she has gone to Petersburg.

въезжа́ть — въе́хать

Imperf. Обы́чно я **въезжа́ю** в Москву́ по Ми́нскому шоссе́.
— Usually I arrive in Moscow by way of Minsk highway.

Perf. Мы **въе́хали** в Москву́ по́здно но́чью.
— We arrived in Moscow late at night.

Perf. Вы не зна́ете, кто **въе́хал** в э́ту кварти́ру?
— Do you know who moved into this flat?

выезжа́ть — вы́ехать

Imperf. Во ско́лько мы за́втра **выезжа́ем**?
— What time are we leaving/starting off tomorrow?

— А́нна, где вы? — Anna, where are you now?
Imperf. — Я **выезжа́ю** с парко́вки. — I am driving out of the parking lot.

Perf. Мы **вы́ехали** ра́но, но чуть не опозда́ли на рейс.
— We left early but nearly missed the flight.

заезжа́ть — зае́хать

Perf. —Ты мо́жешь сего́дня ко мне **зае́хать**?
— Can you drop in today?
— Да, могу́. Я **зае́ду** к тебе́ по́сле рабо́ты.
— Yes, I can. I'll drop in after work.

Perf. По́сле рабо́ты я **зае́ду** в торго́вый центр.
— After work I'll stop by the shopping centre.

Perf. Я **зае́ду** за ва́ми в гости́ницу.
— I'll pick you up at the hotel.

Imperf. Он ре́дко **заезжа́ет** к роди́телям.
— He seldom visits his parents.

Imperf. Он обеща́л **заезжа́ть** к ним поча́ще.
— He promised to visit them more often.

Perf. Вам ну́жно **зае́хать** во дво́р.
— You should drive into the yard.

Perf. Как **зае́хать** на парко́вку?
— How can I drive into the parking lot?

Perf. Мне сего́дня на́до **зае́хать** в банк.
— I need to visit the bank today.

переезжа́ть — перее́хать

Imperf. Мы **переезжа́ем** в друго́е зда́ние.
— We are moving to another building.

Perf. Когда́ вы **перее́хали** в э́ту кварти́ру?

— When did you move in this flat?

On the phone:

— Мо́жно А́нну?   — Can I speak to Anna?

Perf. — Нет, она́ **перее́хала.**   — No, she has moved away.

подъезжа́ть — подъе́хать

Imperf. Позвони́, когда́ бу́дешь **подъезжа́ть.**

— Call me when you will be driving up/approaching.

On the mobile phone:

— Ты сейча́с где?   — Where are you now?

— Уже́ **подъезжа́ю.**   — I am already near.

The taxi driver on the phone:

Perf. Я уже́ **подъе́хал.** — I have already arrived.

Calling the bank:

Perf. Я хоте́ла бы сего́дня **подъе́хать** к вам в банк.

— I would like to visit your bank today.

Perf. Во ско́лько мо́жно **подъе́хать?** — What time could I come?

проезжа́ть — прое́хать

Imperf. Я ка́ждый день **проезжа́ю** ми́мо твоего́ до́ма.

— Every day I drive past your house.

To the driver:

Perf. Стоп, мы **прое́хали!**

— Stop, we have passed/missed the place!

Perf. Тут мо́жно **прое́хать?** — Can I drive through here?

Perf. Ско́лько киломе́тров мы **прое́хали?**

— How many kilometres (how far) have we gone?

On the road:

Perf. Как мо́жно **прое́хать** в центр?

— What is the way to the centre?

доезжа́ть— дое́хать

Imperf. За ско́лько ты **доезжа́ешь** до рабо́ты?

— How long does it take you to get to work?

Perf. Как вы **дое́хали?** — How was the trip?

Perf. Извини́те, как **дое́хать** до Большо́го теа́тра?

— Excuse me, what is the way to the Bolshoy theatre?

объезжа́ть — объе́хать

Perf. Мы **объе́хали** все магази́ны, но так ничего́ не купи́ли.

— We went round the shops but did not buy anything.

— Впереди́ больша́я про́бка. — There is a big traffic jam ahead.

Perf. — Мы мо́жем её ка́к-то **объе́хать?** — Can we bypass it somehow?

Unit 136
VERBS OF «FLYING». TRAVELLING IN AN AIRCRAFT

Imperfective	Perfective
	слета́ть*
	полете́ть*
улета́ть	улете́ть
прилета́ть	прилете́ть
вылета́ть	вы́лететь
долета́ть	долете́ть
облета́ть	облете́ть

слета́ть – to make a short return trip by air

Perf. Я хочу́ **слета́ть** на па́ру дней в Пари́ж.

— I want to go to Paris for a couple of days.

полете́ть

Perf. С кем она́ **полете́ла** (в командиро́вку)?

— Who did she go with (on a business trip)?

улета́ть — улете́ть

Imperf. Я за́втра **улета́ю** в Ки́ев.
— Tomorrow I am going/flying off to Kiev.

— Я хочу́ обсуди́ть э́то с А́нной.
— I want to discuss it with Anna.

Perf. — А её сейча́с нет, она́ **улете́ла** в Ки́ев.
— But she is not here, she has gone to Kiev.

прилета́ть — прилете́ть

Imperf./Perf. — Когда́ она́ **прилета́ет/прилети́т** обра́тно?
— When is she coming back?

Imperf./Perf. — Она́ **прилета́ет/прилети́т** в пя́тницу.
— She is coming/will come back on Friday.

Perf. — А́нна **прилете́ла?** — Is Anna back?
Perf. — Да, она́ **прилете́ла** сего́дня у́тром.
— Yes, she came back in the morning.

Perf./Imperf. — Когда́ ты **прилети́шь/прилета́ешь?**
— When will you come back? / When are you coming back?
— Ду́маю, в сре́ду. — I think on Wednesday.

Perf. — Когда́ он до́лжен **прилете́ть** обра́тно?
— When is he supposed to be back?
— В понеде́льник. — On Monday.

Imperf./Perf. Каки́м ре́йсом ты **прилета́ешь/прилети́шь?**
— What flight do you come back on?

Imperf./Perf. В како́й аэропо́рт ты **прилета́ешь/прилети́шь?**
— What airport do you fly into?

Perf. Ты мне о́чень ну́жен. Когда́ ты смо́жешь **прилете́ть?**
— I really need you. When can you come?

вылета́ть — вы́лететь

Imperf.	Во ско́лько ты **вылета́ешь**?
	— What time do you leave/depart?

Imperf.	Из како́го аэропо́рта ты **вылета́ешь**?
	— (From) what airport do you depart?

— Я хочу́ зарегистри́роваться на рейс.
— I want to check in for this flight.

Perf.	— А самолёт уже́ **вы́летел/улете́л**.
	— But the plane has already left.

Perf.	— Рейс 707 «Аэрофло́та» **вы́летел** из Фра́нкфурта?
	— Has the flight № 707 by Aeroflot departed from Frankfurt?
Perf.	— Да, **вы́летел**. — Yes, it has.

долета́ть — долете́ть

Perf.	— Как **долете́ли**? — How was the flight?

— Норма́льно. — Fine.

Perf.	Счастли́во **долете́ть**! — Have a nice flight!

облета́ть — облете́ть

Imperf.	Мэр ка́ждую неде́лю **облета́ет** го́род на вертолёте.
	— Every week the mayor makes a helicopter tour over the city.

Дочь мое́й подру́ги — стюарде́сса.
— My friend's daughter is stewardess.

Perf.	Она́ **облете́ла** почти́ все стра́ны.
	— She has been to almost every country.

Unit 137
«TRANSPORTING» VERBS
Long distance, some form of transport is used to perform the action.

Imperfective	Perfective
привози́ть	**привезти́**
отвози́ть	**отвезти́**
подвози́ть	**подвезти́**
довози́ть	**довезти́**
перевози́ть	**перевезти́**
вы́возить	**вы́везти**

привози́ть — привезти́

Imperf. Кто обы́чно **приво́зит** дете́й из шко́лы?
— Who usually brings the children from school?

Perf. Вы **привезли́** дете́й? —Have you brought the children?

Perf. Я **привёз** ше́фа из аэропо́рта.
— I have brought the boss from the airport.

Perf. Она́ **привезла́** госте́й на да́чу.
— She has brought guests to the summer cottage.

Perf. — Ты мо́жешь сего́дня **привезти́** мне э́ти журна́лы?
— Can you bring me these magazines today?
— Сего́дня не смогу́, но я то́чно **привезу́** за́втра.
— Today I can't, but I will bring them tomorrow for sure.

отвози́ть — отвезти́

Imperf. Ка́ждый день он **отво́зит** дете́й в шко́лу.
— Every day he takes children to school.

Perf. Ну́жно **отвезти́** докуме́нты в банк.
— You should take the documents to the bank.

Perf. **Отвези́те** А́нну в аэропо́рт.
— Take Anna to the airport.
— Ты **отвёз** телеви́зор на да́чу?

Perf. — Did you take the TV set to the cottage?
— Да, **отвёз.** — Yes, I have.

Perf. Вы мо́жете **отвезти́** меня́ в Домоде́дово?
— Can you take me to Domodedovo? (*Moscow airport*)

подвози́ть — подвезти́

Imperf. По утра́м он **подво́зит** меня́ до ста́нции.
— In the mornings he gives me a lift to the station.

Perf. Сего́дня сосе́д **подвёз** меня́ до метро́.
— Today my neighbour gave me a lift to the metro station.

Perf. Ты мо́жешь меня́ **подвезти́**? — Can you give me a lift?

довози́ть — довезти́

Imperf.
Perf.

Обы́чно мой брат **дово́зит** меня́ то́лько до метро́, но сего́дня **довёз** пря́мо до рабо́ты.

— My brother usually drives me only as far as the metro station, but today he drove me straightway to work.

Perf.

Вы мо́жете **довезти́** меня́ до це́нтра?

— Can you drive me to the centre?

перевози́ть — перевезти́

Imperf.

В день моско́вское метро́ **перево́зит** миллио́ны пассажи́ров.

— The Moscow metro transports millions of passengers daily.

Imperf.

За́втра мы бу́дем **перевози́ть** ве́щи в но́вый о́фис.

— Tomorrow we will be moving things to the new office.

Perf.

Вы всё **перевезли́**? — Have you moved everything?

вывози́ть — вы́везти

Perf.

Ну́жно **вы́везти** всё из ста́рого о́фиса.

— You must take out/move out everything from the old office.

Perf.

— Вы всё **вы́везли** из ста́рого о́фиса?

— Have you moved out everything from the old office?

Imperf.

— Нет, не всё. Мы ещё за́втра бу́дем **вывози́ть**.

— No, not everything. We will still be taking/moving things out tomorrow.

Unit 138
«BRINGING» VERBS

Within the building, «walking» distance.

Imperfective	Perfective
приноси́ть	**при**нести́
относи́ть	**от**нести́
	перенести́

приноси́ть — принести́

In the office:

Perf.　— **Принеси́те**, пожа́луйста, э́ти докуме́нты.
　　　— Please bring me these documents.

Perf.　— Хорошо́, сейча́с **принесу́**.
　　　— All right, I'll bring them now.

Sitting in the living room:

Perf.　**Принеси́**, пожа́луйста, ещё оди́н стака́н.
　　　— Bring me one more glass, please.

In the office:

Perf.　— Никола́й **принёс** журна́лы обра́тно?
　　　— Has Nikolay returned the magazines?
　　　— **Нет, не принёс.** — No, he hasn't.

Perf.　— А́нна **принесла́** докуме́нты?
　　　— Has Anna brought the documents?
　　　— Да, они́ на столе́.
　　　— Yes, they are on the table.

ОТНОСИ́ТЬ — ОТНЕСТИ́

In the office:

Perf.   **Отнеси́те** э́ти докуме́нты главбу́ху.

— Take the documents to the chief accountant.

Perf.   Ну́жно **отнести́** э́ту па́пку А́нне.

— You should take this file to Anna.

Perf.   — Вы **отнесли́** отчёт А́нне?

— Have you taken the report to Anna?

— Да, **отнесла́**.

— Yes, I have.

At home:

Perf.   **Отнеси́** всё на ку́хню.

— Take everything to the kitchen.

перенести́

Perf.   Ну́жно **перенести́** всё на пя́тый эта́ж.

— You should move everything to the fifth floor.

Perf.   Мы **перенесли́** дива́н в другу́ю ко́мнату.

— We moved the sofa to another room.

PART 2

GRAMMAR PRACTICE
WITH ANSWERS

CHAPTER 1
GENDER AGREEMENT BETWEEN NOUNS AND CHARACTERIZING WORDS IN THE NOMINATIVE SINGULAR

Unit 1
GENDER AGREEMENT BETWEEN NOUNS AND ADJECTIVES

Exercise 1
Establish the grammatical gender of the following combinations and translate them:

1. мо́й до́м —
2. моя́ соба́ка —
3. моё ме́сто —
4. мо́й па́па —
5. интере́сное интервью́ —
6. мо́й шко́льный дру́г —
7. моя́ шко́льная подру́га —
8. большо́й го́род —
9. интере́сная статья́ —
10. моя́ ма́ма —
11. мо́й де́душка —
12. холо́дное мо́ре —
13. ста́рое такси́ —
14. хоро́ший фи́льм —
15. комме́рческое телеви́дение —
16. хоро́ший слова́рь —
17. но́вое зда́ние —
18. на́ша учи́тельница —
19. ва́ша до́чь —
20. холо́дный янва́рь —

Check the key.

Exercise 2

Establish the grammatical gender of some common names.

1. Росси́йская Федера́ция — Russian Federation

2. Центра́льная Росси́я — Central Russia

3. Моско́вская о́бласть — Moskovskaya oblast (region)

4. Да́льний Восто́к — Far East

5. За́падная Сиби́рь — Western Siberia

6. Восто́чная Сиби́рь — Eastern Siberia

7. Краснода́рский кра́й — Krasnodarsky krai (region)

8. Примо́рский кра́й — Primorsky krai (region)

9. Балти́йское мо́ре — Baltic Sea

10. Каспи́йское мо́ре — Caspian Sea

11. Средизе́мное мо́ре — Mediterranean Sea

12. Се́верное мо́ре — North Sea

13. Скандина́вский полуо́стров — Scandinavian peninsula

14. Балка́нский полуо́стров — Balkan peninsula

15. Ко́льский полуо́стров — Kola peninsula

16. Фи́нский зали́в — Gulf of Finland

17. Атланти́ческий океа́н — Atlantic Ocean

18. Ти́хий океа́н — Pacific Ocean

19. Инди́йский океа́н — Indian Ocean

20. Се́верный Ледови́тый океа́н — Arctic Ocean

21. Поля́рный кру́г — Polar circle

22. За́падная Евро́па — Western Europe

23. Восто́чная Евро́па — Eastern Europe

24. Центра́льная Евро́па — Central Europe

25. Се́верная Евро́па — Northern Europe

26. Ю́жная Евро́па — Southern Europe

27. Европе́йский Сою́з — European Union

28. Правосла́вная це́рковь — Orthodox church
29. Католи́ческая це́рковь — Catholic church
30. Протеста́нтская це́рковь — Protestant church

31. Бли́жний Восто́к — Near/Middle East
32. Юго-Восто́чная А́зия — South-East Asia

33. Се́верная Аме́рика — North America
34. Ю́жная Аме́рика — South America
35. Лати́нская Аме́рика — Latin America

36. Истори́ческий музе́й — Historical museum
37. Кра́сная пло́щадь — Red Square
38. Тверска́я у́лица — Tverskaya street
39. Куту́зовский проспе́кт — Kutuzovsky prospect
40. Садо́вое кольцо́ — Sadovoye ring road
41. гости́ница «Прибалти́йская» — Pribaltiyskaya hotel
42. гости́ница «Европе́йская» — Evropeyskaya hotel

Check the key.

Exercise 3

Insert the adjectives in the appropriate gender form.
Translate the noun combinations.

но́вый/но́вая/но́вое — new

.... до́м
.... шко́ла
.... зда́ние

изве́стный/изве́стная/изве́стное — famous

.... писа́тель (М.)
.... спортсме́нка
.... ме́сто

большо́й/больша́я/большо́е — big

.... го́род

.... маши́на

.... окно́

плохо́й/плоха́я/плохо́е — bad

.... челове́к

.... маши́на

.... расписа́ние

дорого́й/дорога́я/дорого́е — expensive

.... пода́рок

.... маши́на

.... кольцо́

ру́сский/ру́сская/ру́сское — Russian

.... спортсме́н

.... пе́сня

.... ра́дио

хоро́ший/хоро́шая/хоро́шее — good, nice

.... фи́льм

.... пе́сня

.... пече́нье

све́жий/све́жая/све́жее — fresh

свежий.................. хле́б

свехая.................. ры́ба

свехая.................. но́вость (F.)

свежее.................. мя́со

горя́чий/горя́чая/горя́чее — hot

горячий чай
горячая вода́
горячее молоко́

настоя́щий/настоя́щая/настоя́щее — real, present, original, authentic

настоящая мужчи́на
настоящая во́дка
настоящее вре́мя

после́дний/после́дняя/после́днее — last

.... биле́т
.... страни́ца
.... сообще́ние

Check the key.

Exercise 4

Insert the adjectives in the appropriate gender form.

1. **(хоро́ш | ий)** good concert — .... конце́рт
2. **(вку́сн | ый)** delicious cookies — .... пече́нье
3. **(стира́льн | ый)** washing powder — .... порошо́к
4. **(интере́сн | ый)** interesting magazine — .... журна́л
5. **(интере́сн | ый)** interesting newspaper — .... газе́та
6. **(свобо́дн | ый)** vacant seat — .... ме́сто
7. **(ма́леньк | ий)** small apartment — _маленькая_ кварти́ра

8. **(те́ннисн | ый)** tennis court — .... ко́рт
9. **(тёпл | ый)** warm jacket — _тёплая_ ку́ртка
10. **(холо́дн | ый)** cold weather — .... пого́да
11. **(ма́леньк | ий)** small girl — _маленькая_ де́вочка
12. **(ра́нн | ий)** early winter — _ранняя_ зима́
13. **(по́здн | ий)** late spring — _поздняя_ весна́
14. **(зи́мн | ий)** winter hat — _зимняя_ ша́пка
15. **(телевизио́нн | ый)** TV guide — .... програ́мма
16. **(горя́ч | ий)** hot tea — .... ча́й
17. **(краси́в | ый)** beautiful girl — .... де́вушка

Check the key.

Exercise 5
Change the masculine / dictionary form of the adjectives where necessary.

1. (но́в|ый) new hairstyle — .... причёска
2. (хоро́ш|ий) good mood — .... настрое́ние
3. (плох|о́й) bad mood — .... настрое́ние
4. (знако́м|ый) familiar face — .... лицо́
5. (дома́шн|ий) homework — .... рабо́та
6. (дома́шн|ий) homework assignment — .... зада́ние
7. (тру́дн|ый) difficult exam — .... экза́мен
8. (англи́йск|ий) English language — .... язы́к
9. (италья́нск|ий) Italian furniture — .... ме́бель
10. (ру́сск|ий) Russian school — ~~русская~~ школа
11. (америка́нск|ий) American company — ~~американская~~ компа́ния
12. (моско́вск|ий) Moscow metro — ~~московское~~ метро́

13. (росси́йск|ий) Russian flag — .... флаг
14. (росси́йск|ий) Russian company .... компа́ния
15. (росси́йск|ий) Russian government .... прави́тельство
16. (хоро́ш|ий) good dictionary — .... слова́рь (M.)
17. (плох|о́й) bad dictionary — .... слова́рь (M.)

18. (хоро́ш|ий) good news — .... но́вость (F.)
19. (плох|о́й) bad news — .... но́вость (F.)

20. (тру́дн|ый) hard life — .... жи́знь (F.)
21. (тру́дн|ый) difficult language — .... язы́к
22. (холо́д|ный) cold water — .... вода́
23. (горя́ч|ий) hot water — .... вода́
24. (плох|о́й) bad road — .... доро́га
25. (больш|о́й) big dining room — .... столо́вая
26. (ма́леньк|ий) small bath room — .... ва́нная
27. (вку́сн|ый) delicious ice cream — .... моро́женое
28. (изве́стн|ый) famous scientist — .... учёный
29. (краси́в|ый) beautiful embankment — .... на́бережная
30. (✳ горя́ч|ий) hot coffee — .... ко́фе

Check the key.

Exercise 6

Replace the nouns and noun combinations with personal pronouns.
Translate the sentences.

> **он** — for **masculine** nouns
>
> **она́** — for **feminine** nouns
>
> **оно́** — for **neuter** nouns

1. Где́ мо́й клю́ч?
   — Вот ....

2. Где́ телефо́н?
   — .... в коридо́ре.

3. Где́ те́лепрогра́мма?
   — .... на телеви́зоре.

4. Где́ моя́ видеока́мера?
   — .... на по́лке.

5. Где́ мо́й слова́рь?
   — Вот ....

6. Где́ мой уче́бник?
   — .... на столе́.

7. Э́то англи́йский шокола́д.
   .... о́чень вку́сный.

8. Э́то фи́нское ма́сло.
   .... о́чень вку́сное.

9. Э́то францу́зская косме́тика.
   .... о́чень дорога́я.

10. Э́то ру́сский мёд.
    .... о́чень вку́сный и поле́зный.

11. Э́то италья́нская ме́бель.
    .... о́чень краси́вая и удо́бная.

Check the key.

Unit 2

GENDER AGREEMENT BETWEEN PERSONAL, DEMONSTRATIVE, INTERROGATIVE PRONOUNS, THE NUMERAL **ОДИН** AND NOUNS

Exercise 7
Insert the appropriate gender form of the possessive pronouns.
Translate the sentences.

мой / моя́ / моё – my

1. Э́то .... дру́г.
2. Э́то .... подру́га.
3. Э́то .... ме́сто.
4. Э́то .... семья́.
5. Э́то .... ма́ть. (F.)
6. Э́то .... де́душка.
7. Э́то .... кни́га.
8. Э́то .... клю́ч.
9. Э́то .... бра́т.
10. Э́то .... соба́ка.
11. Во́т .... телефо́н.
12. Э́то .... ма́ма.
13. Э́то .... оте́ц.
14. Э́то .... па́па.
15. Э́то .... тетра́дь. (F.)
16. Во́т .... а́дрес.

твой / твоя́ / твоё – your (from «ты»)

17. Э́то .... бра́т?
18. Э́то .... соба́ка?
19. Э́то .... до́м?
20. Э́то .... па́па/оте́ц?
21. Э́то .... слова́рь?
22. Э́то .... клю́ч?
23. Э́то .... сестра́?
24. Э́то .... ме́сто?
25. Э́то .... ма́ма/ма́ть?
26. Э́то .... кни́га?
27. Э́то .... тетра́дь?
28. Э́то .... велосипе́д?

ваш / ва́ша / ва́ше – your (from «вы»)

29. Э́то .... чемода́н?
30. Э́то .... па́спорт?
31. Э́то .... ру́чка?
32. Э́то .... ме́сто?
33. Э́то .... соба́ка?
34. Э́то .... су́мка?
35. Э́то .... биле́т?
36. Э́то .... кошелёк?
37. Э́то .... маши́на?
38. Э́то .... компью́тер?

наш / на́ша / на́ше – our

39. Во́т .... а́дрес.
40. Во́т .... телефо́н.
41. Э́то не .... соба́ка.
42. Э́то не .... маши́на.

43. Это не .... до́м.
44. Это .... учи́тель. (м.)
45. Это .... купе́.
46. Это .... знако́мый.

47. Это .... знако́мая.
48. Это .... сосе́дка.
49. Это .... сосе́д.
50. Это .... учи́тельница.

его́	её	их
his	her	their

51. It's not his dog. — Это не .... соба́ка.
52. It's not his house. — Это не .... до́м.
53. It's not his car. — Это не .... маши́на.

54. It's not her dog. — Это не .... соба́ка.
55. It's not her copybook. — Это не .... тетра́дь. (F.)
56. It's not her dictionary. — Это .... слова́рь. (м.)
57. It's not her key. — Это не .... клю́ч.

58. It's not their apartment. — Это не .... кварти́ра.
59. It's not their house. — Это не .... до́м.
60. It's not their dog. — Это не .... соба́ка.

Check the key.

Exercise 8
Insert the proper gender forms.
Translate the questions.

э́тот/э́та/э́то – this

1. Ско́лько сто́ит .... кни́га?
2. Ско́лько сто́ит .... слова́рь? (м.)
3. Ско́лько сто́ит .... су́мка?
4. Ско́лько сто́ит .... биле́т?
5. Ско́лько сто́ит .... альбо́м?
6. Ско́лько сто́ит .... ша́пка?
7. Ско́лько сто́ит .... фи́льм?
8. Ско́лько сто́ит .... ве́щь? (F.)
9. Ско́лько сто́ит .... газе́та?
10. Ско́лько сто́ит .... журна́л?

Check the key.

Exercise 9

Insert the proper gender forms. Translate the questions.

какóй/какáя/какóе – what

1. .... сегóдня числó?
2. .... сегóдня погóда?
3. .... у вáс ряд?
4. .... у вáс вагóн?
5. .... у вáс телефóн?
6. .... у вáс áдрес?

7. .... сегóдня дéнь?
8. .... у вáс мéсто?
9. .... у вáс этáж?
10. .... у вáс расписáние?
11. .... у вáс купé?

Check the key.

Exercise 10

Insert the proper gender forms. Translate the questions.
Answer the questions using **мой/моя/моё**

чей/чья/чьё – whose

1. .... э́то клю́ч? —
2. .... э́то чемодáн? —
3. .... э́то купé? —
4. .... э́то билéт? —
5. .... э́то су́мка? —
6. .... э́то словáрь? (м.) —
7. .... э́то ку́ртка? —
8. .... э́то кни́га? —
9. .... э́то мéсто? —
10. .... э́то собáка? —
11. .... э́то ру́чка? —
12. .... э́то тетрáдь? (F.) —
13. .... э́то маши́на? —
14. .... э́то журнáл? —
15. .... э́то фотогрáфия? —
16. .... э́то кáрта? —

Check the key.

Exercise 11
Insert the proper gender forms.
Translate the sentences and noun combinations.

оди́н/одна́/одно́ – one

1. У меня́ то́лько .... кни́га.
2. У меня́ то́лько .... биле́т.
3. У меня́ то́лько .... ключ.

4. .... сок
5. .... ме́сяц
6. .... бутербро́д
7. .... ле́то
8. .... год
9. .... неде́ля
10. .... час
11. .... мину́та
12. .... ме́сяц
13. .... де́нь (м.)
14. .... ко́мната
15. .... ли́тр
16. .... ты́сяча
17. .... миллио́н
18. .... ме́сто

Check the key.

Exercise 12
Insert the proper gender forms and translate the sentences.

тот / та / то – that

1. Во́т ...тот... слова́рь. (м.)
2. Это не ...тот... телефо́н.
3. Это не ...тот... челове́к.
4. Во́т ...тот... а́дрес.
5. Во́т ...та... фотогра́фия.
6. Во́т ...тот... биле́т.
7. Это не ...тот... журна́л.
8. Это не ...та... две́рь. (f.)
9. Это не ...тот... чемода́н.
10. Это не ...тот... до́м.

Check the key.

Exercise 13

Insert the proper gender forms and translate the combinations.

весь / вся / всё – all, whole

1. .... де́нь (M.)
2. .... кла́сс
3. .... вре́мя (N.)
4. .... страна́

5. .... ле́то
6. .... гру́ппа
7. .... ми́р
8. .... ве́чер

Check the key.

CHAPTER 2
THE NOMINATIVE PLURAL OF NOUNS, ADJECTIVES AND ADJECTIVAL PRONOUNS

Unit 3
THE NOMINATIVE PLURAL OF NOUNS

Exercise 14

Make the following nouns plural and translate the plural forms.

ы ending

маши́н | а —
компью́тер —
чемода́н —
кварти́р | а —
иностра́н | е | ц

и ending

го́ст | ь (M.) —
фотогра́фи | я
слова́р | ь (M.) —
музе́ | й —
неде́л | я —

г, к, х, ч + и

кни́г | а —
уро́к —
уче́бник —
я́щик —

слу́х —
нало́г —
вра́ч —

Check the key

Exercise 15

Make the following nouns plural and translate the plural forms.

а or **я** endings

го́род —

сло́в | о —

по́езд —

окн | о́ —

по́л | е —

о́зер | о —

предложе́ни | е

ле́с —

яйц | о́ —

зда́ни | е —

Check the key.

Exercise 16

Irregular plural forms. Translate the following plural nouns.

friends —

trees —

chairs —

neighbours —

leaves —

owners —

Gypsies —

kittens —

Armenians —

Catholics —

sons —

brothers —

children —

apples —

ears —

Muslims —

Christians —

peasants —

Protestants —

Danes —

Check the key.

Unit 4
THE SINGULAR AND PLURAL OF PERSONAL PRONOUNS

Exercise 17

Replace the nouns and noun combinations with personal pronouns and translate the sentences.

он — for masculine

она́ — for feminine   **они́** — for plural

оно́ — for neuter

1. Э́то **мо́й дру́г.**

.... живёт в Петербу́рге.

2. Э́то **моя́ подру́га.**

.... живёт в Москве́.

3. Э́то **мои́ друзья́.**

.... живу́т в Ло́ндоне.

4. Э́то **мо́й слова́рь.** (М.)

.... уже́ о́чень ста́рый.

234

5. Это **мой учебник.**

.... очень старый.

7. Вот **мои вещи.**

.... очень тяжёлые.

6. Вот моя сумка.

.... очень тяжёлая.

Check the key.

Unit 5
THE NOMINATIVE PLURAL OF ADJECTIVES

Exercise 18
Write the plural forms of the adjectives and translate the plural noun combinations.

M.	F.	N.		Pl.
-ый	-ая	-ое	→	-ые
-ой	-áя	-óе	→	-ые

1. нóв│ый дóм —   домá
2. нóв│ая машина —   машины
3. нóв│ое слóво —   словá
4. интересн│ый фильм —   фильмы
5. бел│ая машина —   машины
6. известн│ый журналист —   журналисты
7. вкусн│ое яблоко —   яблоки
8. стар│ый дóм —   домá
9. стар│ая машина —   машины
10. золот│áя медáль —   медáли
11. золот│óе кольцó —   кóльца
12. трудн│ое слóво —   словá
13. весёл│ый расскáз —   расскáзы
14. смешн│óй расскáз —   расскáзы
15. иностранн│ая фирма —   фирмы

Check the key.

Exercise 19
Translate the following plural noun combinations.

1. но́вые очки́ —

2. тупы́е но́жницы —

3. непра́вильные весы́ —

4. металли́ческие воро́та —

5. ста́рые брю́ки —

6. но́вые джи́нсы —

7. ле́тние кани́кулы —

8. зи́мние кани́кулы —

9. тру́дные перегово́ры —

10. президе́нтские вы́боры —

11. мои́ де́ньги —

12. стари́нные ша́хматы —

13. све́тлые во́лосы —

14. и́мпортные проду́кты —

15. хоро́шие лю́ди —

16. взро́слые де́ти —

Check the key.

Exercise 20
Translate the following plural noun combinations.

1. краси́вые часы́ —

2. Кремлёвские кура́нты —

3. лёгкие са́нки —

4. фи́нские обо́и —

5. интере́сные мемуа́ры —

6. сухи́е дрова́ —

7. гро́мкие аплодисме́нты —

8. францу́зские духи́ —

9. вку́сные щи —

10. италья́нские макаро́ны —

11. ры́бные консе́рвы —

12. жи́рные сли́вки —

13. ста́рые де́ньги —

14. Олимпи́йские и́гры —

15. Кана́рские острова́ —

16. хоро́шие лы́жи —

17. краси́вые цветы́ —

18. я́ркие цвета́ —

19. хоро́шие результа́ты —

20. изве́стные актёры —

Check the key.

Exercise 21
Change the singular masculine endings of the adjectives to plural ones.

1. (ру́сск | ий)	Russian films —	....	фи́льмы
2. (но́в | ый)	new words —	....	слова́
3. (но́в | ый)	new houses —	....	дома́
4. (компью́терн | ый)	computer games —	....	и́гры
5. (золот | о́й)	gold medals —	....	меда́ли
6. (стро́г | ий)	strict parents —	....	роди́тели
7. (доро́г | о́й)	expensive apartments —	....	кварти́ры
8. (ру́сск | ий)	Russian fairytales —	....	ска́зки
9. (фи́нск | ий)	Finnish sportsmen —	....	спортсме́ны
10. (све́ж | ий)	fresh vegetables —	....	о́вощи
11. (больш | о́й)	big children —	....	де́ти
12. (ма́леньк | ий)	small children —	....	де́ти
13. (краси́в | ый)	beautiful lakes —	....	озёра
14. (широ́к | ий)	wide streets —	....	у́лицы
15. (у́зк | ий)	narrow streets —	....	у́лицы
16. (больш | о́й)	big eyes —	....	глаза́
17. (дли́нн | ый)	long legs —	....	но́ги
18. (краси́в | ый)	beautiful girls —	....	де́вушки
19. (ма́леньк | ий)	small girls —	....	де́вочки
20. (больш | о́й)	big boys —	....	ребя́та
21. (краси́в | ый)	beautiful places —	....	места́

Check the key.

Exercise 22

Change the singular masculine endings of the adjectives to plural ones.

1. (ле́тн | ий) summer vacation — .... кани́кулы

2. (зи́мн | ий) winter vacation — .... кани́кулы

3. (ру́сск | ий) Russian writers — .... писа́тели

4. (англи́йск | ий) English football players — .... футболи́сты

5. (дли́нн | ый) long sentences — .... предложе́ния

6. (дли́нн | ый) long words — .... слова́

7. (стра́нн | ый) strange letters — .... бу́квы

8. (тру́дн | ый) difficult sounds — .... зву́ки

9. (отли́чн | ый) wonderful photos — .... фотогра́фии

10. (япо́нск | ий) Japanese computers — .... компью́теры

11. (неме́цк | ий) German cars — .... маши́ны

12. (ру́сск | ий) Russian women — .... же́нщины

13. (удо́бн | ый) comfortable boots — .... боти́нки

14. (краси́в | ый) beautiful postcards — .... откры́тки

15. (кра́сн | ый) red roses — .... ро́зы

16. (тру́дн | ый) difficult exams — .... экза́мены

17. (америка́нск | ий) American films — .... фи́льмы

18. (голуб | о́й) blue eyes — .... глаза́

19. (плох | о́й) bad results — .... результа́ты

Check the key.

Unit 6
THE NOMINATIVE PLURAL OF POSSESSIVE PRONOUNS

my	your	our	your	his	her	their
мой	твой	на́ши	ва́ши	его́	её	их
	(ты)		(вы)			

Exercise 23

Insert the nominative plural forms of the possessive pronouns.
Translate the sentences.

1. Э́то ....*my*.............. ве́щи.

2. Э́то ....*my*.............. друзья́.

3. Э́то ....*my*.............. уче́бники.

4. Э́то ....*our*.............. сосе́ди.

5. Во́т ....*our*.............. биле́ты.

6. Во́т ....*our*.............. докуме́нты.

7. Э́то ....*your (ты)*.............. друзья́?

8. Э́то ....*your (ты)*.............. ве́щи?

Check the key.

240

Exercise 24
Insert the nominative plural forms of the possessive pronouns.
Translate the sentences.

your (вы)
1. Где .... докумéнты?

your (вы)
2. Где .... вéщи?

your (ты)
3. Где .... ключи́?

her
4. Вóт Тáня. Это .... вéщи.

his
5. Вóт Ивáн. Это .... вéщи.

our
6. Вóт .... гóсти.

their
7. Это .... вéщи.

our
8. Это .... сосéди.

their
9. А это .... дéти.

my
10. Это .... роди́тели.

our
11. Это .... рóдственники.

my
12. Это .... бáбушка и дéдушка.

your (ты)
13. Это .... роди́тели?

Check the key.

Exercise 25

Insert the nominative plural forms of the possessive pronouns.
Translate the sentences.

1. Это не .... *my* ключи́.

2. Это не .... *our* ве́щи.

3. Это мо́й бра́т. Это .... *his* игру́шки.

4. Это моя́ сестра́. Это .... *her* ку́клы.

5. Это мо́й дру́г. Это .... *his* ве́щи.

6. Это моя́ подру́га. Это .... *her* очки́.

7. Это моя́ ма́ма. Это .... *her* ключи́.

8. Это мо́й оте́ц. Это .... *his* ключи́.

9. Это мо́й дру́г. Это .... *his* де́ньги.

10. Это на́ша учи́тельница. Это .... *her* кни́ги.

Check the key.

Exercise 26
Insert the nominative plural forms of the possessive pronouns.
Translate the sentences.

my
1. Где .... ключи́?

your (вы)
2. Это .... очки́?

your (ты)
3. Это .... де́ньги?

your (ты)
4. Это .... боти́нки?

my
5. Это не .... перча́тки.

my
6. Где .... часы́?

our
7. Вот .... воро́та.

our
8. Это .... места́.

our
9. Это .... друзья́.

my
10. Это .... роди́тели.

Check the key.

Unit 7
THE NOMINATIVE PLURAL OF DEMONSTRATIVE, INTERROGATIVE AND GENERALIZING PRONOUNS

Exercise 27
Insert the nominative plural forms.

whose	these	those	all the	this kind	what
чьи	эти	те	всё	такие	какие

1. **Whose** are these things? .... это вéщи?

2. **Whose** are these keys? .... это ключи́?

3. **Whose** are these books? .... это кни́ги?

4. **these** keys .... ключи́

5. **those** keys .... ключи́

6. **all the** children .... дéти

7. **all the** students .... студéнты

8. Do you have **this kind** of batteries?
У тебя́ éсть .... батарéйки?

9. Do you have **this kind** of disks?
У тебя́ éсть .... ди́ски?

10. **What** souvenirs did you buy?
.... сувени́ры ты купи́л?

11. **What** are your plans for tomorrow?
.... у вác плáны на зáвтра?

Check the key.

CHAPTER 3
DECLENSION OF NOUNS, ADJECTIVES AND ADJECTIVAL WORDS IN THE SINGULAR. MOST COMMON FORMS AND USAGE

Unit 8
THE PREPOSITIONAL CASE. PLACE

Exercise 28
Complete the sentences using the following prepositional case combinations.

	Nom.	⇨	Где? Where? Prep.
bank —	банк	⇨	в ба́нке
hospital —	больни́ц | а	⇨	в больни́це
library —	библиоте́к | а	⇨	в библиоте́ке
school —	шко́л | а	⇨	в шко́ле
university —	университе́т	⇨	в университе́те
college —	ко́лледж	⇨	в ко́лледже
academy —	акаде́ми | я	⇨	в акаде́мии
high school —	гимна́зи | я	⇨	в гимна́зии
firm —	фи́рм | а	⇨	в фи́рме
company —	компа́ни | я	⇨	в компа́нии
farm —	фе́рм | а	⇨	на фе́рме
newspaper —	газе́т | а	⇨	в газе́те
magazine —	журна́л	⇨	в журна́ле
✳ radio —	ра́дио	⇨	на ра́дио
television —	телеви́дени | е	⇨	на телеви́дении
restaurant —	рестора́н	⇨	в рестора́не
✳ café —	кафе́	⇨	в кафе́
Foreign Ministry —	МИД	⇨	в МИ́Де
embassy —	посо́льств | о	⇨	в посо́льстве
✳ UN —	ООН	⇨	в ООН

banker
1. Банки́р рабо́тает ....

....

nurse
2. Медсестра́ рабо́тает ....

....

doctor
3. Врач то́же рабо́тает ....

....

librarian
4. Библиоте́карь рабо́тает ....

....

school teacher (he/she)
5. Учи́тель/учи́тельница рабо́тает ....

....

college/university teacher
6. Преподава́тель рабо́тает ....

....

....

....

businessman
7. Бизнесме́н рабо́тает ....

....

....

....

farmer
8. Фе́рмер рабо́тает ....

....

....

....

journalist (he)

9. Журнали́ст рабо́тает ....

....

....

....

journalist (she)

10. Журнали́стка то́же рабо́тает ....

....

....

....

waiter

11. Официа́нт рабо́тает ....

....

....

....

waitress

12. Официа́нтка то́же рабо́тает ....

....

....

....

diplomat

13. Диплома́т рабо́тает ....

....

....

....

bookkeeper

14. Бухга́лтер рабо́тает ....

....

....

....

Check the key.

Exercise 29

Complete the sentences using the following prepositional case combinations.

			Где? Where?
	Nom.	⇨	**Prep.**
street —	у́лиц | а	⇨	на у́лице
factory —	заво́д	⇨	на заво́де
factory —	фа́брик | а	⇨	на фа́брике
factory —	комбина́т	⇨	на комбина́те
shop —	магази́н	⇨	в магази́не
theatre —	теа́тр	⇨	в теа́тре
✳ cinema —	кино́	⇨	в кино́
police —	поли́ци | я	⇨	в поли́ции
airline —	а́виакомпа́ни | я	⇨	в а́виакомпа́нии
customs —	тамо́жн | я	⇨	на тамо́жне
army —	а́рми | я	⇨	в а́рмии
border —	грани́ц | а	⇨	на грани́це

Check the key.

street cleaner

1. Дво́рник рабо́тает ....

worker

2. Рабо́чий рабо́тает ....

engineer

3. Инжене́р рабо́тает ....

salesperson

4. Продаве́ц рабо́тает ....

actor

5. Актёр рабо́тает ....

policeman

6. Полице́йский рабо́тает ....

pilot

7. Лётчик рабо́тает ....

customs officer

8. Тамо́женник рабо́тает ....

officer   *serves*

9. Офице́р слу́жит ....

soldier

10. Солда́т то́же слу́жит ....

borderguard

11. Погра́ничник слу́жит ....

Check the key.

Exercise 30

Answer the questions using the following words:

		Где? Where?
Nom.	⇨	**Prep.**
Москв|á	⇨	в Москве́
Петербу́рг	⇨	в Петербу́рге
Брюссе́л|ь	⇨	в Брюссе́ле
Аме́рика	⇨	в Аме́рике
США	⇨	в США
Ло́ндон	⇨	в Ло́ндоне
Сиби́р|ь	⇨	в Сиби́ри
Кавка́з	⇨	на Кавка́зе

Questions – Вопросы

1. Где нахо́дится Кра́сная пло́щадь?

2. Где нахо́дится Эрмита́ж?

NATO Headquarters
3. Где нахо́дится шта́б-кварти́ра НА́ТО?

4. Где нахо́дится Нью-Йо́рк?

5. Где нахо́дится росси́йский парла́мент?

6. Где нахо́дится о́зеро Байка́л?

7. Где нахо́дится Та́уэр?

8. Где нахо́дится Чечня́?

9. Где нахо́дится Севасто́поль?

Check the key.

Exercise 31

Complete the sentences or answer the questions using the following prepositional combinations:

		Где? Where?
Nom.	⇨	**Prep.**
но́в | ый дом	⇨	в но́вом до́ме
росси́йск | ий клуб	⇨	в росси́йском клу́бе
Се́верн | ая Евро́п | а	⇨	в Се́верной Евро́пе
Восто́чн | ая Евро́п | а	⇨	в Восто́чной Евро́пе
Балти́йск | ое мо́ре	⇨	в Балти́йском мо́ре
чи́ст | ая вод | а́	⇨	в чи́стой воде́
больш | о́й го́род	⇨	в большо́м го́роде
ти́х | ое ме́ст | о	⇨	в ти́хом ме́сте
пя́т | ый эта́ж	⇨	на пя́том этаже́
восьм | о́й класс	⇨	в восьмо́м кла́ссе
Сове́тск | ий Сою́з	⇨	в Сове́тском Сою́зе
Томск | ий университе́т	⇨	в Томском университе́те
комме́рческ | ая шко́л | а	⇨	в комме́рческой шко́ле
Фина́нсовая акаде́ми | я	⇨	в Фина́нсовой акаде́мии
ру́сск | ая шко́л | а	⇨	в ру́сской шко́ле
друг | о́й го́род	⇨	в друго́м го́роде
э́т | от дом	⇨	в э́том до́ме
э́т | а кварти́ра	⇨	в э́той кварти́ре

1991 год — *Coll.* девяно́сто пе́рв \| **ый** год ⇨ в девяно́сто пе́рвом году́

My friend bought a flat in a new house.

1. Мой друг купи́л кварти́ру ....

This football player plays in a Russian club now.

2. Э́тот футболи́ст сейча́с игра́ет ....

The Baltic salmon lives in the Baltic sea.

3. Балти́йский лосо́сь живёт ....

Crayfish live only in clear water.

4. Ра́ки живу́т то́лько ....

Young people want to live in a big city.

5. Молоды́е лю́ди хотя́т жить ....

Old people want to live in a quiet place.

6. Ста́рые лю́ди хотя́т жить ....

What floor do you live on?

7. — На како́м этаже́ ты живёшь/вы живёте?
— Я живу́ ....

What form/grade are you in?

8. — В како́м кла́ссе ты у́чишься?
I am in form/grade 5.
— Я учу́сь ....

He studied in a commercial school.

9. Ки́м Мо — бизнесме́н. Он учи́лся ....

She studied in the Finance Academy.

10. Ната́ша рабо́тает в ба́нке. Она́ учи́лась ....

John speaks Russian well.   *He studied in Russia.*
11. Джон хорошо́ говори́т по-ру́сски. Он учи́лся ....

He studied at Tomsk University
Он учи́лся ....

12. Ма́ма Джо́на то́же хорошо́ говори́т по-ру́сски.
She studied at a Russian school
Она́ учи́лась ....

My parents live in another town.
13. Мои́ роди́тели живу́т ....

The president lives in this house.
14. Президе́нт живёт ....

I don't know who lives in this apartment.
15. Я не зна́ю, кто́ живёт ....

The Soviet Union disintegrated in 1991.
16. Сове́тский Сою́з распа́лся ....

Check the key.

Unit 9
THE PREPOSITIONAL CASE. TIME AND PLACE

Exercise 32
Use the names of the months to denote the time of a event.

Nom.		Когда? Prep.	When?
янва́р|ь	⇨	в январе́	— in January
февра́л|ь	⇨	в феврале́	— in February
март	⇨	в ма́рте	— in March
апре́л|ь	⇨	в апре́ле	— in April
ма|й	⇨	в ма́е	— in May
ию́н|ь	⇨	в ию́не	— in June
ию́л|ь	⇨	в ию́ле	— in July
а́вгуст	⇨	в а́вгусте	— in August
сентя́бр|ь	⇨	в сентябре́	— in September
октя́бр|ь	⇨	в октябре́	— in October
ноя́бр|ь	⇨	в ноябре́	— in November
дека́бр|ь	⇨	в декабре́	— in December

in June

1. День Росси́и пра́зднуют ....

in December

2. В Евро́пе и Аме́рике Рождество́ ....

in January

3. В Росси́и Рождество́ ....

in April

4. В э́том году́ Па́сха ....

When is your birthday?

5. Когда́ у тебя́ день рожде́ния? — .... ?

in May

6. День Побе́ды пра́зднуют ....

in September

7. В Росси́и студе́нты и шко́льники начина́ют учи́ться ....

Check the key.

Exercise 33

Complete the sentences by choosing the matching prepositional combinations from the list.

Nom.	Где? Where?
	⇨ Prep.

гости́ницы

«Метропо́л ǀ ь»	⇨	в «Метропо́ле»
«Прибалти́йск ǀ ая»	⇨	в «Прибалти́йск**ой**»
Кремл ǀ ь	⇨	в Кремле́
Эрмита́ж	⇨	в Эрмита́же
парк Го́рького	⇨	в па́рке Го́рького
Ру́сск ǀ ий музе́ ǀ й	⇨	в Ру́сск**ом** музе́е
ночн ǀ о́й клуб	⇨	в ночно́**м** клу́бе
Третьяко́вск ǀ ая галере́ ǀ я	⇨	в Третьяко́вск**ой** галере́е
Петродвор ǀ е́ ǀ ц	⇨	в Петродворце́
Петерго́ф	⇨	в Петерго́фе
Су́здал ǀ ь	⇨	в Су́здале — *ancient town-museum in Central Russia*

1. То́ни, англи́йский бизнесме́н, был **в ию́ле в о́тпуске**.

Он был неде́лю **в Москве́**. Он е́здил туда́ **на по́езде**.

Он жил ....

Он был ....
....
....

Он о́чень уста́л.

2. Си́нди, подру́га То́ни, то́же была́ **в ию́ле в о́тпуске**.

Она́ была́ неде́лю **в Петербу́рге**. Она́ е́здила туда́ **на авто́бусе**.

Она́ жила́ ....

Она́ была́ ....
....
....

Она́ то́же о́чень уста́ла.

Check the key.

Exercise 34

Complete the sentences using the matching prepositional combinations.

	Nom.	⇨	Где? Where?
			Prep.
port —	порт	⇨	в порту́
airport —	аэропо́рт	⇨	в аэропорту́
forest —	лес	⇨	в лесу́
nursery —	де́тский сад	⇨	в де́тском саду́
closet —	шкаф	⇨	в шкафу́
bank, shore —	бе́рег	⇨	на берегу́
floor —	пол	⇨	на полу́
bridge —	мост	⇨	на мосту́
Crimea —	Крым	⇨	в Крыму́

The ferry is (standing) **in the port.**

1. Паро́м стои́т ....

I'll be waiting **in the airport.**

2. Я бу́ду ждать ....

Ivan is a forest ranger. He lives **in the forest.**

3. Ива́н — лесни́к. Он живёт ....

Natasha likes children.   *She works* **in the nursery.**

4. Ната́ша лю́бит дете́й. Она́ рабо́тает ....

The jacket is (hanging) **in the closet.**

5. Ку́ртка виси́т ....

The house is standing **on the bank/shore.**

6. До́м стои́т ....

There is water **on the floor.**

7. .... вода́.

There is a traffic jam **on the bridge.**

8. .... про́бка.

Sevastopol is **in the Krimea.**

9. Севасто́поль нахо́дится ....

Check the key.

Unit 10
THE PREPOSITIONAL CASE. DREAMING ABOUT

Exercise 35
Complete the sentences using the matching prepositional combination.

A cat dreams of...   Prep.

1. Ко́шка мечта́ет ....

2. Ма́льчик мечта́ет ....

3. Де́вочка мечта́ет ....

4. Де́вушка мечта́ет ....

5. Любо́й актёр мечта́ет ....

	Nom.	⇨	**Prep.**
mouse —	мы́шк | а	⇨	о мы́шке
car —	машин | а	⇨	о маши́не
doll —	ку́кл | а	⇨	о ку́кле
good husband —	хоро́ш | ий муж	⇨	о хоро́шем му́же
good part —	хоро́ш | ая рол | ь	⇨	о хоро́шей ро́ли

Check the key.

Unit 11
THE GENITIVE OF NEGATION AND THE GENITIVE OF POSSESSION

Exercise 36
Use the genitive forms to answer the questions.

Masculine forms

John has a ticket.	⇨	John **has no ticket.**
У Джо́на есть биле́т.	⇨	У Джо́на **нет биле́та.**

> **нет** + Gen.

Nom.	⇨ Gen.
есть чемода́н	⇨ нет чемода́на
есть компью́тер	⇨ нет компью́тера
есть джип	⇨ нет джи́па
есть «Мерседе́с»	⇨ нет «Мерседе́са»
есть велосипе́д	⇨ нет велосипе́да
есть больш | о́й слова́р | ь	⇨ нет больш**о́го** слова**ря́**
есть моби́льн | ый телефо́н	⇨ нет моби́льн**ого** телефо́н**а**
есть хоро́ш | ий компью́тер	⇨ нет хоро́ш**его** компью́тер**а**

Pay attention to the genitive of possession:

> **у** + Gen.

Nom.	⇨	Gen.			
Ива́н	⇨	у Ива́н**а**			
Никола́й	⇨	у Никола́**я**			
Ке́вин	⇨	у Ке́вин**а**			
Татья́на	⇨	у Татья́н**ы**	*but*	То́ни	⇨ у То́ни
Джон	⇨	у Джо́н**а**		Си́нди	⇨ у Си́нди
Ка́т**я**	⇨	у Ка́т**и**		Джоа́н	⇨ у Джоа́н

1. — То́ни на́до купи́ть **биле́т.**
   — Почему́?
   — Потому́ что у То́ни нет ....

   — Tony needs to buy a ticket.
   — Why?
   — Because Tony has no ticket.

2. — Джоа́н на́до купи́ть **чемода́н.**
   — Почему́?
   — Потому́ что у Джоа́н нет ....

3. — Татья́не на́до купи́ть **компью́тер.**
   — Почему́?
   — Потому́ что у Татья́ны нет _____

4. — Ке́вин хо́чет купи́ть **большо́й слова́рь.**
   — Почему́?
   — Потому́ что у Ке́вина нет _____

5. — Си́нди хо́чет купи́ть **хоро́ший компью́тер.**
   — Почему́?
   — Потому́ что у Си́нди нет _____

6. — Ма́ленькая Сю́зи хо́чет **моби́льный телефо́н.**
   — Почему́?
   — Потому́ что у Сью́зи нет _____ .

7. — Ива́н хо́чет купи́ть **джип.**
   — Почему́?
   — Потому́ что у Ива́на нет _____ .

8. — Никола́й хо́чет купи́ть **«Мерседе́с».**
   — Почему́?
   — Потому́ что у Никола́я нет _____ .

9. — Ка́тя хо́чет купи́ть **велосипе́д.**
   — Почему́?
   — Потому́ что у Ка́ти нет _____ .

Check the key.

Exercise 37
Use the genitive forms to answer the questions.

Feminine Forms

Nom.	⇨	Gen.
есть маши́н | а	⇨	нет маши́**ны**
есть кварти́р | а	⇨	нет кварти́**ры**
есть соба́к | а	⇨	нет соба́ки
есть да́ч | а	⇨	нет да́чи
есть ба́н | я	⇨	нет ба́ни
есть но́в | ая ку́ртк | а	⇨	нет но́в**ой** ку́ртки

> **нет + Gen.**

Natasha wants to buy a flat.

1. — Ната́ша хо́чет купи́ть **кварти́ру.**
   — Почему́?
   — Потому́ что у Ната́ши нет ....

2. — Ксе́ния хо́чет купи́ть **маши́ну.**
   — Почему́?
   — Потому́ что у Ксе́нии нет ....

3. — Же́ня хо́чет купи́ть **соба́ку.**
   — Почему́?
   — Потому́ что у Же́ни нет ....

4. — Никола́й хо́чет постро́ить на да́че **ба́ню.**
   — Почему́?
   — Потому́ что на да́че нет ....

5. — Ка́тя хо́чет купи́ть **но́вую ку́ртку.**
   — Почему́?
   — Потому́ что у Ка́ти нет ....

Check the key.

Unit 12
THE GENITIVE OF RELATION/DESCRIPTION

Exercise 38
Insert the proper forms of the geographical names:

Feminine and masculine forms

Nom.	⇨	Gen.
Ту́рци | я	⇨	ка́рта Ту́рции
Росси́ | я	⇨	ка́рта Росси́и
Скандина́ви | я	⇨	ка́рта Скандина́вии
Евро́п | а	⇨	ка́рта Евро́пы
Москв | а́	⇨	ка́рта Москвы́
Петербу́рг	⇨	ка́рта Петербу́рга

I am going to Turkey.   *I need a map of Turkey.*

1. Я е́ду в Ту́рцию. Мне нужна́ ка́рта ....

2. Я е́ду в Росси́ю.
Мне нужна́ ка́рта ....

3. Я е́ду в Скандина́вию.
Мне нужна́ ка́рта ....

4. Я е́ду в Евро́пу.
Мне нужна́ ка́рта ....

5. Я е́ду в Москву́.
Мне нужна́ ка́рта ....

6. Я е́ду в Петербу́рг.
Мне нужна́ ка́рта ....

Check the key.

Exercise 39

Complete the phrases with the genitive form of the name:

Different genders

literally: I don't have the telephone (number) of John.

1. У меня́ нет телефо́на ....

    Do you have the telephone (number) of John?

    А у тебя́ е́сть телефо́н .... ?

of Joan (a girl)

2. У меня́ нет телефо́на ....

    А у тебя́ есть телефо́н .... ?

of Tatyana

3. У меня́ нет телефо́на ....

    А у тебя́ есть телефо́н .... ?

of Katya

4. У меня́ нет телефо́на ....

    А у тебя́ есть телефо́н .... ?

of Ivan

5. У меня́ нет телефо́на ....

    А у тебя́ есть телефо́н .... ?

of Nickolay

6. У меня́ нет телефо́на ....

    А у тебя́ есть телефо́н .... ?

You can check the genitive forms of the names in exercise 36.

Check the key.

Exercise 40

Complete the phrases with the genitive form of a noun combination:

Different genders

Nom.	⇨	**Gen.**
		(*«of»-phrase*)
M. мо | й брат	⇨	мо**его́** бра́**та** — of my brother
M. мо | й друг	⇨	мо**его́** дру́**га** — of my friend
F. мо | я́ подру́га	⇨	мо**е́й** подру́**ги** — of my friend (*female*)
F. мо | я́ семь | я́	⇨	мо**е́й** семь**и́** — of my family

M. э́т | от рестора́н	⇨	э́**того** рестора́**на** — of this restaurant
M. э́т | от челове́к	⇨	э́**того** челове́**ка** — of this man
N. э́т | о кафе́	⇨	э́**того** кафе́ — of this café
F. э́т | а маши́н | а	⇨	э́**той** маши́**ны** — of this car
F. э́т | а соба́ка	⇨	э́**той** соба́**ки** — of this dog

M. на́ш сосе́д	⇨	на́ш**его** сосе́**да** — of our neighbour (*male*)
M. на́ш дире́ктор	⇨	на́ш**его** дире́кто**ра** — of our director
M. на́ш преподава́тел | ь	⇨	на́ш**его** преподава́те**ля** — of our university teacher

F. на́ш | а шко́л | а	⇨	на́ш**ей** шко́**лы** — of our school
F. на́ш | а фи́рм | а	⇨	на́ш**ей** фи́р**мы** — of our company
F. на́ш | а учи́тельниц | а	⇨	на́ш**ей** учи́тельни**цы** — of our school teacher (*female*)
F. на́ш | а сосе́дка	⇨	на́ш**ей** сосе́д**ки** — of our neighbour (*female*)

of my brother

1. Э́то де́ти ....

of my friend

2. Э́то кварти́ра ....

of my friend (female)

3. Э́то кварти́ра ....

of my family

4. Э́то фотогра́фия ....

of this restaurant

5. Вот хозя́ин ....

of this man

6. Вот фотогра́фия ....

of this cafe

7. Вот телефо́н ....

of this car

8. Вот хозя́йка ....

of this dog

9. Вот хозя́йка ....

of our neighbour (male)

10. Э́то соба́ка ....

of our neighbour (female)

11. Э́то ко́шка ....

of our director

12. Э́то телефо́н ....

of our university teacher

13. Э́то слова́рь ....

of our school

14. Э́то дире́ктор ....

of our company

15. Э́то дире́ктор ....

of our school teacher (female)

16. Э́то сын ....

Check the key.

Unit 13
THE GENITIVE OF EXACT DATE OF EVENT

Exercise 41
Complete the sentences:

Masculine forms

In Russia the school year usually starts on the 1st of September.
1. Учебный год в России обычно начинается ....

2. Учебный год в моей стране обычно начинается ....

3. Мы отмечаем свой День Независимости ....

Russians celebrate Victory Day on the 9th of May.
4. Русские отмечают День Победы ....

John is going to Moscow on the 18th of June   *and is coming back on the 22nd of June.*
5. Джон едет в Москву .... и приедет обратно ....

Answer the question:
6. Когда у тебя/у вас день рождения?
   Я родилась ....
   Я родился ....

You can find the forms on the next page.

Check the key.

264

When? Когда?

Gen. of the ordinal	+	Gen. of the month
пе́рвого		
второ́го		
✸ тре́тьего		
четвёртого		
пя́того		января́
шесто́го		
седьмо́го		февраля́
восьмо́го		ма́рта
девя́того		
деся́того		апре́ля
оди́ннадцатого		ма́я
двена́дцатого		
трина́дцатого		ию́ня
четы́рнадцатого		ию́ля
пятна́дцатого		
шестна́дцатого		а́вгуста
семна́дцатого		сентября́
восемна́дцатого		
девятна́дцатого		октября́
двадца́того		ноября́
два́дцать пе́рвого		
два́дцать второ́го		декабря́
✸ два́дцать тре́тьего		
два́дцать четвёртого		
два́дцать пя́того		
два́дцать шесто́го		
два́дцать седьмо́го		
два́дцать восьмо́го		
два́дцать девя́того		
тридца́того		
три́дцать пе́рвого		

Unit 14

THE GENITIVE FORMS IN SOME COMMON TIME EXPRESSIONS
(with **before, after, in the beginning of, in the middle of, in the end of**)

Exercise 42
Complete the sentences with the appropriate combinations.

Different Genders

		Когда? When?	
	Nom.	⇨ **Gen.**	
M.	обе́д	⇨ по́сле обе́да	— after lunch
M.	год	⇨ в конце́ го́да	— at the end of the year
M.	ма́рт	⇨ в конце́ ма́рта	— at the end of March
M.	уро́к	⇨ по́сле уро́ка	— after the lesson
N.	ле́т|о	⇨ в середи́не ле́та	— in the middle of the summer
		в конце́ ле́та	— at the end of the summer
F.	рабо́т|а́	⇨ по́сле рабо́ты	— after work
F.	войн|а́	⇨ до войны́	— before the war
F.	револю́ци|я	⇨ до револю́ции	— before the revolution
F.	ле́кци|я	⇨ по́сле ле́кции	— after the lecture

After lunch I always feel sleepy.

1. .... мне всегда́ хо́чется спать.

After work Katya goes to classes.

2. .... Ка́тя е́дет на ку́рсы.

Ksenia prepares her work report in the end of the year.

3. Ксе́ния гото́вит отчёт о рабо́те ....

At the end of March Tatyana prepares the financial report.

4. .... Татья́на гото́вит фина́нсовый отчёт.

Before the war John's grandmother lived in Vyborg.

5. .... ба́бушка Джо́на жила́ в Вы́борге.

Before the revolution Katya's grandfather lived in Russia.

6. .... де́душка Ка́ти жил в Росси́и.

After the lesson there will be a short break.

7. .... бу́дет небольшо́й переры́в.

Check the key.

266

Unit 15
THE GENITIVE OF DIRECTION Откуда? Where from?

Exercise 43
Complete the questions with the appropriate genitive prepositional combinations.

Nom.	⇨	из + Gen.
Masculine		
Ло́ндон	⇨	из Ло́ндона — from London
Петербу́рг	⇨	из Петербу́рга — from Petersburg
о́тпуск	⇨	из о́тпуска — from vacation
Та́ллин	⇨	из Та́ллина — from Tallinn
То́кио	⇨	из То́кио — from Tokyo
Feminine		
Москв | á	⇨	из Москвы́ — from Moscow
шко́л | а	⇨	из шко́лы — from school
Жене́в | а	⇨	из Жене́вы — from Geneva
рабо́т | а	⇨	с рабо́ты — from work
командиро́вк | а	⇨	из командиро́вки — from the business trip
да́ч | а	⇨	с да́чи — from the summer cottage
Ту́рци | я	⇨	из Ту́рции — from Turkey

1. — Где сейча́с Джон?
   — Он в Ло́ндоне.
   When will he come back from London?
   — Когда́ он прие́дет .... ?

2. — Где сейча́с Ната́ша?
   — Она́ в Петербу́рге.
   from Petersburg
   — Когда́ она́ прие́дет .... ?

3. — Где сейча́с Ке́вин?
   — Он в Москве́.
   from Moscow
   — Когда́ он прие́дет .... ?

4. — Где сейча́с президе́нт?
   — Он в То́кио.
   from Tokyo
   — Когда́ он прие́дет .... ?

5. — Где сейча́с Ка́тя?
   — Она́ в Ту́рции.

   from Turkey

   — Когда́ она́ прие́дет .... ?

6. — Где сейча́с Ната́ша?
   — Она́ на рабо́те.

   from work

   — Когда́ она́ придёт/прие́дет .... ?

7. — Где сейча́с твоя́ ма́ма?
   — Она́ на да́че.

   from the summer cottage

   — Когда́ она́ прие́дет .... ?

8. — Где сейча́с твой нача́льник?
   — Он в о́тпуске.

   from vaction

   — Когда́ он прие́дет .... ?

9. — Где сейча́с ваш дире́ктор?
   — Он в командиро́вке.

   from the business trip

   — Когда́ он прие́дет .... ?

10. — Где сейча́с твоя́ до́чка?
    — Она́ в шко́ле.

    from school

    — Когда́ она́ придёт .... ?

11. — Где сейча́с Джоа́н?
    — Она́ в Жене́ве.

    from Geneva

    — Когда́ она́ прие́дет .... ?

12. — Где сейча́с А́нна?
    — Она́ в Та́ллине.

    from Tallinn

    — Когда́ она́ прие́дет .... ?

Check the key.

Unit 16
THE GENITIVE OF PLACE/LOCATION
Где? Where?

Exercise 44
Answer the questions using the appropriate genitive prepositional combinations.

Different Genders

Nom.	⇨	**Gen.**
M. Петербу́рг	⇨ о́коло	Петербу́рга — near Petersburg
M. Кремл|ь	⇨ о́коло	Кремля́ — near the Kremlin
M. вход	⇨ о́коло	вхо́да — at the entrance
M. рестора́н	⇨ о́коло	рестора́на — near the restaurant
F. шко́л|а	⇨ о́коло	шко́лы — close to school
F. гости́ниц|а	⇨ напро́тив	гости́ницы — opposite the hotel
F. Москв|а́	⇨ о́коло	Москвы́ — not far from Moscow
N. ✹ метро́	⇨ недалеко́ от	метро́ — not far from the metro station

1. — Где живу́т твои́ друзья́?

   Near Petersburg.

   — ....

2. — Где живёт Али́са?
   Near the metro station.

   — ....

   Where shall we meet?

3. — Где мы встре́тимся?
   At the entrance

   — ....

4. — Где мы встре́тимся?
   Near the restaurant.

   — ....

5. — Где нахо́дится ГУМ?
   Near the Kremlin.

   — ....

6. — Где нахо́дится о́фис э́той фи́рмы?
   Opposite the hotel.

   — ....

7. — Где у вас да́ча?
   Not far from Moscow.

   — ....

8. — Али́са живёт далеко́ от шко́лы?

   close to school

   — Нет, она́ живёт ....

9. — Где тут стоя́нка?
   Near the restaurant.

   — ....

Check the key.

Unit 17
THE GENITIVE AFTER SOME COMMON VERBS
(доехать до — get to, **жить у** — stay at/with, **спросить у** — ask someone**)**

Exercise 45
Complete the questions with the proper genitive forms.

Different Genders

> **1. — How to get to..?**
> **Как доехать до + Gen.**

Nom.	⇨ **Gen.**
м. вокза́л	⇨ до вокза́ла — to the central station
м. стадио́н	⇨ до стадио́на — to the stadium
м. аэропо́рт	⇨ до аэропо́рта — to the airport
N. америка́нск | ое посо́льств | о	⇨ до америка́нского посо́льства — to the American embassy
F. гости́ниц | а	⇨ до гости́ницы — to the hotel

Excuse me, how to get to the central station?

1. Извини́те, как дое́хать .... ?

to the airport

2. Извини́те, как дое́хать .... ?

to the American embassy

3. Извини́те, как дое́хать .... ?

to the stadium

4. Извини́те, как дое́хать .... «Дина́мо»?

to the hotel

5. Извини́те, как дое́хать .... «Прибалти́йская»?

Nom.	⇨	Gen.
м. друг	⇨	у дру́га
F. подру́г | а	⇨	у подру́ги

> **2.** stay at/with someone
> **жить у + Gen.**

6. — Джон был неде́лю в Нью-Йо́рке.
— Где он жил?

at his friend's

— Он жил ....

7. — Ната́ша была́ неде́лю в Австра́лии.
— Где она́ жила́?

at her girl-friend's

— Она́ жила́ ....

Nom.	⇨	Gen.
м. Ива́н	⇨	у Ива́на
F. Татья́н | а	⇨	у Татья́ны
F. Ка́т | я	⇨	у Ка́ти
м. ✳ То́мми	⇨	у То́мми

> **3.** We have to ask someone
> **На́до спроси́ть у + Gen.**

8. — Ско́лько сто́ит маши́на Ива́на?

We have to ask Ivan.

— Я не зна́ю. ....

9. — Ско́лько сто́ит кварти́ра Татья́ны?

We have to ask Tatyana.

— Я не зна́ю. ....

10. — Где нахо́дится да́ча То́мми?

We have to ask Tommy.

— Я не зна́ю. ....

When will we go to the summer cottage?

11. — Когда́ мы пое́дем на да́чу ?

We have to ask Katya.

— Я не зна́ю. ....

12. — Ско́лько сто́ит биле́т в Москву́?

We have to ask Tommy.

— Я не зна́ю. ....

Check the key.

271

Unit 18
THE ACCUSATIVE OF DIRECT OBJECT

General pattern:

1. Masculine **inanimates** and **neuters**
   — no change
   Acc. = Nom.

2. Feminine nouns
   — mostly **у/ю** endings

3. Masculine **animates**
   — mostly **а/я** endings
   Acc. = Gen.

Exercise 46
Complete the sentences with the name of the desirable object/objects.

Masculine inanimates

	Nom.	=	**Acc.**
ball —	мяч	=	мяч
bicycle —	велосипе́д	=	велосипе́д
a Mercedes —	«Мерседе́с»	=	«Мерседе́с»
mobile phone —	моби́льный телефо́н	=	моби́льный телефо́н
new computer —	но́вый компью́тер	=	но́вый компью́тер
new vacuum cleaner —	но́вый пылесо́с	=	но́вый пылесо́с

Feminine

	Nom.	⇨	**Acc.**
car —	маши́н|а	⇨	маши́ну
dog —	соба́к|а	⇨	соба́ку
cat —	ко́шк|а	⇨	ко́шку
fur coat —	шу́б|а	⇨	шу́бу
new car —	но́в|ая маши́н|а	⇨	но́вую маши́ну
big doll —	больш|а́я ку́кл|а	⇨	большу́ю ку́клу
new washing-mashine —	но́в|ая стира́льн|ая маши́н|а ⇨		

но́вую стира́льную маши́ну

Family wishes

| | a ball | a bicycle | a dog |

1. Ма́ленький Макси́м хо́чет .... , ... и ....

| | a big doll | a mobile phone |

2. Ма́ленькая Али́са хо́чет .... , ...

| a dog | a cat |

.... и́ли ....

| a new car | a new computer |

3. Па́па хо́чет .... и ....

| a Mercedes |

Он хо́чет ....

| a fur coat | a new washing-mashine |

4. Ма́ма хо́чет .... , ...

| a new vacuum cleaner |

и ....

Check the key.

Exercise 47
Complete the sentences with the names of food and drinks.

Masculine & Neuter

	Nom.	**= Acc.**
cheese —	сыр	= сыр
chocolate —	шокола́д	= шокола́д
orange juice —	апельси́новый сок	= апельси́новый сок
meat —	мя́со	= мя́со
beer —	пи́во	= пи́во
milk —	молоко́	= молоко́
red wine —	кра́сное вино́	= кра́сное вино́
champagne —	шампа́нское	= шампа́нское
ice cream —	моро́женое	= моро́женое
coffee —	ко́фе	= ко́фе
mashed potatoes —	карто́фельное пюре́	= карто́фельное пюре́

Feminine

	Nom.	⇨	**Acc.**
sausage —	колбас | á	⇨	колбасу́
ham —	ветчин | á	⇨	ветчину́
fish —	ры́б | а	⇨	ры́бу
strawberries —	клубни́к | а	⇨	клубни́ку
vodka —	во́дк | а	⇨	во́дку
pizza —	пи́цц | а	⇨	пи́ццу
Coca-Cola —	ко́ка-ко́л | а	⇨	ко́ка-ко́лу
fried potatoes —	жа́рен | ая карто́шк | а	⇨	жа́реную карто́шку

Food and drinks. Family preferences

sausage　　　*ham*　　　*meat*

1. Па́па лю́бит .... , ... , ... ,

beer　　　*coffee*　　　*milk*　　　*vodka*

.... , ... , ... и ....

fish　　　*mashed potatoes*　　　*cheese*

2. Ма́ма лю́бит .... , ... , ...

red wine　　　*coffee*　　　*Champagne*

.... , ... и ....

ice cream　　　*chocolate*

3. Али́са о́чень лю́бит .... , ... ,

fried potatoes　　　*strawberries*

.... , ... и

orange juice

....

pizza　　　*Coca-Cola*

4. Макси́м о́чень лю́бит .... , ... ,
   га́мбургеры и чи́псы.

Check the key.

Exercise 48

Complete the sentences with the words denoting the object of the activity.

Masculine & Neuter

	Nom.	**= Acc.**
film —	фильм	= фильм
novel —	рома́н	= рома́н
table —	стол	= стол
injection —	уко́л	= уко́л
the decree —	ука́з	= ука́з
contract —	контра́кт	= контра́кт
this fax —	э́тот факс	= э́тот факс
text —	текст	= текст
plane —	самолёт	= самолёт
purse —	кошелёк	= кошелёк
good harvest —	хоро́ший урожа́й	= хоро́ший урожа́й
exam —	экза́мен	= экза́мен
exercise —	упражне́ние	= упражне́ние

Feminine

picture/painting —	карти́н | а	⇨ карти́ну
programme —	переда́ч | а	⇨ переда́чу
song —	пе́сн | я	⇨ пе́сню
car —	маши́н | а	⇨ маши́ну
operation —	опера́ци | я	⇨ опера́цию
interesting article —	интере́сная статья́	⇨ интере́сную статью́

The writer wrote a novel.

1. Писа́тель написа́л ....

The film director made a film.

2. Режиссёр снял ....

The carpenter made a table.

3. Столя́р сде́лал ....

The surgeon made an operation.

4. Хиру́рг сде́лал ....

The nurse made an injection.

5. Медсестра́ сде́лала ....

The President signed the decree.

6. Президе́нт подписа́л ....

The businessman signed a contract.

7. Бизнесме́н подписа́л ....

John sent a fax.

8. Джон отпра́вил ....

The translator translated a text.

9. Перево́дчик перевёл ....

The terrorists hijacked a plane.

10. Террори́сты захвати́ли ....

The thief stole a purse.

11. Вор укра́л ....

The farmer got a good harvest.

12. Фе́рмер получи́л ....

Peter passed an exam.

13. Пи́тер сдел ....

Nikita wrote an exercise.

14. Ники́та написа́л ....

The artist painted a picture.

15. Худо́жник написа́л ....

The journalist made a programme.

16. Журнали́ст сде́лал ....

The singer sang a song.

17. Певе́ц спел ....

The mechanic repaired a car.

18. Меха́ник отремонти́ровал ....

The journalist wrote an interesting article.

19. Журнали́ст написа́л ....

Check the key.

Unit 19
THE ACCUSATIVE OF DIRECTION
Куда? Where to?

Exercise 49
Complete the sentences with the accusative forms.

Masculine & Neuter

	Куда? Where to?
Nom.	= **Acc.**
Петербу́рг	= в Петербу́рг — to Petersburg
Таила́нд	= в Таила́нд — to Thailand
Крым	= в Крым — to the Crimea
бассе́йн	= в бассе́йн — to the swimming pool
спорти́вный це́нтр	= в спорти́вный центр — to the sports centre
магази́н	= в магази́н — to the shop
хокке́й	= **на** хокке́й — to hockey
юриди́ческий факульте́т	= **на** юриди́ческий факульте́т — to the Law faculty
мо́ре	= **на** мо́ре — to the sea
✳ Переде́лкино	= в Переде́лкино (*Moscow suburb*)

Feminine

Nom.	⇨ **Acc.**
Москв|а́	⇨ в Москву́ — to Moscow
командиро́вк|а	⇨ в командиро́вку — on a business trip
Фина́нсовая акаде́мия	⇨ в Фина́нсовую акаде́мию — to the Finance Academy
са́ун|а	⇨ в са́уну — to the sauna
шко́л|а	⇨ в шко́лу — to school
да́ч|а	⇨ на да́чу — to the summer cottage
рабо́т|а	⇨ на рабо́ту — to work
дискоте́к|а	⇨ на дискоте́ку — to a disco
А́встри|я	⇨ в А́встрию — to Austria
Лапла́нди|я	⇨ в Лапла́ндию — to Laplandia
Испа́ни|я	⇨ в Испа́нию — to Spain
Гре́ци|я	⇨ в Гре́цию — to Greece
Индоне́зи|я	⇨ в Индоне́зию — to Indonesia
И́нди|я	⇨ в И́ндию — to India

277

Kevin is going to Moscow on a business trip.

1. Кéвин éдет ....

to Petersburg

2. Сѝнди éдет .... на кýрсы рýсского языкá.

3. Óля хóчет стать юрѝстом.

to the law faculty

Онá хóчет поступѝть на ....

4. Кáтя хóчет рабóтать в бáнке.

to the Finance Academy

Онá éдет в Москвý поступáть в ....

to the sea

5. Мáша лю́бит мóре. Онá хóчет ....

to the Crimea

В сентябрé онá éдет ....

6. Óльга óчень лю́бит свою́ дáчу.

to summer cottage in Peredelkino

В суббóту онá éдет ....

7. Олéг лю́бит гóрные лы́жи.

to Austria

В январé он éдет .... ,

to Lapland

а в апрéле он éдет ....

8. Мáма лю́бит сóлнце и мóре.

to Spain   *to Greece*

Онá хóчет .... ѝли ....

9. Пáпа лю́бит экзóтику.

to Indonesia   *to Thailand*

Он хóчет поéхать .... , ... ѝли

to India

....

Check the key.

10. Бабушка Алисы любит ходить в магазин.

to the shop

Раз в день она ходит ....

11. Сергей любит хоккей.

to hockey

Он часто ходит ....

12. Кирилл любит плавать.

to the sports center

Три раза в неделю он ходит в .... ,

to the (swimming) pool

....

13. Марина не любит сауну.

to sauna

Она не ходит ....

14. Папа не любит свою работу.

to (his) work

Он не хочет ходить ....

15. Максим не любит учиться.

to school

Он не хочет ходить ....

Check the key.

Unit 20
THE ACCUSATIVE OF PERSON

Exercise 50
Put the names of people and words denoting people into the accusative form.

Masculine

Nom.	⇨ Acc.
Ива́н	⇨ Ива́на
Ле́нин	⇨ Ле́нина
Ста́лин	⇨ Ста́лина
Хрущёв	⇨ Хрущёва
Гага́рин	⇨ Гага́рина
Кала́шников	⇨ Кала́шникова
Пу́шкин	⇨ Пу́шкина
Че́хов	⇨ Че́хова
Го́гол | ь	⇨ Го́голя
Дед Моро́з	⇨ Де́да Моро́за
Проко́фьев	⇨ Проко́фьева
друг	⇨ дру́га
э́т | от актёр	⇨ э́того актёра
* То́мми	= То́мми
* Пол Макка́ртни ⇨	
	По́ла Макка́ртни

Feminine

Nom.	⇨ Acc.
* Си́нди = Си́нди	
Ната́ш | а	⇨ Ната́шу
подру́г | а	⇨ подру́гу
э́т | а актри́с | а	⇨ э́ту актри́су
Ка́т | я	⇨ Ка́тю
ру́сск | ая тенниси́стк | а	
⇨ ру́сскую тенниси́стку	
Мари́ | я Шара́пов | а	
⇨ Мари́ю Шара́пову	
Никит | а ⇨ Никит | у (male name)	

❋ Adjectival masculines

Nom.	⇨ Acc. (= Gen.)
Толст | о́й	⇨ Толсто́го
Достое́вск | ий	⇨ Достое́вского
Чайко́вск | ий	⇨ Чайко́вского

1. «Love story»

То́мми лю́бит .... *Си́нди* , Си́нди лю́бит .... *Никит | а* , Никита лю́бит .... *Ка́т | я* ,

Ка́тя лю́бит .... *Ива́н* , Ива́н лю́бит .... *Ната́ш | а* , а Ната́ша лю́бит

.... *То́мми* .

2. Весь мир зна́ет .... *Ле́нин* , ... *Ста́лин* , ... *Хрущёв* , ... *Гага́рин* ,

Кала́шников

....

3. Ру́сские шко́льники должны́ чита́ть .... *Пу́шкин* , ... *Че́хов* ,

Го́гол|ь *Толсто́й* *Достоёвск|ий*

.... , ...

4. Де́ти ве́рят в .... *Дед Моро́з* .

5. Мно́гие лю́ди зна́ют .... *ру́сск|ая тенниси́стк|а Мари́|я Шара́пов|а* .

6. Джон лю́бит .... *Чайко́вск|ий* , ... *Проко́фьев* .

Пол Макка́ртни

и ....

7. Вчера́ я встре́тила свою́ .... *подру́г|а* .

8. Вчера́ я встре́тил своего́ .... *друг* .

9. Я люблю́ .... *э́т|от актёр* .

10. Я люблю́ .... *э́т|а актри́с|а* .

☀ Вы чита́ли .... *Достоёвск|ий* ?

Check the key.

Unit 21
THE DATIVE OF PERSON AFTER SOME COMMON VERBS
позвони́ть — to phone, **сказа́ть** — to tell

Exercise 51
Complete the sentences with the dative form of a name or a word denoting some person.

Masculine

Nom.	⇨ Dat.
Ива́н	⇨ Ива́ну
✴ То́мми	= То́мми

Feminine

Nom.	⇨ Dat.
Али́с|а	⇨ Али́се
Ната́ш|а	⇨ Ната́ше
ма́м|а	⇨ ма́ме
Ка́т|я	⇨ Ка́те

Masculines like feminines

Nom.	⇨ Dat.
Ники́т|а	⇨ Ники́те
па́п|а	⇨ па́пе

1. Ма́ша разби́ла ва́зу. Она́ ду́мает:
па́п\|а   *ма́м\|а*
«На́до сказа́ть .... и .... ».

2. То́мми ду́мает:
Али́с\|а
«На́до позвони́ть .... ».

3. Али́с\|а ду́мает:
Ники́т\|а
«На́до позвони́ть .... ».

4. Ники́т\|а ду́мает:
Ка́т\|я
«На́до позвони́ть .... ».

5. Ка́тя ду́мает:
Ива́н
«На́до позвони́ть .... ».

6. Ива́н ду́мает:
Ната́ш\|а
«На́до позвони́ть .... ».

7. Ната́ша ду́мает:
То́мми
«На́до позвони́ть .... ».

Check the key.

Unit 22
THE DATIVE OF PERSON AFTER SOME VERBS OF MOTION. VISITING SOMEONE

Exercise 52
Complete the answers with the dative form of a name or a word denoting some person.

Different genders

Nom.	⇨ Dat.
м. друг	⇨ к дру́гу
м. врач	⇨ к врачу́
м. Джо́н	⇨ к Джо́ну
ꜰ. подру́г|а	⇨ к подру́ге
ꜰ. ба́бушк|а	⇨ к ба́бушке

Masculines like feminines
Никит\|а ⇨ к Ники́те

1. — Ники́та до́ма?

   to (his) friend

   — Нет, он пое́хал ....

2. — Али́са до́ма?

   to the doctor

   — Нет, она́ пое́хала ....

3. — Ната́ша до́ма?

   to (her) friend (she)

   — Нет, она́ пое́хала ....

4. — Ма́ша до́ма?

   to (her) granny

   — Нет, она́ пое́хала ....

5. — Что ты де́лаешь в суббо́ту?

   to John's   *for his birthday party.*

   — Я иду́ .... на день рожде́ния.

6. — Что ты де́лаешь в воскресе́нье?

   to Nikita   *for his wedding.*

   — Я иду́ .... на сва́дьбу.

Check the key.

Unit 23
THE INSTRUMENTAL WITH PREPOSITION
c — with

Exercise 53
Complete the sentences with the appropriate instrumental combination.

Different Genders

	Nom.	⇨	Instr.
M. rice —	рис	⇨	с ри́сом
M. ketchup —	ке́тчуп	⇨	с ке́тчупом
N. meat —	мя́с | о	⇨	с мя́сом
N. jam —	варе́нь | е	⇨	с варе́ньем
F. caviar —	икр | а́	⇨	с икро́й
F. sour-cream —	смета́н | а	⇨	со смета́ной
F. cabbage —	капу́ст | а	⇨	с капу́стой
F. sausage —	колбас | а́	⇨	с колбасо́й
F. ham —	ветчин | а́	⇨	с ветчино́й

                                              with meat   *with sausage*
1. Па́па лю́бит пирожки́ .... , бутербро́ды .... ,
   with ham
   ....

                                      with rice   *with caviar*
2. Ма́ма лю́бит пирожки́ .... и блины́ ....

                                  with (home-made) jam
3. Ба́бушка лю́бит чай ....

                              with ketchup
4. Ники́та лю́бит соси́ски ....

                      with sour-cream   *with cabbage*
5. Ната́ша лю́бит борщ .... и пирожки́ ....

Check the key.

Exercise 54
Complete the answers with the appropriate Instrumental combination.

Different genders

Nom.	⇨	Instr.
м. друг	⇨	с дру́гом
м. нача́льник	⇨	с нача́льником
ф. ма́м | а	⇨	с ма́мой
ф. учи́тельниц | а	⇨	с учи́тельницей

1. — Ма́ша е́дет к ба́бушке одна́?
                 with (her) mother
  — Нет, она́ е́дет ....

2. — Ми́ша е́дет в бассе́йн оди́н?
                with (his) friend
  — Нет, он е́дет ....

3. — Джон е́дет в командиро́вку оди́н?
          with (his) boss
  — Нет, ...

4. — Де́ти е́дут на экску́рсию одни́?
             with the teacher
  — Нет, они́ е́дут ....

Check the key.

Unit 24
THE INSTRUMENTAL OF PROFESSION, OCCUPATION OR POSITION

Exercise 55
Complete the sentences with the appropriate phrases containing the instrumental form denoting a profession, occupation or position.

Different genders

1. Па́па .... в строи́тельной фи́рме.

2. Ма́ма .... в шко́ле.

3. Дочь Ксе́ния лю́бит всё краси́вое, ...

4. Сын Па́вел занима́ется хокке́ем, ...

5. Михаи́л о́чень мно́го рабо́тает, ...

6. Ю́рий лю́бит де́ньги, ...

7. Ната́ша лю́бит кино́ и теа́тр, ...

8. О́льга изуча́ет англи́йский язы́к, ...

Phrases for completion:

> *he/she works as...*
> он рабо́тает **инжене́ром**
> она́ рабо́тает **учи́тельницей**

> *he/she wants to be ...*
> он хо́чет **стать банки́ром и́ли миллионе́ром**
> она́ хо́чет **стать диза́йнером**
> он хо́чет **стать изве́стным хоккеи́стом**
> он хо́чет **стать больши́м нача́льником**
> она́ хо́чет **стать актри́сой**
> она́ хо́чет **стать перево́дчицей**

Check the key.

CHAPTER 4
DECLENSION OF NOUNS, ADJECTIVES AND ADJECTIVAL WORDS IN THE PLURAL

Unit 25
THE ACCUSATIVE OF PLURAL NOUNS AND ADJECTIVES

> **Inanimate direct objects**
> **Acc. = Nom.** (no changes)

Exercise 56
Complete the sentences.

1. Ма́ма лю́бит смотре́ть ....

2. Па́па лю́бит смотре́ть ....

3. Де́душка лю́бит смотре́ть ....

4. Ба́бушка лю́бит смотре́ть ....

5. Де́ти лю́бят смотре́ть ....

Nom.	= Acc.	
но́вости	= **но́вости**	— news programmes
мультфи́льмы	= **мультфи́льмы**	— cartoons
телесериа́лы	= **телесериа́лы**	— TV serials
кинокоме́дии	= **кинокоме́дии**	— comedies
три́ллеры	= **три́ллеры**	— thrillers
фи́льмы у́жасов	= **фи́льмы у́жасов**	— horror films
боевики́	= **боевики́**	— action films
спорти́вные переда́чи	= **спорти́вные переда́чи**	— sports programmes

Check the key.

Exercise 57
Complete the sentences.

1. Máма любит читáть ....
2. Пáпа любит читáть ....
3. Дéдушка любит читáть ....
4. Бáбушка любит читáть ....
5. Дéти любят читáть ....

Nom.	= Acc.
смешны́е расскáзы	= **смешны́е расскáзы** — funny stories
скáзки	= **скáзки** — fairy-tales
мемуáры	= **мемуáры** — memoires
детекти́вы	= **детекти́вы** — detective stories
стихи́	= **стихи́** — poems
газéты	= **газéты** — newspapers
журнáлы	= **журнáлы** — magazines
ромáны	= **ромáны** — novels
дéтские кни́ги	= **дéтские кни́ги** — children's books
жéнские журнáлы	= **жéнские журнáлы** — women's magazines

Check the key.

Exercise 58
Complete the sentences.

1. Máма любит слýшать ....
2. Пáпа любит слýшать ....
3. Дéдушка любит слýшать ....
4. Бáбушка любит слýшать ....
5. Мáленькие дéти любят слýшать ....
6. Мой брат любит слýшать ....

Nom.	= Acc.
пéсни из мультфи́льмов	= **пéсни из мультфи́льмов** — songs from cartoons
совéтские пéсни	= **совéтские пéсни** — Soviet-era songs
пéсни «Битлз»	= **пéсни «Битлз»** — songs of the Beatles
рýсские нарóдные пéсни	= **рýсские нарóдные пéсни** — Russian folk songs
цыгáнские ромáнсы	= **цыгáнские ромáнсы** — Gypsy songs
рок-грýппы	= **рок-грýппы** — rock groups *Check the key.*

Unit 26
THE GENITIVE CASE FORMS OF PLURAL NOUNS AFTER
мно́го

Exercise 59
Complete the sentences.

мно́го **тури́стов**
мно́го **ба́нков**
мно́го **экза́менов**
мно́го **сувени́ров**
мно́го **цвето́в**
мно́го **пода́рков**

мно́го **веще́й**
мно́го **люде́й**
мно́го **госте́й**

мно́го **иностра́нцев**
мно́го **бе́женцев**
мно́го **кита́йцев**

мно́го **пробле́м**
мно́го **маши́н**
мно́го **де́нег**
мно́го **оши́бок**

✻ мно́го **лет**
мно́го **озёр**

✻ мно́го **ру́сских**

*There are **many cars** in Moscow.*

1. В Москве́ ....

*There are always **many tourists** in Paris.*

2. В Пари́же всегда́ ....

*There are always **many people** at Sheremetjevo.*

3. В (аэропорту́) Шереме́тьево всегда́ ....

*There are **many problems** in Russia.*

4. В Росси́и ....

*Rich people have **a lot of money**.*

5. У бога́тых ....

*Usually passengers have **a lot of luggage**.*

6. У пассажи́ров обы́чно ....

*My father has been working here **for many years.***

7. Мой отéц рабóтает тут ....

***Many Chinese** live in the USA.*

8. В США живёт ....

*At a wedding patry there are usually **lots of guests, presents and flowers.***

9. На свáдьбе обы́чно бывáет ....

*Tourists usually buy **many souvenirs.***

10. Тури́сты обы́чно покупáют ....

*We have **many exams** this year.*

11. В э́том годý у нас ....

*There are **many banks** in London.*

12. В Лóндоне ....

*There are **many refugees** in the world.*

13. В ми́ре ....

*There are **many mistakes** in this exercise.*

14. В э́том упражнéнии ....

*There are **many lakes** in Finland.*

15. В Финля́ндии ....

***Many Russians** live abroad.*

16. .... живёт за грани́цей.

Check the key.

Unit 27
THE GENITIVE CASE FORMS OF PLURAL NOUNS AND ADJECTIVES AFTER сколько AND много

Exercise 60
Answer the following questions.

1. **Сколько человек** в футбольной команде?

2. **Сколько игроков** в хоккейной команде?

3. **Сколько** в твоём классе **учеников?**

4. **Сколько человек** в вашей группе?

5. **Сколько километров** от Москвы до Петербурга?

6. **Сколько минут** у вас перерыв?

7. **Сколько дней** зимние каникулы?

8. **Сколько** у вас в этом году **экзаменов?**

9. **Сколько** у вас в квартире **комнат?**

10. **Сколько** у вас сегодня **уроков?**

Check the key.

Exercise 61
Complete the sentences. Use several combinations if possible.

1. В Росси́и _____ .

2. В Москве́ _____ .

3. В ру́сском языке́ _____ .

4. В Петербу́рге _____ .

5. В Ри́ме _____ .

6. Сего́дня по телеви́зору _____ .

7. Сейча́с в гости́нице _____ .

8. Сейча́с в за́ле _____ .

9. В э́том журна́ле _____ .

10. В э́том расска́зе _____ .

11. На э́той флёшке _____ .

Combinations to insert:

мно́го но́вых зда́ний — many new buildings

мно́го ру́сских тури́стов — many Russian tourists

мно́го дли́нных предложе́ний — many long sentences

мно́го тру́дных зву́ков — many difficult sounds

мно́го но́вых слов — many new words

мно́го интере́сных переда́ч — many interesting programmes

мно́го хоро́ших фи́льмов — many new films

мно́го интере́сных стате́й — many interesting articles

мно́го интере́сных мест — many interesting places

мно́го ста́рых домо́в — many old houses

мно́го хоро́ших компью́терщиков — many good computer specialists

мно́го моби́льных телефо́нов — many mobile phones

мно́го краси́вых па́мятников — many beautiful monuments

мно́го интере́сных музе́ев — many interesting museums

мно́го хоро́ших фотогра́фий — many good photos

мно́го дороги́х магази́нов — many expensive shops

мно́го хоро́ших пе́сен — many good songs

мно́го иностра́нных маши́н — many foreign cars

мно́го и́мпортных това́ров — many imported goods

мно́го свобо́дных мест — many vacant seats

мно́го свобо́дных номеро́в — many vacant rooms (*in a hotel*)

Check the key.

Unit 28
THE DATIVE CASE FORMS OF PLURAL NOUNS AND ADJECTIVES AFTER PREPOSITIONS **по** AND **к**

Exercise 62
A) Complete the sentences with the following words:

по воскресéньям — on Sundays
по ночáм — at night
по утрáм — in the mornings
по суббóтам — on Saturdays
по вечерáм — in the evenings

1. .... я обы́чно слу́шаю рáдио.

2. .... я обы́чно занимáюсь.

3. .... я обы́чно хожу́ в бассéйн.

4. .... я обы́чно éзжу на дáчу.

B) Answer the following questions:

1. Кто сейчáс чемпиóн ми́ра **по шáхматам?**

2. Ты лю́бишь/вы лю́бите гуля́ть **по у́лицам?**

3. Мужчи́ны лю́бят ходи́ть **по магази́нам?**

Check the key.

294

Exercise 63
Complete the sentences, choosing the phrases from the list.

1. Дми́трий — певе́ц, *(he) singer*

....

....

2. А́лла — певи́ца, *(she) singer*

....

....

3. Ната́ша у́чится в Фина́нсовой акаде́мии,

....

....

4. Джон — кандида́т в президе́нты,

....

....

5. Том — бизнесме́н,

....

....

6. Серге́й — спортсме́н,

....

....

List of phrases:

is preparing for
он/она́ сейча́с **гото́вится к больши́м конце́ртам** в Аме́рике

difficult negotiations
он/она́ сейча́с **гото́вится к тру́дным перегово́рам**

concert tour
он/она́ сейча́с **гото́вится к больши́м гастро́лям** в Евро́пе

elections
он/она́ сейча́с **гото́вится к президе́нтским вы́борам**

competitions
он/она́ сейча́с **гото́вится к серьёзным соревнова́ниям**

он/она́ сейча́с **гото́вится к после́дним экза́менам**

Check the key.

Unit 29
THE INSTRUMENTAL CASE FORMS OF PLURAL NOUNS AND ADJECTIVES AFTER перед, с, над, под AND AFTER VERBS платить AND торговать

Exercise 64
Complete the sentences.

are nervous

1. Студе́нты всегда́ волну́ются

.... ▪ .

2. Спортсме́ны всегда́ волну́ются

.... ▪ .

3. Бизнесме́ны всегда́ волну́ются

.... ▪ .

4. Поли́тики всегда́ волну́ются

.... ▪ .

5. Арти́сты всегда́ волну́ются

.... ▪ .

Combinations to insert:

перед вы́борами — before elections

перед перегово́рами — before negotiations

перед соревнова́ниями — before competitions

перед выступле́ниями — before performances (before public appearance)

перед экза́менами — before exams

Check the key.

Exercise 65
Complete the sentences and translate them.

1. Мой брат обы́чно е́здит на да́чу

.... ▪

2. Моя́ сестра́ обы́чно хо́дит на дискоте́ку

.... ▪ Combinations to insert:

3. Шко́льники обы́чно е́здят   с детьми́ — with children

на экску́рсии   с учителя́ми — with teachers

.... ▪ с роди́телями — with parents

4. Роди́тели обы́чно е́здят в о́тпуск   с друзья́ми — with friends

.... ▪ с подру́гами — with girl-friends

Check the key.

Exercise 66
Complete the sentences.

We were flying over the Alps.

1. Мы летéли ....

We park the car under the windows.

2. Мы стáвим машúну ....

One should not park the car in front of the gate.

3. Нельзя́ стáвить машúну ....

Teenagers often quarrel with parents.

4. Подрóстки чáсто конфликтýют ....

I like small pies with apples.

5. Я люблю́ пирожкú ....

I like meat with mushrooms.

6. Я люблю́ мя́со ....

7. В Росси́и лю́ди плáтят за всё ....

Combinations to insert:

под óкнами — under the windows
перед ворóтами — in front of the gate
с грибáми — with mushrooms
с я́блоками — with apples
с роди́телями — with parents
над А́льпами — over the Alps
рубля́ми — with roubles

Check the key.

Exercise 67

Insert the proper case forms following the patterns.

The company «Sport» **is selling sportgoods.**

Pattern 1 **продаёт + Acc. (= Nom.)** Фи́рма «Спорт» **продаёт** спорттова́р | **ы.**	**Pattern 2** **торгу́ет + Instr.** Фи́рма «Спорт» **торгу́ет** спо́рттова́р | **ами.**

1. Фи́рма «Ваш компью́тер» продаёт компью́тер | ы.
Фи́рма «Ваш компью́тер» торгу́ет ....

2. Фи́рма «Дом» продаёт стро́йм材2иа́л | ы.
Фи́рма «Дом» торгует ....

3. Фи́рма «Фло́ра» продаёт цвет | ы́.
Фи́рма «Фло́ра» торгу́ет ....

4. Фи́рма «Мото́р» продаёт маши́н | ы.
Фи́рма «Мото́р» торгу́ет ....

5. Фи́рма «Свет» продаёт эле́ктротова́р | ы.
Фи́рма «Свет» торгу́ет ....

6. Фи́рма «Фо́то» продаёт фо́тотова́р | ы.
Фи́рма «Фо́то» торгу́ет ....

Check the key.

Unit 30
THE PREPOSITIONAL CASE FORMS OF PLURAL NOUNS AND ADJECTIVES DENOTING LOCATION: Где? Where?

Exercise 68
Answer the following questions.

1. Где Том изучáл рýсский язы́к?
Where did Tom study the Russian language?

2. Где лю́ди дéржат дéньги?
Where do people keep their money?

3. Где продаю́т телефóнные кáрты?
Where do they sell phone cards?

4. Где живýт тури́сты?
Where do the tourists live?

5. Где живýт солдáты?
Where do the soldiers live?

6. Где живýт бродя́чие кóшки?
Where do the stray cats live?

7. Где пи́шут о компью́терах?
Where do they write about computers?

8. Где всегдá жáрко и влáжно?
Where is it always hot and humid?

9. Где сейчáс все студéнты?
Where are all the students now?

10. Где сейчáс все шкóльники?
Where are all the schoolchildren now?

Possible answers

В трóпиках. — In the tropics.
В подвáлах. — In the cellars.
В компью́терных журнáлах.
— In the computer magazines.
В коммéрческих бáнках.
— In the commercial banks.
В казáрмах. — In the barracks.
В гости́ницах. — In the hotels.
На заня́тиях. — At the lectures.
На урóках. — At the lessons.
На кýрсах. — At the courses.
В кáссах метрó. — At the metro cash desks.

Check the key.

Exercise 69
Answer the following questions.

1. Где сейча́с Ната́ша?

2. Где сейча́с генера́льный дире́ктор?

3. Почему́ закры́т теа́тр?
Why is the theatre closed?

4. Ле́том шко́льники у́чатся?
Do schoolchildren go to school in summer?

5. Ваш о́фис рабо́тает ле́том?
Does your office work in summer?

6. Ке́вин и Дже́нни у́чатся в одно́й гру́ппе?
Are Kevin and Jenny in the same group?

7. Вы е́хали в Ки́ев в одно́м купе́?
Did you travel to Kiev in the same compartment?

8. Вы всегда́ жи́ли тут?
Have you always lived here?

1. **Нет, мы е́хали в ра́зных купе́.**
No, we travelled in different compartments.

2. **Нет, они́ у́чатся в ра́зных гру́ппах.**
No, they are in different groups.

3. **Нет, они́ все на кани́кулах.**
No, they are all on holiday.

4. **Он сейча́с на перегово́рах.**
He is in the middle of negotiations.

5. **Сейча́с теа́тр на гастро́лях.**
The theatre is on a tour.

6. **Нет, все в отпуска́х.**
No, everyone is on leave.

7. **Она́ сейча́с в гора́х, ката́ется там на лы́жах.**
She is in the mountains now; she is skiing there.

8. **Нет, мы жи́ли в ра́зных места́х.**
No, we lived in different places.

Check the key.

Unit 31
THE GENITIVE FORMS OF PLURAL ADJECTIVAL NOUNS USED AFTER
МНОГО

Exercise 70
Complete the sentences.

1. В университе́те рабо́тает ....

abroad
2. Сейча́с за грани́цей живёт ....

3. По́сле террористи́ческого а́кта бы́ло ....

4. Сейча́с в европе́йских стра́нах ....

car accident
5. В э́той автокатастро́фе бы́ло ....

6. В э́том го́роде у меня́ ....

7. В Аме́рике ....

8. В Йндии на у́лицах ....

9. В Севасто́поле живёт ....

Combinations to insert

мно́го вое́нных — many military people
мно́го ни́щих — many beggars
мно́го бога́тых — many rich people
мно́го знако́мых — many aquaintances
мно́го пострада́вших — many injured
мно́го безрабо́тных — many unemployed
мно́го уби́тых и ра́неных — many killed and wounded
мно́го ру́сских — many Russians
мно́го изве́стных учёных — many famous scientists

Check the key.

CHAPTER 5
THE DECLENSION OF NOUN-REPLACING PRONOUNS

Unit 32
THE CASE FORMS OF PERSONAL PRONOUNS REFERRING TO PEOPLE.
THE CONSTRUCTION У меня есть

Exercise 71
Translate the following sentences:

1. I have no car.

   ....

2. Do you have a car? (*two variants*)

   ....

3. He has a car.

   ....

   ....

4. She has a car.

   ....

5. Do you have a fax? (*two variants*)

   ....

   ....

6. We have no car.

   ....

   ....

A list of Russian equivalents:

У меня́ нет маши́ны.
У вас/У тебя́ есть маши́на?
У него́ есть маши́на.
У неё есть маши́на.
У вас/У тебя́ есть факс?
У нас нет маши́ны.

Check the key.

Unit 33
THE DATIVE CASE FORMS AFTER THE VERBS
позвонить AND поехать к

Exercise 72
Translate the following sentences:

1. I'll call him tomorrow.

   ....

2. I'll call her tomorrow.

   ....

3. He didn't call me.

   ....

4. I'll call you tomorrow. (*two variants*)

   ....

5. He didn't call us.

   ....

6. I'll visit her in summer.

   ....

7. I'll visit him in summer.

   ....

8. I'll visit them in summer.

   ....

A list of Russian equivalents:

Я позвоню́ **ему́** за́втра.
Я позвоню́ **ей** за́втра.
Он не звони́л **мне.**
Я позвоню́ **тебе́/вам** за́втра.
Он не звони́л **нам.**
Я пое́ду **к ней** ле́том.
Я пое́ду **к нему́** ле́том.
Я пое́ду **к ним** ле́том.

Check the key.

Unit 34
THE ACCUSATIVE/GENITIVE CASE FORMS AFTER
встретить, видеть, знать AND любить

Exercise 73
Translate the following sentences:

1. I met him in Paris.

....

2. I met her in Spain.

....

3. I saw him yesterday.

....

4. I saw her yesterday.

....

5. I met them in London.

....

6. I don't know you. (*formal*)

....

7. He doesn't know me.

....

8. What is your name? (*2 variants*)

....

9. I love you! (*informal*)

....

10. They don't know us.

....

A list of Russian equivalents:

Я встре́тил **его́** в Пари́же.
Я встре́тил **её** в Испа́нии.
Я ви́дел **его́/её** вчера́.
Я встре́тил **их** в Ло́ндоне.
Я **вас** не зна́ю.
Он **меня́** не зна́ет.
Как **вас** зову́т? (*polite*)
Как **тебя́** зову́т? (*informal*)
Я **тебя́** люблю́!
Они́ **нас** не зна́ют.

Check the key.

Unit 35
THE INSTRUMENTAL CASE FORMS AFTER PREPOSITION c

Exercise 74
Translate the following sentences:

1. I studied with her in school.

....

2. I studied with him in school.

....

3. I am going with her to Paris.

....

4. I am going with him to Paris.

....

5. I am going with them to Paris.

....

6. He is coming with me.

....

7. I am coming with you. (*two variants*)

....

8. They are coming with us.

....

A list of Russian equivalents:

Я учи́лся **с ней** в шко́ле.
Я учи́лся **с ним** в шко́ле.
Я е́ду **с ней** в Пари́ж.
Я е́ду **с ним** в Пари́ж.
Я е́ду **с ни́ми** в Пари́ж.
Он е́дет **со мно́й.**
Я пое́ду **с ва́ми.** (*plural or polite*)
Я пое́ду **с тобо́й.** (*informal*)
Они́ е́дут **с на́ми.**

Check the key.

Unit 36
THE PREPOSITIONAL CASE FORMS AFTER
думать о, говорить о, знать о

Exercise 75
Translate the following sentences.

1. I think about him all the time.

....

2. I think about her all the time.

....

3. Did Sergey talk about me?

....

4. I often think about you. (*informal*)

....

5. I heard a lot about you. (*formal*)

....

6. They don't know anything about us.

....

A list of Russian equivalents:

Я дýмаю **о нём** всё врéмя.

Я дýмаю **о нéй** всё врéмя.

Сергéй говорѝл **обо мнé**?

Я чáсто дýмаю **о тебé**.

Я мнóго **о вас** слы́шал.

Онѝ **о нас** ничегó не знáют.

Check the key.

Unit 37
THE CASE FORMS OF PERSONAL PRONOUNS REFERRING TO OBJECTS

Exercise 76
Translate the following sentences:

1. Here is my house.

It was built 20 years ago.

....

It has six entrances.

....

There is a parking lot near it.

....

2. Here is our summer cottage (dacha).

We built it many years ago.

....

I live in it only in summer.

....

3. Where are my keys?

Where did you put them?

....

....

A list of Russian equivalents:

1. Вот мой дом.
Его́ постро́или 20 лет наза́д.
В нём шесть подъе́здов.
Óколо него́ есть стоя́нка.

2. Вот на́ша да́ча.
Мы постро́или **её** мно́го лет наза́д.
Я живу́ **на ней** то́лько ле́том.

3. Где мои́ ключи́?
Куда́ ты **их** положи́л?

Check the key.

308

Unit 38
THE CASE FORMS OF PRONOUNS
кто, что, это AND всё

Exercise 77
Translate the following sentences.

The nominative case forms

1. Who are you?
2. Who's that man?/Who's this man?
3. What's that?/What's this?
4. What kind of thing is it?
5. What is he doing?
6. It was very interesting.
7. Everything will be fine.

A list of Russian equivalents:

Кто вы?

Кто э́тот челове́к?

Что э́то?

Что э́то тако́е?

Что он де́лает?

Это бы́ло интере́сно.

Всё бу́дет хорошо́.

Check the key.

Exercise 78
Translate the following sentences.

The Genitive case forms

1. Who has a car?
2. What are you scared of?
3. She is scared of it.
4. She is scared of everything.

A list of Russian equivalents:

У кого́ есть маши́на?

Чего́ вы бои́тесь?

Она́ **э́того** бои́тся.

Она́ **всего́** бои́тся.

Check the key.

Exercise 79
Translate the following sentences.

The accusative case forms

1. Who do you know here?
2. What do you like?
3. She knows it.
4. She knows everything.

Кого́ вы тут зна́ете?
Что вы лю́бите?
Она́ **э́то** зна́ет.
Она́ **всё** зна́ет.
Check the key.

Exercise 80
Translate the following sentences.

The dative case forms

1. Who did you tell it to?
2. Who are you visiting?
3. What is he so happy about?
4. She believes it.
5. She believes everything.

Кому́ вы э́то говори́ли?
К кому́ вы е́дете?
Чему́ он так ра́дуется?
Она́ **э́тому** ве́рит.
Она́ **всему́** ве́рит.
Check the key.

Exercise 81
Translate the following sentences.

The instrumental case forms

1. Who are you going with?
2. What are you dissatisfied with?
3. What kind of sandwhich would you like?
4. She is not interested in that.
5. She is interested in everything.

С кем вы е́дете?
Чем вы недово́льны?
С чем вы бу́дете бутербро́д?
Она́ **э́тим** не интересу́ется.
Она́ **всем** интересу́ется.
Check the key.

Exercise 82
Translate the following sentences.

The prepositional case forms

1. Who did you talk about?
2. What are you thinking about?
3. She knows about it.
4. She knows about everything.

О ком вы говори́ли?
О чём вы ду́маете?
Она́ **об э́том** зна́ет.
Она́ **обо́ всём** зна́ет.
Check the key.

Unit 39

THE CASE FORMS OF INDEFINITE PRONOUNS

кто-то, кто-нибудь, что-то, что-нибудь, кое-кто, кое-что

(someone, anyone, something, anything, a certain person, a certain thing)

Exercise 83

Translate the following sentences.

The nominative case forms

1. Someone called you.
2. Something fell.
3. It was something awful.
4. Has something happened?
5. Has anyone called?
6. If anyone comes, call me

A list of Russian equivalents:

Вам **кто́-то** звони́л.

Что́-то упа́ло.

Э́то бы́ло **что́-то** ужа́сное.

Что́-нибудь случи́лось?

Кто́-нибудь звони́л?

Е́сли **кто́-нибудь** прие́дет, позвони́те мне.

Check the key.

Exercise 84

Translate the following sentences.

Other case forms of кто-нибудь **and** кое-что/кое-кто

1. Does anyone have a car?
2. Did you call anyone?
3. Do you know anyone/someone here?
4. Did you talk to anyone?
5. Were you talking about someone with John?
6. Buy something for breakfast.
7. I have something to do.
8. I have something to someone.

A list of Russian equivalents:

У **кого́-нибудь** есть маши́на?

Вы **кому́-нибудь** звони́ли?

Вы **кого́-нибудь** тут зна́ете?

Вы говори́ли **с ке́м-нибудь**?

Вы **о ко́м-нибудь** говори́ли с Джо́ном?

Купи́ **что-нибудь** на за́втрак.

На́до **ко́е-что** сде́лать.

Мне на́до **ко́е с кем** поговори́ть.

Check the key.

CHAPTER 6
THE CONJUGATION OF VERBS

Unit 40
THE PRESENT TENSE FORMS OF SOME COMMON VERBS:
знать, работать, понимать, думать, делать

● **знать** — to know
   я зна́**ю** — I know
   ты зна́**ешь** — you know
   { он, она́ зна́**ет** — he, she knows
     кто зна́**ет** — who knows

   мы зна́**ем** — we know
   вы зна́**ете** — you know
   { они́ зна́**ют** — they know
     все зна́**ют** — everyone knows

Exercise 85
Insert the proper ending.

this area

1. Я зна́ _____ э́тот райо́н.
2. Ты зна́ _____ э́тот райо́н?
3. Он зна́ _____ э́тот райо́н.
4. Она́ то́же зна́ _____ э́тот райо́н.
5. Мы зна́ _____ э́тот райо́н.
6. Вы зна́ _____ э́тот райо́н?
7. Они́ зна́ _____ э́тот райо́н.

Check the key.

● **рабо́тать** — to work (*type* **знать**)

Exercise 86
Insert the proper ending.

1. — Где вы рабо́та _____ ?
   — Я рабо́та _____ в фи́рме «И́мпекс».

2. — Где ты рабо́та _____ ?
   — Я рабо́та _____ в шко́ле.

3. Лифт не рабо́та _____ .

4. Э́тот телефо́н не рабо́та _____ .

5. В пя́тницу пра́здник.
   Мы не рабо́та ....

6. Ле́том мно́гие фи́рмы не рабо́та ....

Check the key.

● понима́ть — to understand (*type* знать)

Exercise 87
Insert the proper ending.

1. Я не понима́ .... по-ру́сски.

2. Ты понима́ .... по-ру́сски?

3. Джон не понима́ .... по-ру́сски.

4. Ке́йт не понима́ .... по-ру́сски.

5. Мы не понима́ .... по-ру́сски.

6. Вы понима́ .... по-ру́сски?

7. Они́ не понима́ .... по-ру́сски.

Check the key.

● ду́мать — to think (*type* знать)

Exercise 88
Insert the proper ending.

Before elections:
1. Что ты ду́ма .... об э́том кандида́те?
2. Что вы ду́ма .... об э́том кандида́те?
3. Я ду́ма .... , что он плохо́й поли́тик.
4. Он ду́ма .... , что он са́мый у́мный.
5. Пессими́сты ду́ма .... то́лько о плохо́м, оптими́сты
   ду́ма .... то́лько о хоро́шем.
6. Я ду́ма .... , что соба́ки всё понима́ ....

Check the key.

● дéлать — to do (*type* знать)

Exercise 89
Insert the proper ending.

1. Что ты сейчáс дéла _____ ?

2. Что вы сейчáс дéла _____ ?

3. Что он сейчáс дéла _____ ?

4. Что онá сейчáс дéла _____ ?

5. Что они сейчáс дéла _____ ?

6. Я дéла _____ ремóнт.

7. Мы дéла _____ ремóнт.

8. Нáши сосéди тóже дéла _____ ремóнт.

Check the key.

Unit 41
THE FUTURE TENSE FORMS OF THE VERB сделать

● сдéлать — to do (*type* знать)
я сдéлаю (I'll do)   мы сдéлаем
ты сдéлаешь   вы сдéлаете
{ он, онá сдéлает   { они сдéлают
{ кто сдéлает   { все сдéлают

Exercise 90
Insert the proper ending.

1. — Когдá ты это сдéла .... ?
   — Я сдéла .... это зáвтра.

Polite
2. — Когдá вы это сдéла .... ?
   — Я сдéла .... это зáвтра.
   — Мы сдéла .... это зáвтра.

3. Он сказáл, что всё сдéла........ сам.
   Онá сказáла, что всё сдéла .... самá.

4. Когдá онá это сдéла .... ?
   Когдá он это сдéла .... ?
   Когдá они это сдéла .... ?
   Кто это сдéла .... ?

Check the key.

Unit 42

THE PRESENT TENSE FORMS OF SOME COMMON VERBS:
говорить, любить, ходить.
THE FUTURE TENSE FORMS OF THE VERB **позвонить**

● **говори́ть** — to speak, to talk

я говорю́	мы говори́м
ты говори́шь	вы говори́те
{ он, она́ говори́т	{ они́ говоря́т
{ кто говори́т	{ все говоря́т

Exercise 91
Insert the proper ending.

1. — Я не понима́ю, что он говор ....
— Ты не понима́ешь, что он говор ...., потому́
что он говор........................ о́чень бы́стро.

2. — Вы говор .... по-францу́зски?
— Да, немно́го.

3. — Вы хорошо́ говор .... по-неме́цки?
— Не о́чень.

4. Я пло́хо говор .... по-ру́сски.

5. Вы непло́хо говор........................ по-ру́сски.

6. — Э́тот поли́тик ма́ло де́лает, но мно́го говор ....
— Поли́тики мно́го говор .... , но ма́ло де́лают.

Check the key.

● **люби́ть** — to love, to like (*type* **говори́ть**)

я люблю́	мы лю́бим
ты лю́бишь	вы лю́бите
{ он, она́ лю́бит	{ они́ лю́бят
кто лю́бит	все лю́бят

Exercise 92
Insert the proper ending.

1. Я люб .... мо́ре.

   cartoons
2. Ты люб .... мультфи́льмы?

   Polite
3. Вы люб .... джаз?

4. Де́ти не люб .... чита́ть.

   proverbs   *sayings*
5. Ру́сские люб .... посло́вицы и погово́рки.

6. Мой брат о́чень люб .... смотре́ть телеви́зор.

   animals
7. Моя́ сестра́ о́чень люб .... живо́тных.

Check the key.

● **ходи́ть** — to go, to visit (habitual or repeated visits)

я хожу́	мы хо́дим
ты хо́дишь	вы хо́дите
он, она́ хо́дит	они́ хо́дят

Exercise 93
Insert the proper ending.

1. Я хо .... в бассе́йн три ра́за в неде́лю.

2. Ты ча́сто хо́ .... в бассе́йн?

3. Вы ча́сто хо́ .... в бассе́йн?

4. Мы хо́ .... в са́уну в суббо́ту.

5. Де́ти то́же хо́ .... в са́уну.

6. Ната́ша хо́ .... в са́уну, а её муж не хо́ .... в са́уну.

7. — Твой сын уже́ хо́ .... в шко́лу?

nursery
8. — Нет, он ещё хо́ .... в де́тский сад.

Check the key.

● **позвони́ть** — to call, to phone (*type* **говори́ть**)

я позвоню́ (I'll call)	мы позвони́м
ты позвони́шь	вы позвони́те
он, она́ позвони́т	они́ позвоня́т

Exercise 94
Insert the proper ending.

1. — Когда́ ты позвон .... ?
   — Я позвон .... за́втра.

   Polite
2. — Когда́ вы позвон .... ?
   — Я позвон .... за́втра.

3. Он сказа́л, что позвон .... за́втра.

4. Она́ сказа́ла, что позвон .... за́втра.

5. Мы позвон .... вам через неде́лю.

6. Они́ сказа́ли, что позвон .... через неде́лю.

7. — Как ты ду́маешь, они́ позвон .... ?
   — Я ду́маю, что они́ не позвон ....

Check the key.

Unit 43
THE PRESENT TENSE FORMS OF THE VERB жить

● **жить** — to live

я живу́	мы живём
ты живёшь	вы живёте
{ он, она́ живёт	{ они́ живу́т
{ кто живёт	{ все живу́т

Exercise 95
Insert the proper ending.

town/city

1. Я жив .... в ....

2. Где ты жив .... ?

3. Где он жив .... ?

4. Где она жив .... ?

town/city

5. Мы жив .... в ....

6. Где вы жив .... ?

7. Где они́ жив .... ?

8. Кто тут жив .... ?

Check the key.

Unit 44
THE PRESENT TENSE FORMS OF SOME COMMON VERBS:
быть, ехать, мочь.
THE FUTURE TENSE FORMS OF THE VERB приехать

✳ **быть** — to be

я бу́ду (I'll be)	мы бу́дем
ты бу́дешь	вы бу́дете
{ он, она́ бу́дет	{ они́ бу́дут
{ кто бу́дет	{ все бу́дут

Exercise 96
Insert the proper ending.

1. — Ты буд _____ до́ма сего́дня ве́чером?
— Да, я буд _____ до́ма сего́дня ве́чером.

2. — Вы буд _____ до́ма сего́дня ве́чером?
— Да, я буд _____ до́ма сего́дня ве́чером./
— Да, мы буд _____ до́ма сего́дня ве́чером.

3. — Кто буд _____ до́ма сего́дня ве́чером?
— Сего́дня ве́чером все буд _____ до́ма.

Check the key.

● **éхать** — to go (by some form of transport, to travel)

я éду	мы éдем
ты éдешь	вы éдете
{ он, онá éдет	{ они́ éдут
{ кто éдет	{ все éдут

Exercise 97
Insert the proper ending.

1. Через недéлю я éд .... в Лóндон.

2. Кудá ты éд .... в óтпуск?

3. Кудá Натáша éд .... на кани́кулы?

4. Лéтом мы éд .... в Крым.

5. Кудá вы éд .... в óтпуск?

6. Кудá дéти éд .... на кани́кулы?

7. Они́ éд .... в Петербýрг.

8. Кудá ты сейчáс éд .... ?

9. Кудá вы сейчáс éд .... ?

Check the key.

● **прие́хать** — arrive, come (*type* **я е́ду**)

я прие́ду (I'll come)	мы прие́дем
ты прие́дешь	вы прие́дете
{ он, она́ прие́дет	{ они́ прие́дут
{ кто прие́дет	{ все прие́дут

Exercise 98
Insert the proper ending.

1. — Когда́ ты прие́д .... ?
   — Я прие́д .... за́втра.

2. — Когда́ вы прие́д .... ?
   — Мы прие́д .... за́втра.

3. — Когда́ он прие́д .... ?
   — Он прие́д .... за́втра.

4. — Когда́ она́ прие́д .... ?
   — Она́ прие́д .... за́втра.

5. — Когда́ они́ прие́д .... ?
   — Они́ прие́д .... за́втра.

6. — Кто прие́д .... ?
   — Все прие́д ....

Check the key.

✳ **мочь** — to can, to be able to

я могу́	мы мо́жем
ты мо́жешь	вы мо́жете
{ он, она́ мо́жет	{ они́ мо́гут
кто мо́жет	все мо́гут

Exercise 99
Insert the proper form of the verb.

1. Я .... э́то сде́лать.

2. Ты .... э́то сде́лать?

3. Ната́ша .... э́то сде́лать.

4. Кто .... э́то сде́лать?

5. Мы .... э́то сде́лать.

6. Вы .... э́то сде́лать?

7. Они́ .... э́то сде́лать.

8. Все .... э́то сде́лать.

9. Никто́ не .... э́то сде́лать.

Check the key.

Unit 45
THE PRESENT/FUTURE TENSE FORMS OF SOME COMMON VERBS:
хотеть, есть; дать

✳ **хоте́ть** — to want, to wish

я хочу́	мы хоти́м
ты хо́чешь	вы хоти́те

{ он, она́ хо́чет
{ кто хо́чет

{ они́ хотя́т
{ все хотя́т

Exercise 100
Insert the proper ending.

Сего́дня жа́рко. — It's hot today.

1. Я хо _____ пить.

2. Мы хо _____ пить.

Plural or Polite
3. Вы хо _____ пить?

4. Ты хо́ _____ пить?

5. Ната́ша хо́ _____ пить.

6. Ко́ля хо́ _____ пить.

7. Де́ти хо _____ пить.

8. Все хо _____ пить.

9. Куда́ ты хо́ _____ пое́хать?

10. Куда́ вы хо _____ пое́хать?

China
11. Я хо _____ пое́хать в Кита́й.

Check the key.

✸ **есть** — to eat

я **ем**	мы **еди́м**
ты **ешь**	вы **еди́те**
он, она́ **ест**	они́ **едя́т**

✸ **дать** — to give

я дам	мы дади́м
ты дашь	вы дади́те
он, она́ даст	они́ даду́т

Exercise 101

Insert the proper form of the verb.

1. Ната́ша на дие́те, она́ ничего́ не ....

2. Вегетариа́нцы не .... мя́со.

3. Ната́ша, почему́ ты ничего́ не .... ?

   Polite
4. — Вы .... ры́бу?
   — Да, я .... ры́бу.

   You don't like it?
5. — Вы ничего́ не .... Вам не нра́вится?
   — Я ду́маю, что я сли́шком мно́го ....

6. — Кто .... мне ру́чку?
   — Я ....

7. — Ты не .... мне свой телефо́н?
   — Вот, пожа́луйста.

   company car
8. — Мы .... вам служе́бную маши́ну.

   to asleep
9. — Э́то фи́льмы, кото́рые не .... усну́ть?

10. — Ско́лько лет вы мне .... ?

Check the key.

Unit 46
THE PAST TENSE FORMS OF VERBS
быть, делать, сделать, сказать, приехать, купить

● **быть** — to be

M.	я, он, ты, кто был
F.	я, она́, ты была́
Pl. & Polite	мы, вы, они́, все бы́ли
N.	э́то бы́ло

Exercise 102
Insert the proper ending.

1. — Где ты бы .... ?
— Я бы .... у дру́га.
Он бы́ .... у дру́га.

2. — Где ты бы .... ?
— Я бы .... в магази́не.
Она́ бы .... в магази́не.

Polite to one person:

3. — Вы сего́дня бы́ .... на рабо́те? — Да, я бы ....
— Да, я бы ....

4. Мы бы́ .... на рабо́те.

5. Они́ бы́ .... на рабо́те.

6. Все сего́дня бы́ .... на рабо́те.

Check the key.

Negative sentences

M.	я, он, ты, никто́ не́ был
F.	я, она́, ты не была́
Pl. & Polite	мы, вы, они́, все не́ были

Exercise 103
Insert the proper ending.

1. *A boy:* Я не́ бы .... сего́дня в шко́ле.

2. *A girl:* Я не бы .... сего́дня в шко́ле.

3. *A girl and a boy:*

Мы не́ бы .... сего́дня в шко́ле.
Они́ не́ бы .... сего́дня в шко́ле.

Check the key.

● **де́лать** — to do

M.	я, он, ты, де́лал
F.	я, она́, ты де́лала
Pl. & Polite	мы, вы, они́, все де́лали

● **сде́лать** — to do, to have something done

M.	я, он, ты, кто сде́лал
F.	я, она́, ты сде́лала
Pl. & Polite	мы, вы, они́, все сде́лали

Exercise 104
Insert the proper ending.

To a man or a boy:

1. Что ты де́ла .... вчера́?

To a woman or a girl:

2. Что ты де́ла .... вчера́?

To a group:

3. Что вы де́ла .... вчера́?

To a boy:

4. Ты сде́ла .... дома́шнее зада́ние?

To a girl:

5. Ты сде́ла .... дома́шнее зада́ние?

Polite to one person:

6. Вы сде́ла .... дома́шнее зада́ние?

To a group:

7. Вы сде́ла .... дома́шнее зада́ние?

8. *A boy:* Нет, я не сде́ла ....
   A girl: Нет, я не сде́ла ....
   A group: Нет, мы не сде́ла ....

Check the key.

● **сказа́ть** — to say

M.	я, он, ты, кто сказа́л
F.	я, она́, ты сказа́ла
Pl. & Polite	мы, вы, они́, все сказа́ли

Exercise 105
Insert the proper ending.

1. Никола́й сказа́........... , что прие́дет за́втра.
2. Ле́на сказа́........... , что прие́дет за́втра.
3. Они́ сказа́..........., что прие́дут за́втра.
4. Кто э́то сказа́........... ?

To a group:
5. Что вы сказа́........... ?

To a woman or a girl:
6. Что ты сказа́........... ?

To a man or a boy:
7. Что ты сказа́........... ?

Polite to one person:
8. Что вы сказа́........... ?

Check the key.

328

● **прие́хать** — to arrive, to come, to come back

M.   я, он, ты, кто прие́хал

F.   я, она́, ты прие́хала

Pl. & Polite   мы, вы, они́, все прие́хали

Exercise 106
Insert the proper ending.

To a man or a boy:

1. — Когда́ ты прие́ха .... ?
   — Я прие́ха .... вчера́.

To a woman or a girl:

2. — Когда́ ты прие́ха .... ?
   — Я то́же прие́ха .... вчера́.

Polite to one person:

3. — Когда́ вы прие́ха .... ?

   — Я прие́ха .... вчера́.

   — Я то́же прие́ха .... вчера́.

To a group:

4. — Когда́ вы прие́ха .... ?
   — Мы прие́ха .... вчера́.

5. — Они́ прие́ха .... вчера́.
   — Все прие́ха .... вчера́.

● **купи́ть** — -buy, -have bought

M.   я, он, ты, кто купи́л

F.   я, она́, ты купи́ла

Pl. & Polite   мы, вы, они́, все купи́ли

Exercise 107
Insert the proper ending.

To a man or a boy:

1. — Где ты купи́ ...... э́тот журна́л?
   — Я купи́ ...... его́ в кио́ске.

To a woman or a girl:

2. — Где ты купи́ ...... э́тот журна́л?
   — Я купи́ ...... его́ в кио́ске.

3. Он купи́ .... э́тот журна́л в кио́ске.

4. Она́ то́же купи́ .... э́тот журна́л в кио́ске.

Polite to one person:

5. — Где вы купи́ .... э́тот журна́л?

   — Я купи́ ...... его́ в кио́ске.

   — Я то́же купи́ ...... его́ в кио́ске.

To a group:

6. — Где вы купи́ .... э́ти журна́лы?
   — Мы купи́ .... их в кио́ске.

7. Они́ купи́ .... журна́лы в кио́ске.

8. Все купи́ .... журна́лы в кио́ске.

Check the key.

Unit 47

THE PRESENT TENSE FORMS OF REFLEXIVE VERBS **учиться** AND **вернуться**

● **учи́ться** — to study (*type* **говори́ть**)

Exercise 108

Insert the proper form of the verb.

> **Present tense forms**
>
> я учу́**сь** — I study   мы у́чим**ся**
>
> ты у́чи**шься**   вы у́чите**сь**
>
> он, она́ у́чит**ся**   они́ у́чат**ся**

1. Где ты .... ?
2. Где вы .... ?
3. В како́м кла́ссе ты .... ?
4. Я .... в шко́ле.
5. Я .... в восьмо́м кла́ссе.
6. Мой брат .... в университе́те.
7. Моя́ сестра́ .... на компью́терных ку́рсах.
8. Мы .... в ру́сской шко́ле.
9. Эти́ де́ти .... в ру́сской шко́ле.
10. Вы рабо́таете и́ли .... ?   *Check the key.*

> **Past tense forms**
>
> **M.**   я, он, ты учи́л**ся** — studied
>
> **F.**   я, она́, ты учи́ла**сь**
>
> **Pl.& Polite** мы, вы, они́, все учи́ли**сь**

Exercise 109

Insert the proper form of the verb.

       To a man or a boy:

1. В како́й шко́ле ты .... ?

       To a woman or a girl:

2. В како́й шко́ле ты .... ?

Polite to one person:

3. — Где вы .... ?

   — Я .... в э́той шко́ле.

   — Я .... в э́той шко́ле.

   Мы вме́сте .... в э́той шко́ле. *(To a group)*

4. Они́ .... вме́сте в э́той шко́ле.   *Check the key.*

330

● **верну́ться** — to come back (*type* **отдохну́ть**)

Exercise 110
Insert the proper form of the verb.

> **Future tense forms**
>
> я верну́**сь** — I'll come back   мы вернё**мся**
> ты вернё**шься**   вы вернё**тесь**
> он, она́ вернё**тся**   они́ верну́**тся**

1. Когда́ ты .... ?
2. Когда́ вы .... ?
3. Я .... через неде́лю.
4. Он .... через неде́лю.
5. Она́ .... через неде́лю.
6. Мы .... через неде́лю.
7. Они́ .... через неде́лю.

Check the key.

Exercise 111
Insert the proper form of the verb.

> **Past tense forms**
>
> M.   я, он, ты верну́**лся**
> F.   я, она́, ты верну́**лась**
> Pl. & Polite   мы, вы, они́, все верну́**лись**

    To a man or a boy:
1. — Когда́ ты .... ?

    To a woman or a girl:
2. — Когда́ ты .... ?

    — Я .... по́здно.

    — Я .... по́здно.

Polite to one person:
3. Когда́ вы .... ?

To a group:
4. — Когда́ вы .... ?
— Мы .... вчера́.
— Они́ .... вчера́.

Check the key.

CHAPTER 7
PREDICATIVE FORMS AND CONSTRUCTIONS

Unit 48
THE GENDER AND NUMBER AGREEMENT OF SHORT PREDICATIVE FORMS LIKE
должен, нужен, занят, закрыт, готов и т.д.

Exercise 112
Insert the proper form.

Модель: I've got to go./I should go./I must go. — **Я до́лжен идти́.**

Obligation or necessity

M.	я, он, ты до́лжен
F.	я, она́, ты должна́
Pl. & Polite	мы, вы, они́ должны́

---

 1. Извини́те, я _____ идти́.

 2. Извини́те, я _____ идти́.

3. Мы _____ идти́.

 Father to his son:
4. Ты _____ хорошо́ учи́ться.

 Father to his daughter:
5. Ты _____ хорошо́ учи́ться.

 Father to his children:
6. Вы _____ хорошо́ учи́ться.

Children:
7. Мы _____ хорошо́ учи́ться.

Conclusion:
8. Они́ _____ хорошо́ учи́ться.

Check the key.

Exercise 113

Insert the proper form.

> Мне ну́жен ключ. — I need the key.
>
> Мне
>
> ↙ ↓ ↘
>
> ну́жен ключ (M.)   нужна́ су́мка (F.)   нужны́ ключи́ (Pl.)

1. Мне .... биле́т.

2. Мне .... па́спорт.

3. Мне .... ви́за.

4. Мне .... де́ньги.

5. Мне .... ка́рта.

6. Мне .... счёт (в рестора́не, в гости́нице).

7. Мне .... по́мощь. (F.)

8. Мне .... ру́чка.

9. Мне .... врач.

10. Мне .... факс.

11. Мне .... компью́тер.

12. Мне .... но́вая ме́бель. (F.)

13. Мне .... перево́дчик.

14. Мне .... сто́лик (в рестора́не).

15. Мне .... батаре́йки.

16. Мне .... чи́стые фле́шки.

Check the key.

Exercise 114
Insert the appropriate masculine form.

> **Masculine forms**
> Магазин **закрыт.** — The shop is closed.
>
> | я | открыт — open | готов — ready |
> |---|---|---|
> | ты | закрыт — closed | похож — (look) alike |
> | он + | рад — glad | свободен — free |
> | кто | занят — busy | согласен — agree |

open
1. — Вы не знаете, Кремль .... в понедельник?
open
— Да, в понедельник он ....
closed
Кремль обычно .... в четверг.

2. *A schoolboy*:
glad
— Я очень .... , что скоро каникулы.

3. — Почему ты не позвонил?
busy
— Я был очень ....
ready
4. — Обед .... , садитесь!

5. — Это мой сын.
alike
— Он очень на вас ....

decision
6. — Вы согласны с этим решением ?
agree
— Нет, я не ....

7. *Talking to a man*:
free
— Ты .... в эту субботу?
free
— Да, я ....

Exercise 115

Insert the appropriate feminine form.

Feminine forms

Дверь закры́та. — The door is closed.

я	откры́та — opened	гото́ва — ready
ты +	закры́та — closed	похо́жа — alike
она́	ра́да — glad	свобо́дна — free

---

open

1. — Фотовы́ставка ещё .... ?

closed

— Нет, она́ уже́ ....

2. *A girl says:*

glad

Я так .... что ско́ро кани́кулы.

3. *Asking a girl:*

free

— Ты .... в э́ту суббо́ту?

free

— Да, я ....

4. — Э́то моя́ дочь.

alike

— Она́ о́чень на вас ....

5. *We are setting off.*

ready

— Мы выезжа́ем. Ле́на, ты .... ?

ready

— Нет, я бу́ду .... через пять мину́т.

Check the key.

335

Exercise 116
Insert the appropriate plural or polite form:

Plural or Polite forms

Все магази́ны **закры́ты.** — All the shops are closed.

мы		гото́вы — ready	закры́ты — closed
вы	**+**	за́няты — busy	похо́жи — look alike
они́		свобо́дны — free	дово́льны — satisfied
все		откры́ты — open	уве́рены — sure

We are setting off.   *ready*
1. — Мы выезжа́ем. Вы .... ?
      ready
— Да, всё ....

        busy
2. — Вы сейча́с о́чень .... ?
— Нет, входи́те, пожа́луйста.

        free
3. — Вы сейча́с .... ?
       busy
— Нет, я ....

                 open
4. — В пра́здники магази́ны бу́дут .... ?
     closed   *open*
— Одни́ бу́дут .... , други́е бу́дут ....

Are you satisfied with your salary?
5. — Вы .... свое́й зарпла́той?
           satisfied
— Коне́чно, нет. Никто́ не .... свое́й зарпла́той.

   sure
6. — Вы .... , что по́езд ухо́дит в 18.30?
— Да, ...

7. — Э́то моя́ дочь.
         alike
— Вы о́чень ....

        free
8. — Э́ти места́ .... ?
— Да, ...
       free

Check the key.

Unit 49
THE GENDER AND NUMBER AGREEMENT
OF SHORT PARTICIPLES IN PASSIVE CONSTRUCTIONS

Exercise 117
Insert the appropriate form of a short participle, choosing from the list.

M.   N.

built — постро́ен, постро́ено
M.

painted — покра́шен
M.

signed — подпи́сан
M.

written — напи́сан
N.

missed — пропу́щено
N.

made — сде́лано
M.

shown — пока́зан
F.

published — напеча́тана
F.

organized — организо́вана
M.

appointed — назна́чен
F.

performed — испо́лнена
M.

buried — похоро́нен
Pl.

sold — про́даны
Pl.

paid — упла́чены
M.

scored — заби́т (*for football*)
F.

scored— заброшена (*for hockey*)
M.

named — на́зван
F.

registered — зарегистри́рована
M.

moved/shifted — перенесён

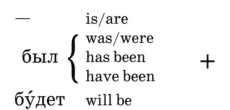

—   is/are
был { was/were
has been
have been
бу́дет will be

+

1. Этот дом был _____*built*_____ сто лет наза́д.

2. Это зда́ние бы́ло _____*built*_____ ещё до револю́ции.

3. Его́ сте́ны ра́ньше бы́ли _____*painted*_____ в ро́зовый цвет.

4. Контра́кт бу́дет _____*signed*_____ за́втра.

5. Этот рома́н был _____*written*_____ в ты́сяча восемьсо́т шестьдеся́т восьмо́м году́.

6. В те́ксте _____*missed*_____ одно́ сло́во.

7. В рабо́те _____*made* N._____ мно́го оши́бок.

8. Фильм бу́дет _____*shown*_____ по второ́му кана́лу.

9. Эта статья́ была́ _____*published*_____ два дня наза́д.

10. Вы́ставка бу́дет _____*organized*_____ Эрмита́жем и Ру́сским музе́ем.

11. Кто бу́дет _____*appointed*_____ премье́р-мини́стром?

12. Эта пе́сня была́ впервы́е ....*performed*........ анса́мблем Алекса́ндрова.

13. — Где ....*buried*........ Хрущёв?

— Он ....*buried*........ в Москве́, на Новоде́вичьем кла́дбище.

14. Все биле́ты ....*sold*........ .

15. Все нало́ги ....*paid*........ .

16. Гол был ....*scored*........ на после́дней мину́те.

17. Ша́йба была́ ....*scored*........ на после́дней мину́те.

18. Внук был ....*named*........ в честь де́да.

19. Маши́на ....*registered*........ на моё и́мя.

20. Экза́мен ....*moved/shifted*........ на сле́дующую неде́лю.

Check the key.

Unit 50
THE NEUTER FORMS OF SHORT ADJECTIVES AND PARTICIPLES

Exercise 118
Insert the proper forms.

	M.		N.
ready —	готóв	⇨	готóво
free —	свобóден	⇨	свобóдно
written —	напи́сан	⇨	напи́сано
published —	напечáтан	⇨	напечáтано
seen —	ви́ден	⇨	ви́дно
heard —	слы́шен	⇨	слы́шно
cleaned —	у́бран	⇨	у́брано
occupied —	зáнят	⇨	зáнято
closed —	закры́т	⇨	закры́то
written —	напи́сан	⇨	напи́сано
sold —	прóдан	⇨	прóдано

Sentences with a subject

ready
1. Всё ....

free
2. Э́то мéсто .... ?

written
3. Что тут .... ?

published

4. Это бы́ло ⎯⎯⎯⎯⎯⎯⎯⎯⎯ во всех газе́тах.

seen

5. Ничего́ не́ было ⎯⎯⎯⎯⎯⎯⎯⎯⎯ .

heard

6. Ничего́ не ⎯⎯⎯⎯⎯⎯⎯⎯⎯ .

cleaned

7. В кварти́ре всё бы́ло ⎯⎯⎯⎯⎯⎯⎯⎯⎯ .

Subjectless sentences

8. *В кафе́*
— У вас тут свобо́дно?

occupied

— Нет, ⎯⎯⎯⎯⎯⎯⎯⎯⎯ .

9. *О́коло две́ри магази́на*
— У вас откры́то?

closed

— Нет, уже́ ⎯⎯⎯⎯⎯⎯⎯⎯⎯ .

10. — Вы ходи́ли в Эрмита́ж?

closed

— Да, но там бы́ло ⎯⎯⎯⎯⎯⎯⎯⎯⎯ .

11. *На вы́ставке*
— Хоро́шая карти́на. Я хочу́ её купи́ть.

written «Sold»

— Но тут ⎯⎯⎯⎯⎯⎯⎯⎯⎯ .

Check the key.

CHAPTER 8
PRACTISING COMMON RUSSIAN VERBS IN STORIES AND DIALOGUES

In this part you will meet the Kuznetsovs, a Russian family.
The stories and dialogues cover a period of 40 years.

Еле́на Петро́вна Кузнецо́ва — пенсионе́рка.
(Еле́на, Ле́на)

⎫
⎬ муж и жена́
⎭

Никола́й Петро́вич Кузнецо́в — пенсионе́р.
(Никола́й, Ко́ля)

Бори́с Кузнецо́в и Татья́на Кузнецо́ва — их де́ти, близнецы́.
(Бо́ря and Та́ня)

Артём Кузнецо́в — внук Еле́ны Петро́вны и Никола́я Петро́вича, сын Бори́са.

Unit 51
PRESENT TENSE. FIRST PERSON SINGULAR: -у, -ю endings

Exercise 119
Insert the proper forms of the verbs given in the infinitive. Irregular forms are marked. Translate the sentences.

Еле́на Петро́вна расска́зывает о себе́. — **Elena Petrovna tells her story.**

Меня́ зову́т Еле́на Петро́вна. Я пенсионе́рка.

* *жить*   *рабо́та|ть*

1. Я .... в Москве́. 2. Я не ....

получа́|ть

3. Я .... небольшу́ю пе́нсию.

* *вста|ва́ть*   *включа́|ть*

4. У́тром я .... дово́льно ра́но, ... ра́дио

слу́шать

и .... но́вости и му́зыку.

* *пить*   * *есть*

5. У́тром я обы́чно .... ко́фе с молоко́м и ....
овся́ную и́ли гре́чневую ка́шу.

* *люби́ть*

6. Я .... смотре́ть сериа́лы по телеви́зору.

говор|и́ть

7. Все говоря́т, что я мно́го .... по телефо́ну.

* *ходи́ть*   *убира́|ть*

8. Я ка́ждый день .... в магази́н, ...
* *мыть*
кварти́ру, ... посу́ду.

гуля́|ть

9. У меня́ есть соба́ка. Я с ней .... два ра́за в день, у́тром
и ве́чером.

* *ви́деть*

10. Сейча́с я не о́чень хорошо́ .... , поэ́тому я
* *носи́ть*
.... очки́.

* *шить*   * *вяза́ть*

11. Я почти́ ничего́ не .... и не .... ,
чита́|ть
но я мно́го ....

✻ *брать*

12. Я иногда .... книги и журна́лы у сосе́дей.

✻ *ходи́ть*

13. Сейча́с я о́чень ре́дко .... в го́сти, в теа́тр и́ли на вы́ставки.

✻ *выходи́ть*

14. Зимо́й я .... из до́ма ре́дко, потому́ что на у́лице о́чень ско́льзко.

уезжа́|ть   ✻ *жить*

15. В нача́ле ле́та я .... из го́рода на да́чу и .... там до нача́ла о́сени.

✻ *ходи́ть*   *вар|и́ть*   *пла́ва|ть*

16. Я .... в лес за гриба́ми, ... варе́нье, ...

ид|ти́

17. В э́ту суббо́ту я .... на день рожде́ния к свое́й подру́ге.

✻ *гото́вить*

18. Говоря́т, что я неплохо ....

спра́шива|ть

19. Е́сли кто́-то звони́т в дверь, я всегда́ .... : «Кто там?» —

открыва́|ть

и то́лько пото́м .... дверь.

✻ *хоте́ть*   ✻ *люби́ть*

20. Я о́чень .... пое́хать в Крым. 21. Я о́чень .... Крым.

✻ *мочь*

22. Но я не .... туда́ пое́хать, потому́ что э́то о́чень до́рого.

A list of forms:

✻ жить ⇨ я живу́
— to live

рабо́та | ть ⇨ я рабо́таю
— to work

получа́ | ть ⇨ я получа́ю
— to get, to receive

✻ вста | ва́ть ⇨ я встаю́
— to get up

включа́ | ть ⇨ я включа́ю
— to switch on

слу́ша | ть ⇨ я слу́шаю
— to listen to

✻ пить ⇨ я **пью**
— to drink

✻ есть ⇨ я **ем**
— to eat

✻ люби́ть ⇨ я люблю́
— to love, to like

говор | и́ть ⇨ я говорю́
— to speak, to talk

✻ ходи́ть ⇨ я хожу́
— to go, to visit

Check the key.

убира́ | ть ⇨ я убира́ю
— to clean

✳ мыть ⇨ я **мо́ю**
— to wash

гуля́ | ть ⇨ я гуля́**ю**
— to walk

✳ ви́деть ⇨ я ви́**жу**
— to see

✳ носи́ть ⇨ я но**шу́**
— to wear

✳ шить ⇨ я **шью́**
— to sew

✳ вяза́ть ⇨ я вя**жу́**
— to knit

чита́ | ть ⇨ я чита́ю
— to read

✳ брать ⇨ я **беру́**
— to borrow

✳ ходи́ть ⇨ я хо**жу́**
— to go, to visit

✳ выходи́ть ⇨ выхо**жу́**
— to go out

уезжа́ | ть ⇨ я уезжа́**ю**
— to go to

вар | и́ть ⇨ я варю́
— to cook, to make

пла́ва | ть ⇨ я пла́ваю
— to swim

ид | ти́ ⇨ я иду́
— to go, to visit, to walk

✳ гото́вить ⇨ я гото́**влю**
— to cook

спра́шива | ть ⇨ я спра́шиваю
— to ask

открыва́ | ть ⇨ я открыва́ю
— to open

✳ хоте́ть ⇨ я хо**чу́**
— to want, to wish

✳ люби́ть ⇨ я лю**блю́**
— to like, to love

✳ мочь ⇨ я мо**гу́**
— to can, to be able to

Unit 52

PRESENT TENSE. THIRD PERSON SINGULAR:
-ет, -ёт, -ит endings for ordinary verbs,
-ется, -ится endings for reflexive verbs

Exercise 120
Insert the proper forms of the verbs given in the infinitive.
Irregular forms are marked. Translate the sentences.

Роди́тели иногда́ жа́луются ба́бушке на Артёма. Вот что они́ говоря́т:
The parents complain about Artyom to his granny. Here is what they say:

чита́|ть   ✱ *хоте́ть*

1. Он ма́ло .... 2. Он не .... учи́ться.

кур|и́ть   *спо́р|ить*

3. Он .... 4. Он всё вре́мя ....

сид|е́ть

5. Он це́лый день .... за компью́тером.

✱ *вести́*

6. Он пло́хо себя́ ....

✱ *класть*   *лож|и́ться*

7. Он не .... ве́щи на ме́сто. 8. Он по́здно .... спать.

занима́|ться   *приход|и́ть*

9. Он ма́ло .... 10. Он по́здно .... домо́й.

ду́ма|ть

11. Он .... , что он уже́ взро́слый.

A list of forms:

читá | ть ⇨ он читáет
— to read

✱ хотéть ⇨ он хóчет
— to want, to wish

кур | и́ть ⇨ он кýрит
— to smoke

спóр | ить ⇨ он спóрит
— to argue, to dispute

сид | éть ⇨ он сиди́т
— to sit

✱ вести́ себя́ ⇨ он ведёт себя́
— to behave oneself

✱ класть ⇨ он кладёт
— to put

лож | и́ться спать ⇨ он ложи́тся спать
— to go to bed

занимá | ться ⇨ он занимáется
— to study

приход | и́ть ⇨ он прихóдит
— to come

дýма | ть ⇨ он дýмает
— to think

Check the key.

Unit 53

PRESENT TENSE. SECOND PERSON SINGULAR:

-ешь, -ёшь, -ишь endings for ordinary verbs,

-ешься, -ишься for reflexive verbs

Exercise 121
Insert the proper forms of the verbs given in the infinitive. Translate the sentences.

Артём иногда́ приезжа́ет к ба́бушке, и она́ его́ спра́шивает:

чита́|ть

1. Почему́ ты ма́ло .... ?

✳ *хоте́ть*

2. Почему́ ты не .... учи́ться?

кур|и́ть   *спо́р|ить*

3. Заче́м ты .... ? 4. Почему́ ты .... с ро-

ди́телями?

✳ *вести́*

5. Почему́ ты пло́хо себя́ .... ?

приходи́ть

6. Почему́ ты по́здно .... домо́й?

лож|и́ться

7. Почему́ ты по́здно .... спать?

сид|е́ть

8. Почему́ ты це́лый день .... за компью́тером?

A list of forms:
чита́ | ть ⇨ ты чита́**ешь**
— to read

✳ хоте́ть ⇨ ты хо́**чешь**
— to want, to wish

кур | и́ть ⇨ ты ку́р**ишь**
— to smoke

спо́р | ить ⇨ ты спо́р**ишь**
— to argue, to dispute

✳ вести́ себя́ ⇨ ты ведё**шь** себя́
— to behave oneself

прихо́д | и́ть ⇨ ты прихо́д**ишь**
— to come (back)

лож | и́ться спать ⇨ ты лож**и́шься** спать   сид | е́ть ⇨ ты сиди́**шь**
— to go to bed   — to sit   *Check the key.*

Unit 54
PRESENT TENSE. SECOND PERSON SINGULAR:
-ешь, -ёшь, -ишь endings

Exercise 122
Insert the proper forms of the verbs given in the infinitive.
Translate the sentences.

А вот что бáбушке отвечáет Артём:
«Родѝтели всё врéмя задаю́т мне такѝе вопрóсы:

дéла|ть   *читá|ть*

1. Что ты сейчáс ....? 2. Что ты сейчáс ....?

включá|ть

3. Почемý ты так грóмко .... мýзыку?

❋ *хотéть*

4. Кем ты .... стать?

ид|тѝ   *ид|тѝ*

5. Кудá ты ....? 6. С кем ты ....?

❋ *прийтѝ*   *говор|ѝть*

7. Когдá ты ....? 8. А ты прáвду ....?

молч|áть

9. Почемý ты ....?

друж|ѝть

10. Почемý ты .... с плохѝми ребя́тами?»

A list of forms:

дéла | ть ⇨ ты дéла**ешь**   ❋ прийтѝ ⇨ ты придё**шь**

— to do   to come back

читá | ть ⇨ ты читá**ешь**   говор | ѝть ⇨ ты говорѝ**шь**

— to read   to talk, to speak

включá | ть ⇨ ты включá**ешь**   молч | áть ⇨ ты молчѝ**шь**

to switch on   to keep silent

❋ хотéть ⇨ ты хó**чешь**   друж | ѝть ⇨ ты дрýж**ишь**

to want, to wish   to make/have friendship

ид | тѝ ⇨ ты идё**шь**

— to go

Check the key.

Unit 55

PRESENT TENSE. THIRD PERSON PLURAL:
-ют, -ят, -ут endings

Exercise 123

Insert the proper forms of the verbs given in the infinitive. Translate the sentences.

Артём жа́луется ба́бушке Еле́не Петро́вне на свои́х роди́телей:

Artyom complains about his parents to Elena Petrovna:

понима́|ть

1. Они́ меня́ не ....

ду́ма|ть

2. Они́ ...., что я ещё ма́ленький.

люб|и́ть   *уважа́|ть*

3. Они́ не .... мои́х друзе́й. 4. Они́ меня́ не ....

хоте́ть   *разреша́|ть*

5. Они́ не .... покупа́ть соба́ку. 6. Они́ не ....
мне рабо́тать.

выключа́|ть   *приход|и́ть*

7. Они́ сра́зу .... му́зыку, когда́ .... домо́й.

заставля́|ть   ✳ *да|ва́ть*

8. Они́ .... меня́ учи́ться. 9. Они́ не ....
мне свобо́ды.

✳ *контроли́р|овать*

10. Они́ меня́ всё вре́мя ....

обма́ныва|ть   *руга́|ть*

11. Они́ иногда́ меня́ .... 12. Они́ всё вре́мя меня́ .... ».

A list of forms:

понима́ | ть ⇨ они́ понима́**ют**
— to understand

ду́ма | ть ⇨ они́ ду́ма**ют**
— to think

люб | и́ть ⇨ они́ лю́б**ят**
— to love, to like

уважа́ | ть ⇨ они́ уважа́**ют**
— to respect

хоте́ть ⇨ они́ хот**я́т**
— to want, to wish

разреша́ | ть ⇨ они́ разреша́**ют**
— to allow

выключа́ | ть ⇨ они́ выключа́**ют**
— to switch off

приход | и́ть ⇨ они́ прихо́д**ят**
— to come back

заставля́ | ть ⇨ они́ заставля́**ют**
— to force

✳ да | ва́ть ⇨ они́ да**ю́т**
— to give

✳ контроли́р | овать ⇨ они́ контроли́р**уют**
— to control

обма́ныва | ть ⇨ они́ обма́нывa**ют**
— to cheat

руга́ | ть ⇨ они́ руга́**ют**
— to scold, to reprimand

Check the key.

Unit 56
PRESENT TENSE. FIRST PERSON PLURAL:
-ем, -ём, -им endings

Exercise 124
Insert the proper forms of the verbs given in the infinitive.
Translate the sentences.

А вот что говорят родители Артёма:
And here is what Artyom's parents say:

дума|ть

1. Мы .... , что мы хорошие родители.

работа|ть

2. Мы .... с утра до вечера.

✳ *уста|вáть*

3. Мы очень ....

приход|úть   *хот|éть*

4. Когда мы .... домой, мы .... тишины́.

хот|éть

5. Мы не .... покупáть собáку, потому

✳ *жить*

что мы .... в мáленькой квартúре.

✳ *мочь*

6. Мы не .... покупáть Артёму всё, что он хóчет.

✳ *да|вáть*

7. Мы .... ему́ кармáнные дéньги.

помогá|ть

8. Мы .... ему́ дéлать урóки.

éзд|ить

9. Мы вмéсте .... в óтпуск.

ход|úть

10. Мы вмéсте .... гуля́ть.

дéла|ть   ✳ *мочь*

11. Мы .... для негó всё, что ....

хот|éть

12. Мы .... ему́ тóлько добрá.

люб|úть

13. Мы егó очень .... ».

350

A list of forms:

ду́ма│ть ⇨ мы ду́ма**ем**

— to think

рабо́та│ть ⇨ мы рабо́та**ем**

— to work

✳ уста│ва́ть ⇨ мы уста**ём**

— to get tired

приход│и́ть ⇨ мы прихо́д**им**

— to come

хот│е́ть ⇨ мы хоти́**м**

— to want, to wish

✳ жить ⇨ мы живё**м**

— to live

✳ мочь ⇨ мы мо́ж**ем**

— to can, to be able to

✳ да│ва́ть ⇨ мы да**ём**

— to give

помог│а́ть ⇨ мы помога́**ем**

— to help

е́зд│ить ⇨ мы е́зд**им**

— to go, to travel

ход│и́ть ⇨ мы хо́д**им**

— to go

де́ла│ть ⇨ мы де́ла**ем**

— to do

люб│и́ть ⇨ мы лю́б**им**

— to love

Check the key.

Unit 57
PRESENT TENSE. SECOND PERSON PLURAL:
-ете, **-ите** endings for ordinary verbs,

-етесь, **-итесь** for reflexive verbs

Exercise 125
Insert the proper forms of the verbs given in the infinitive.
Irregular forms are marked. Translate the sentences.

В шко́ле учителя́ ча́сто говоря́т де́тям:
School teachers often tell schoolchildren:

чита́\ть

1. Вы ма́ло ....

де́ла\ть

2. Вы не .... дома́шнее зада́ние.

разгова́рива\ть

3. Вы всё вре́мя .... на уро́ках.

слу́ша\ть   *говор\и́ть*

4. Вы не .... , что я ....

ду́ма\ть   *зна\ть*

5. Вы .... , что всё уже́ ....

опа́здыва\ть

6. Вы ча́сто .... на пе́рвый уро́к.

хот\е́ть

7. Вы не .... учи́ться.

уч\и́ть

8. Вы не .... пра́вила.

кур\и́ть

9. Вы .... на переме́не.

✳ *мочь*

10. Вы не .... посиде́ть споко́йно да́же полчаса́.

занима́\ться

11. Вы ма́ло ....

A list of forms:

читá | ть ⇨ вы читáе**те**

— to read

déла | ть ⇨ вы déлае**те**

— to do

разговáрива | ть ⇨ вы разговáривае**те**

— to talk, to speak

слýша | ть ⇨ вы слýшае**те**

— to listen

говор | и́ть ⇨ я говор**ю́**

— to tell, to speak, to talk

дýма | ть ⇨ вы дýмае**те**

— to think

зна | ть ⇨ вы зна́е**те**

— to know

опáздыва | ть ⇨ вы опáздывае**те**

— to come late

хот | éть ⇨ вы хоти́**те**

— to want, to wish

уч | и́ть ⇨ вы ýчи**те**

— to learn

кур | и́ть ⇨ вы кýри**те**

— to smoke

✳ мочь ⇨ вы мо́же**те**

— to can, to be able to

занимá | ться ⇨ вы занимáе**тесь**

— to study

Check the key.

Unit 58
PRESENT TENSE. POLITE FORMS («**ВЫ**» FORMS):
-**ете**, -**ите**, -**ёте** endings

Exercise 126
Insert the proper forms of the verbs given in the infinitive.
Irregular forms are marked. Translate the sentences.

У Елéны Петрóвны былá любопы́тная сосéдка.
Э́та сосéдка задавáла Елéне Петрóвне рáзные вопрóсы:
Elena Petrovna had an inquisitive neighbour, an old lady.
The lady neighbour used to ask her various questions:

рабóта\ть   *получá\ть*

1. А где вы _____ ? 2. А скóлько вы _____ ?

рабóта\ть

3. А вы _____ далекó от дóма?

скучá\ть   *уезжá\ть*

4. Вы _____ , когдá ваш муж _____ в экспеди́цию?

умé\ть   *помогá\ть*

5. Вы _____ вязáть? 6. Вы _____ дéтям дéлать урóки?

готóв\ить

7. Как вы _____ борщ?

✱ *мочь*

8. Вы _____ дать мне рецéпт «бы́строго» тóрта?

люб\и́ть

9. Вы _____ кóмнатные цветы́?

читá\ть

10. Что вы сейчáс _____ ?

покупá\ть   *выпи́сыва\ть*

11. Вы _____ газéты и журнáлы и́ли _____ ?

ид\ти́   *хот\éть*

12. А кудá вы сейчáс _____ ? 13. А что вы _____ купи́ть?

✱ *поéхать*

14. Вы _____ в э́том годý в óтпуск?

✱ *поехать*

15. Кудá вы _____ в óтпуск?

✱ *éхать*   ✱ *приéхать*

16. Вы _____ в óтпуск однá? 17. Когдá вы _____ обрáтно?

A list of forms:

рабо́та | ть ⇨ вы рабо́та**ете**

— to work

получа́ | ть ⇨ вы получа́**ете**

— *here*: to earn money

скуча́ | ть ⇨ вы скуча́**ете**

— to miss

уезжа́ | ть ⇨ он уезжа́**ет**

— to leave

уме́ | ть ⇨ вы уме́**ете**

— to can, to know how to do

помога́ | ть ⇨ вы помога́**ете**

— to help

гото́в | ить ⇨ вы гото́в**ите**

— to cook

✳ мочь ⇨ вы мо́**жете**

— to can

люб | и́ть ⇨ вы лю́б**ите**

— to love, to like

чита́ | ть ⇨ вы чита́**ете**

— to read

покупа́ | ть ⇨ вы покупа́**ете**

— to buy

выпи́сыва | ть ⇨ вы выпи́сыва**ете**

— to be subscribed to

ид | ти́ ⇨ вы ид**ёте**

— to go, to walk

хот | е́ть ⇨ вы хот**и́те**

— to want, to wish

✳ пое́хать ⇨ вы **пое́дете** — to go to

✳ е́хать ⇨ вы **е́дете** — to go to

✳ прие́хать обра́тно ⇨ вы **прие́дете** обра́тно

— to come back

Check the key.

Unit 59
PAST TENSE. MASCULINE FORMS:
-л ending for regular verbs

Exercise 127
Insert the proper forms of the verbs given in the infinitive.
Irregular forms are marked. Translate the sentences.

Расска́зы о Никола́е Петро́виче
Рассказ № 1

рабо́та|ть
1. Никола́й Петро́вич, муж Еле́ны Петро́вны, ... гео́логом.

служи́|ть
2. В мо́лодости Никола́й Петро́вич .... в а́рмии на Ура́ле.

находи́|ть
3. Он ча́сто .... там краси́вые ка́мни.

зна|ть
4. Но он не .... их назва́ний.

реши́|ть
5. Молодо́й Никола́й .... стать гео́логом.

зако́нчи|ть
6. Никола́й Петро́вич .... геологи́ческий факульте́т Моско́вского университе́та.

иска́|ть
7. Всю жизнь Никола́й Петро́вич .... нефть.

е́зди|ть
8. Он .... в экспеди́ции в Сиби́рь, на Да́льний Восто́к, в Каре́лию, во Вьетна́м, в А́фрику, на Ку́бу.

вы́учи|ть
9. В университе́те Никола́й Петро́вич .... францу́зский язы́к.

говори́|ть   *чита́|ть*
10. Он хорошо́ .... по-францу́зски, ...

понима́|ть
по-англи́йски и .... по-испа́нски и по-вьетна́мски.

игра́|ть

11. Никола́й Петро́вич хорошо́ .... на гита́ре.

зна|ть   *уме́|ть*

12. Он .... мно́го анекдо́тов и .... расска́зы-вать их.

A list of forms:

рабо́та | ть ⇨ он рабо́тал — he worked

служи́ | ть ⇨ он служи́л — he served

находи́ | ть ⇨ он находи́л — he found/discovered

зна | ть ⇨ он знал — he knew

реши́ | ть ⇨ он реши́л — he decided

зако́нчи | ть ⇨ он зако́нчил — he finished/graduated

иска́ | ть ⇨ он иска́л — he was looking for

е́зди | ть ⇨ он е́здил — he travelled, he used to go

вы́учи | ть ⇨ он вы́учил — he learned

говори́ | ть ⇨ он говори́л — he spoke

чита́ | ть ⇨ он чита́л — he read

понима́ | ть ⇨ он понима́л — he understood

игра́ | ть ⇨ он игра́л — he played

уме́ | ть ⇨ он уме́л — he could

Check the key.

Unit 60
PAST TENSE. MASCULINE FORMS:
-л ending for regular verbs. Some irregular forms

Exercise 128
Insert the proper forms of the verbs given in the infinitive.
Irregular forms are marked. Translate the sentences.

Рассказ № 2

бы|ть

1. Когда́ Никола́й Петро́вич .... во Вьетна́ме,

укуси́|ть   *poisonous spider*

в джу́нглях его́ .... ядови́тый пау́к.

✳ умер|е́ть

2. Никола́й Петро́вич чуть не ....

guide   *✳ спас|ти́*

3. Проводни́к-вьетна́мец .... его́.

да|ть

4. Он .... Никола́ю Петро́вичу ма́ленькую буты́лочку

показа́|ть

и .... же́стами, что на́до всё бы́стро вы́пить.

вы́пи|ть   *потеря́|ть*

5. Никола́й Петро́вич .... и ....

consciousness
созна́ние.

лежа́|ть   *✳е|сть*

6. Так он .... два дня, ничего́ не .... и не

пи|ть

....

вы́здорове|ть   *✳ мочь*

7. А ещё через де́нь он совсе́м .... и ....
идти́ сам.

✳ найти́

8. Во Вьетна́ме Никола́й Петро́вич .... нефть

получи́|ть

и за э́то .... вы́сший вьетна́мский о́рден.

A list of forms:

бы | ть ⇨ он был — he was

укуси́ | ть ⇨ пау́к укуси́л его́ — a spider bit him

✳ умер|е́ть ⇨ он **у́мер** — he died

✳ спас|ти́ ⇨ он **спас** — he saved

да | ть ⇨ он дал — he gave

показа́ | ть ⇨ он показа́л — he showed

вы́пи | ть ⇨ он вы́пил — he drank

потеря́ | ть ⇨ он потеря́л — he lost

лежа́ | ть ⇨ он лежа́л — he has been lying

✳ е | сть ⇨ он **ел** — he ate

пи | ть ⇨ он пил — he drank

вы́здорове | ть ⇨ он вы́здоровел — he recovered

✳ мочь ⇨ он **мог** — he could

✳ найти́ ⇨ он **нашёл** — he found, he discovered

получи́ | ть ⇨ он получи́л — he got, he received

Check the key.

Unit 61

PAST TENSE. MASCULINE FORMS:
-л ending for regular verbs, also some irregular forms

Exercise 129
Insert the proper forms of the verbs given in the infinitive. Irregular forms are marked. Translate the sentences.

Рассказ № 3
Как Николай Петро́вич стал «дире́ктором алма́зного при́иска».
How Nikolay Petrovich became the «director of a diamond mine».

           * *уйти́*   *купи́|ть*

1. Когда́ Никола́й Петро́вич .... на пе́нсию, он .... да́чу.

        хоте́|ть

2. Он .... там про́сто отдыха́ть.

             заста́ви|ть

3. Но жена́ Еле́на Петро́вна .... его́ рабо́тать в саду́.

   ненави́де|ть   *де́ла|ть*

4. Он .... э́ту рабо́ту, но .... её.

              копа́|ть   * *найти*

5. Одна́жды Никола́й Петро́вич .... коло́дец и ....
diamond
алма́з.

         бы|ть

6. Алма́з .... о́чень ма́ленький.

          узна́|ть   *рассказа́|ть*

7 Сосе́д Никола́я Петро́вича .... об э́том и всём ....

             прие́ха|ть

8. Вско́ре в да́чный посёлок .... представи́тель
            купи́|ть
(*representative*) иностра́нной фи́рмы и .... у Никола́я Петро́вича дом и зе́млю.

        подписа́|ть   *получи́|ть*

9. Никола́й Петро́вич .... каки́е-то докуме́нты и .... де́ньги.

     назна́чи|ть

10. Иностра́нец .... Никола́я Петро́вича генера́льным дире́ктором алма́зного при́иска.

     поста́ви|ть   *fence*

11. Иностра́нец .... высо́кий забо́р вокру́г уча́стка Никола́я Петро́вича и ....
     уе́ха|ть

ви́де|ть

12. Бо́льше никто́ и никогда́ того́ челове́ка не ....

зави́дова|ть   *хоте́|ть*

13. Сосе́д о́чень .... Никола́ю Петро́вичу, он то́же .... стать бога́тым.

14. Э́тот сосе́д сказа́л Еле́не Петро́вне, что Никола́й Петро́вич её

обману́|ть

просто ....

сказа́|ть   *хоте́|ть*

15. И ещё он ...., что Никола́й Петро́вич не ....

вы́дума|ть

рабо́тать в саду́ и поэ́тому .... исто́рию с алма́зом.

запла́ка|ть   *уе́ха|ть*

16. Еле́на Петро́вна .... и .... в го́род.

17. С тех пор Никола́й Петро́вич споко́йно живёт на да́че и рабо́тает «дире́ктором алма́зного при́иска».

A list of forms:

* ✱ уйти́ ⇨ он **ушёл** на пе́нсию — he went on pension / he retired
  купи́|ть ⇨ он купи́л — he bought
  хоте́|ть ⇨ он хоте́л — he wanted, he wished
* *F.* заста́ви|ть ⇨ она́ заста́вила — she forced
  ненави́де|ть ⇨ он ненави́дел — he hated
  де́ла|ть ⇨ он де́лал — he did
  копа́|ть ⇨ он копа́л — he was digging
* ✱ найти́ ⇨ он **нашёл** — he found / he discovered
  бы|ть ⇨ он был — he was
  узна́|ть ⇨ он узна́л — he found out / learned
  рассказа́|ть ⇨ он рассказа́л — he told
  прие́ха|ть ⇨ он прие́хал — he came / arrived
  подписа́|ть ⇨ он подписа́л — he signed
  получи́|ть ⇨ он получи́л — he got
  назна́чи|ть ⇨ он назна́чил — he appointed
  поста́ви|ть ⇨ он поста́вил — he put / installed, built
  уе́ха|ть ⇨ он уе́хал — he left
  ви́де|ть ⇨ никто́ его́ не ви́дел — nobody saw him
  зави́дова|ть ⇨ он зави́довал — he envied
  хоте́|ть ⇨ он хоте́л — he wanted, he wished
  обману́|ть ⇨ он обману́л — he cheated
  сказа́|ть ⇨ он сказа́л — he said
  вы́дума|ть ⇨ он вы́думал — he invented
* *F.* запла́ка|ть ⇨ она́ запла́кала — she started crying
* *F.* уе́ха|ть ⇨ она́ уе́хала — she left / went away

Check the key.

Unit 62
PAST TENSE. FEMININE FORMS:
-ла ending for regular verbs, some irregular forms

Exercise 130
Insert the proper forms of the verbs given in the infinitive.
Irregular forms are marked. Translate the story.

Расска́з о Еле́не Петро́вне.

прие́ха|ть

1. Ле́на (Еле́на Петро́вна) .... в Москву́ из Калу́ги.

ко́нчи|ть

2. Она́ .... шко́лу с золото́й меда́лью.

сда|ть

3. Она́ о́чень хорошо́ .... вступи́тельные экза́мены.

поступи́|ть

и .... в университе́т на биологи́ческий факульте́т.

хоте́|ть

4. Ле́на .... стать изве́стным био́логом.

е́зди|ть

5. Она́ мно́го .... на пра́ктику в ра́зные запове́дники.

встре́ти|ть   ❋ *вы́йти*

6. Пото́м Ле́на .... Никола́я и .... за
него́ за́муж.

❋ *мочь*

7. Когда́ родили́сь близнецы́, она́ уже́ не .... бо́льше
никуда́ е́здить.

сиде́|ть   ❋ *пойти́*

8. Три го́да она́ .... до́ма с детьми́, а пото́м ....
рабо́тать.

рабо́та|ть

9. Ле́на .... не по специа́льности.

10. Она́ устро́илась рабо́тать в Министе́рство геоло́гии.

рабо́та|ть

11. Всю жизнь она́ .... секретарём у мини́стра.

бы|ть

12. Рабо́та .... не о́чень интере́сная, но Ле́на

получа́|ть

.... хоро́шую зарпла́ту.

$$\overset{воспи́тыва|ть}{} \qquad \overset{жда|ть}{}$$

13. Она́ .... дете́й и .... Никола́я из экспеди́ций.

$$\overset{люби́|ть}{}$$

14. Ле́на о́чень .... е́здить на экску́рсии,

$$\overset{организо́выва|ть}{}$$

на рабо́те она́ .... вечера́, дни рожде́ния.

$$\overset{пе|ть}{} \qquad \overset{игра́|ть}{}$$

15. Ле́на хорошо́ .... и .... на гита́ре.

16. Вре́мя лете́ло о́чень бы́стро, и вот

$$\overset{ста́|ть}{}$$

Еле́на Петро́вна уже́ .... пенсионе́ркой.

A list of forms:

прие́ха | ть ⇨ она́ **прие́хала** из — she came from

зако́нчи | ть ⇨ она́ **зако́нчила** шко́лу — she graduated from school

сда | ть ⇨ она́ **сдала́** экза́мены — she passed the exams

поступи́ | ть ⇨ она́ **поступи́ла** в университе́т — she entered the university

хоте́ | ть ⇨ она́ **хоте́ла** — she wanted, she wished

е́зди | ть ⇨ она́ **е́здила** — she travelled

встре́ти | ть ⇨ она **встре́тила** — she met

✳ вы́йти ⇨ она́ **вы́шла** за́муж — she got married

✳ мочь ⇨ она́ не **могла́** — she could not

сиде́ | ть ⇨ она́ **сиде́ла** до́ма — she stayed at home

✳ пойти́ ⇨ она́ **пошла́** рабо́тать — she started working

рабо́та | ть ⇨ она́ **рабо́тала** — she worked

бы | ть ⇨ она́ **была́** — she was

получа́ | ть ⇨ она́ **получа́ла** — she got/she received

воспи́тыва | ть ⇨ она́ **воспи́тывала** дете́й —

she was raising her children

жда | ть ⇨ она́ **ждала́** — she was waiting

люби́ | ть ⇨ она́ **люби́ла** — she loved

организо́выва | ть ⇨ она́ **организо́вывала** — she used to organize

пе | ть ⇨ она́ **пе́ла** — she sang

игра́ | ть ⇨ она́ **игра́ла** на гита́ре — she played the guitar

ста | ть ⇨ она́ **ста́ла** — she became

Check the key.

Unit 63

PAST TENSE. MASCULINE AND FEMININE FORMS:
masculine endings **-л** and **-лся**,
feminine endings **-ла** and **-лась**

Exercise 131
Insert the proper forms of the verbs given in the infinitive.
Irregular forms are marked. Translate the story.

Расска́з о том, как Никола́й познако́мился с Еле́ной.
How Nikolay met Elena.

верну́|ться   *поступи́|ть*

1. Когда́ Никола́й .... из а́рмии, он .... учи́ться в университе́т.

учи́|ться   *занима́|ться*

2. Когда́ Никола́й .... в университе́те, он ....

игра́|ть

спо́ртом .... в волейбо́л.

тренирова́|ться

3. Он .... вечера́ми три ра́за в неде́лю.

стара́|ться

4. Он .... всё успе́ть.

зако́нчи|ться

5. Одна́жды трениро́вка .... по́здно.

помы́|ться   *переоде́|ться*

6. Никола́й, как обы́чно, ... , ... ,

причеса́|ться   ✱ *пойти́*

.... и .... в буфе́т.

надея́|ться

7. Он .... , что буфе́т ещё рабо́тает.

уви́де|ть   *закры́|ться*

8. Но Никола́й .... , что буфе́т уже́ ....

разозли́|ться   *хоте́|ть*

9. Он о́чень .... , потому́ что о́чень .... пить.

постуча́|ть   *откры́|ть*

10. Он .... в дверь буфе́та, но дверь никто́ не ....

✳ вы́йти   *уви́де|ть*

11. Никола́й .... на у́лицу и .... симпати́чную де́вушку.

сиде́|ть   *собира́|ться*

12. Она́ .... на скаме́йке и .... пить чай из те́рмоса.

сказа́|ть

13. Никола́й гро́мко .... : «Как пло́хо, что буфе́т
закры́|ться
............................!»

доста́|ть

14. Тогда́ де́вушка .... из су́мки ещё оди́н стака́нчик,
нали́|ть   *да|ть*
.... в него́ чай и .... стака́нчик Никола́ю.

обра́дова|ться   *взя|ть*

15. Никола́й о́чень .... , ... стака́нчик,
вы́пи|ть   *поду́ма|ть*
.... чай и .... : «Кака́я хоро́шая де́вушка! И о́чень симпати́чная!»

сказа́|ть   *спроси́|ть*

16. Он .... ей спаси́бо и .... , как её зову́т.

поня́|ть   *влюби́|ться*

17. Никола́й .... , что он .... в э́ту де́вушку.

узна́|ть

18. Он .... , что её зову́т Ле́на, что она́ то́же у́чится в университе́те и живёт в общежи́тии.

A list of forms:

верну́ | ться ⇨ он верну́лся — he came back

поступи́ | ть ⇨ он поступи́л в университе́т — he entered university

учи́ | ться ⇨ он учи́лся — he studied

занима́ | ться ⇨ он занима́лся спо́ртом — he went in for sports

игра́ | ть ⇨ он игра́л — he played

тренирова́ | ться ⇨ он тренирова́лся — he was training

стара́ | ться ⇨ он стара́лся — he tried

зако́нчи | ться ⇨ трениро́вка зако́нчилась — training ended

помы́ | ться ⇨ он помы́лся — he washed

переоде́ | ться ⇨ он переоде́лся — he changed his clothes

причеса́ | ться ⇨ он причеса́лся — he combed his hair

✱ пойти́ ⇨ он **пошёл** — he went to

наде́я | ться ⇨ он наде́ялся — he hoped

уви́де | ть ⇨ он уви́дел — he saw

закры́ | ться ⇨ он закры́лся — it closed

разозли́ | ться ⇨ он разозли́лся — he got angry

хоте́ | ть ⇨ он хоте́л — he wanted

постуча́ | ть ⇨ он постуча́л — he knocked

откры́ | ть ⇨ никто́ не откры́л — nobody opened the door

✱ вы́йти ⇨ он **вы́шел** — he went out

уви́де | ть ⇨ он уви́дел — he saw

сиде́ | ть ⇨ она́ сиде́ла — she was sitting

собира́ | ться ⇨ она́ собира́лась — she was going to

сказа́ | ть ⇨ он сказа́л — he said

закры́ | ться ⇨ он закры́лся — it closed

доста́ | ть ⇨ она́ доста́ла — she took out

нали́ | ть ⇨ она́ налила́ — she poured

да | ть ⇨ она́ дала́ — she gave

обра́дова | ться ⇨ он обра́довался — he was glad

взя | ть ⇨ он взял — he took

вы́пи | ть ⇨ он вы́пил — he drank

поду́ма | ть ⇨ он поду́мал — he thought

спроси́ | ть ⇨ он спроси́л — he asked

поня́ | ть ⇨ он по́нял — he realized

влюби́ | ться ⇨ он влюби́лся — he fell in love

узна́ | ть ⇨ он узна́л — he learned

Check the key.

Unit 64
PAST TENSE. PLURAL FORMS:
-ли ending for ordinary verbs,
-лись ending for reflexive verbs

Exercise 132
Insert the proper forms of the verbs given in the infinitive. Translate the sentences.

Рассказ о Лёне и Николае

встреча|ться

1. Лёна и Николай .... два года.

езди|ть

2. Лётом на каникулы они .... в студенческий лагерь в

езди|ть   *ката́|ться*

Крым, а в зимние каникулы они .... за город и ....

там на лыжах.

занима́|ться   *ходи́|ть*

3. Лёна и Николай вместе .... в библиотеке, ...

в кино.

пожени́|ться

4. А потом они ....

жи|ть

5. Сначала они .... у родителей Николая.

ссо́ри|ться

6. В это время они часто ....

купи́|ть   *переёха|ть*

7. Потом они .... кооперативную квартиру и ....

в другой район.

роди́|ться

8. У них .... близнецы́: сын Борис и дочь Татьяна.

A list of forms:
встреча́ | ться ⇨ они́ встреча́**лись** — they were seeing each other
езди | ть ⇨ они́ езди**ли** — they went to
ката́ | ться ⇨ они́ ката́**лись** на лыжах — they went skiing
занима́ | ться ⇨ они́ занима́**лись** — they studied
ходи́ | ть ⇨ они́ ходи́**ли** — they visited
пожени́ | ться ⇨ они́ пожени́**лись** — they got married
жи | ть ⇨ они́ жи́**ли** — they lived
ссо́ри | ться ⇨ они́ ссо́ри**лись** — they quarrelled
купи́ | ть ⇨ они́ купи́**ли** — they bought
переёха | ть ⇨ они́ переёха**ли** — they moved
роди́ | ться ⇨ они́ роди́**лись** — they were born

Check the key.

Exercise 133
Insert the proper forms of the verbs given in the infinitive.
Irregular forms are marked. Translate the sentences.

Расска́зы о близнеца́х.
Stories about the twins.

Расска́з № 1

учи́|ться

1. Близнецы́ уже́ .... в шко́ле.

приходи́|ть

2. Ве́чером, когда́ Еле́на Петро́вна .... домо́й,

спра́шива|ть

она́ обы́чно .... дете́й:

сде́ла|ть   *вы́учи|ть*

«Вы .... уро́ки? Вы .... стихотворе́ние?

повтори́|ть

3. Вы всё .... по-англи́йскому?

✳ *прийти́*

4. Во ско́лько вы .... домо́й из шко́лы?

убра́|ть

5. Вы .... кварти́ру?

купи́|ть

6. Вы .... хлеб?

помы́|ть

7. Вы .... посу́ду?

вы́нес|ти

8. Вы .... му́сор?

✳ *е|сть*

9. Почему́ вы ничего́ не .... ?

ходи́|ть

10. Вы .... на трениро́вку?»

молча́|ть   *говори́|ть*

11. Но де́ти снача́ла .... , ничего́ не .... ,

начина́|ть

а пото́м сра́зу .... спо́рить.

поня́|ть

12. Тогда́ роди́тели .... , что ну́жно задава́ть вопро́сы ка́ждому отде́льно.

368

A list of forms:

учи́ | ться ⇨ они́ учи́**лись**

— to study

F. приходи́ | ть ⇨ она́ приходи́**ла**

— to come

F. спра́шива | ть ⇨ она́ спра́шива**ла**

— to ask

сде́ла | ть ⇨ вы сде́ла**ли**

— to do

вы́учи | ть ⇨ вы вы́учи**ли**

— to learn

повтори́ | ть ⇨ вы повтори́**ли**

— to repeat

✳ прийти́ ⇨ вы **пришли́**

— to come

убра́ | ть ⇨ вы убра́**ли**

— to clean

купи́ | ть ⇨ вы купи́**ли**

— to buy

помы́ | ть ⇨ вы помы́**ли**

— to wash

вы́нес | ти ⇨ вы вы́нес**ли**

— to take out

✳ е | сть ⇨ вы е́**ли**

— to eat

ходи́ | ть ⇨ вы ходи́**ли**

— to go

молча́ | ть ⇨ они́ молча́**ли**

— to keep silent

говори́ | ть ⇨ они́ говори́**ли**

— to talk, to speak, to reply

начина́ | ть ⇨ они́ начина́**ли**

— to begin, to start

поня́ | ть ⇨ они́ по́**няли**

— to understand, to realize

> Note the stress!

Check the key.

Unit 65
PAST TENSE. MASCULINE FORMS:
-л ending

Exercise 134
Insert the proper forms of the verbs given in the infinitive. Irregular forms are marked. Translate the sentences.

Рассказ №2

задава́|ть

1. Снача́ла ма́ма обы́чно .... вопро́сы Бори́су:

сде́ла|ть   *вы́учи|ть*

2. «Бо́ря, ты .... уро́ки? Ты .... стихотворе́ние?

повтори́|ть

3. Ты всё .... по англи́йскому?

убра́|ть

4. Ты .... кварти́ру?

ходи́|ть

5. Ты .... сего́дня на трениро́вку?

купи́|ть   *помы́|ть*

6. Ты .... хлеб? Ты .... посу́ду?

✳ *вы́нес|ти*

7. Ты .... му́сор?

✳ *прийти́*

8. Во ско́лько ты .... домо́й из шко́лы?

✳ *е́|сть*

9. Почему́ ты ничего́ не .... ?

заплати́|ть   *звони́|ть*

10. Ты .... за кварти́ру? Кто .... ?»

A list of forms:

зада́ | ть вопро́сы ⇨ она́ задала́ **вопро́сы** — she asked questions

сде́ла | ть ⇨ ты сде́лал
— to do

вы́учи | ть ⇨ ты вы́учил
— to learn

повтори́ | ть ⇨ ты повтори́л
— to repeat

убра́ | ть ⇨ ты убра́л
— to clean

ходи́ | ть ⇨ ты ходи́л
— to go

купи́ | ть ⇨ ты купи́л
— to buy

помы́ | ть ⇨ ты помы́л
— to wash

✳ вы́нес | ти ⇨ ты вы́**нес**
— to take out

✳ прийти́ ⇨ ты **пришёл**
— to come (back)

✳ е́|сть ⇨ ты ел
— to eat

заплати́ | ть ⇨ ты заплати́л
— to pay

звони́ | ть ⇨ Кто звони́л?
— to call, to phone

Check the key.

370

Exercise 135
Insert the proper forms of the verbs given in the infinitive. Irregular forms are marked. Translate the sentences.

Рассказ №3

отвеча́|ть   *сде́ла|ть*

1. Вот что _____ Бо́ря: 2. «Да, я все уро́ки _____ .

вы́учи|ть   *повтори́|ть*

3. Да, я _____ стихотворе́ние. 4. Да, я всё _____ по-английскому.

убра́|ть

5. Я _____ то́лько свою́ ко́мнату.

ходи́|ть

6. Нет, я не _____ сего́дня на трениро́вку.

помы́|ть   ✱ *вы́нес|ти*

7. Я _____ то́лько таре́лки и ча́шки. 8. Да, я _____ му́сор.

✱ *прийти́*

9. Я _____ из шко́лы в три.

✱ *е́|сть*   ✱ *е́|сть*

10. Я ничего́ не _____ до́ма, потому́ что я _____ в шко́ле.

заплати́|ть   *забы́|ть*

11. Нет, я не _____ за кварти́ру, я _____ .

ката́|ться   ✱ *упа́|сть*   *порва́|ть*

12. Ма́ма, когда́ я _____ на велосипе́де, я _____ и _____ брю́ки.

слома́|ть

13. Хорошо́, что я не _____ ру́ку и́ли но́гу.

звони́|ть

14. Сего́дня никто́ не _____ ».

A list of forms:

отвеча́ | ть ⇨ он отвеча́л
— to answer
сде́ла | ть ⇨ я сде́лал
— to do
вы́учи | ть ⇨ я вы́учил
— to learn
повтори́ | ть ⇨ я повтори́л
— to repeat
убра́ | ть ⇨ я убра́л
— to clean
ходи́ | ть ⇨ я ходи́л
— to go
помы́ | ть ⇨ я помы́л
— to wash
✱ вы́нес | ти ⇨ я **вы́нес**
— to take out
✱ прийти́ ⇨ я **пришёл**
— to come (back)

✱ е́ | сть ⇨ я ел
— to eat
заплати́ | ть ⇨ я заплати́л
— to pay
забы́ | ть ⇨ я забы́л
— to forget
ката́ | ться ⇨ я ката́лся
— to ride
✱ упа́ | сть ⇨ я упа́л
— to fall down
порва́ | ть ⇨ я порва́л
— to tear
слома́ | ть ⇨ я слома́л
— to break
звони́ | ть ⇨ никто́ не звони́л
— to phone

Check the key.

Unit 66
PAST TENSE. FEMININE FORMS:
-ла ending

Exercise 136
Insert the proper forms of the verbs given in the infinitive.
Irregular forms are marked. Translate the sentences.

Расска́з №4

зада́|ть

1. Пото́м ма́ма .... вопро́сы Татья́не:

сде́ла|ть   *вы́учи|ть*

2. «Та́ня, ты .... уро́ки? 3. Ты .... стихотворе́ние?

повтори́|ть   *убра́|ть*

4. Ты всё .... по-англи́йскому? 5. Ты .... кварти́ру?

ходи́|ть

6. Ты .... сего́дня в музыка́льную шко́лу?

купи́|ть   *помы́|ть*

7. Ты .... са́хар? 8. Ты .... посу́ду?

✳ *прийти́*

9. Во ско́лько ты .... домо́й из шко́лы?

✳ *ес|ть*

10. Почему́ ты ничего́ не .... ?

звони́|ть   ✳ *отнес|ти́*

11. Ты .... ба́бушке? 12. Ты .... ве́щи в химчи́стку?»

A list of forms:

зада́ | ть вопро́сы ⇨ она́ задала́ **вопро́сы** — she asked questions

сде́ла | ть ⇨ ты сде́лала — you did

вы́учи | ть ⇨ ты вы́учила — you learned

повтори́ | ть ⇨ ты повтори́ла — you repeated

убра́ | ть ⇨ ты убрала́ — you cleaned

ходи́ | ть ⇨ ты ходи́ла — you went

купи́ | ть ⇨ ты купи́ла — you bought

помы́ | ть ⇨ ты помы́ла — you washed

✳ прийти́ ⇨ ты **пришла́** — you came (back)

✳ е | сть ⇨ ты е́ла — you ate

звони́ | ть ⇨ ты звони́ла — you called/phoned

✳ отнес | ти́ ⇨ ты отнесла́ — you took to

Check the key.

Exercise 137

Insert the proper forms of the verbs given in the infinitive. Irregular forms are marked. Translate the sentences.

Рассказ № 5

отвеча́|ть   *сде́ла|ть*

1. Вот что _____ Та́ня: 2. «Да, я _____ уро́ки.

вы́учи|ть   *повтори́|ть*

3. Да, я _____ стихотворе́ние. 4. Я всё _____ по-англи́йскому.

убра́|ть   *убра́|ть*

5. Я _____ почти́ всю кварти́ру. 6. Бо́ря сам _____ свою́ ко́мнату.

ходи́|ть

7. Да, я _____ в музыка́льную шко́лу, но я не хочу́ бо́льше туда́ ходи́ть.

забы́|ть   *купи́|ть*

8. Ой, я _____ купи́ть са́хар, но я _____ шокола́дку.

✱ *съе|сть*

9. Ой, я уже́ _____ э́ту шокола́дку.

помы́|ть

10. Я _____ кастрю́ли, сковоро́дки, ло́жки и ви́лки,

помы́|ть   ✱ *прийти́*

а Бо́ря _____ ча́шки и таре́лки. 11. Я _____ домо́й в четы́ре.

✱ *е́|сть*   *хоте́|ть*

12. Я ничего́ не _____ , потому́ что не _____ .

звони́|ть   *заболе́|ть*

13. Да, я _____ ба́бушке. 14. Она́ _____ .

ходи́|ть   *бы|ть*

15. Я _____ в химчи́стку, но она́ _____ закры́та».

A list of forms:

отвеча́ | ть ⇨ она́ отвеча́ла — she answered
сде́ла | ть ⇨ я сде́лала — I did
вы́учи | ть ⇨ я вы́учила — I learned
повтори́ | ть ⇨ я повтори́ла — I repeated
убра́ | ть ⇨ я убрала́ — I cleaned
убра́ | ть ⇨ он убра́л — he cleaned
ходи́ | ть ⇨ я ходи́ла — I went
забы́ | ть ⇨ я забы́ла — I forgot
купи́ | ть ⇨ я купи́ла — I bought
✱ съе | сть ⇨ я съе́ла — I ate

помы́ | ть ⇨ я помы́ла — I washed
✱ прийти́ ⇨ я **пришла́** — I came
✱ е́ | сть ⇨ я е́ла — I ate
хоте́ | ть ⇨ я хоте́ла — I wanted
звони́ | ть ⇨ я звони́ла — I called
заболе́ | ть ⇨ она́ заболе́ла — she fell ill
ходи́ | ть ⇨ я ходи́ла — I went
бы | ть ⇨ она́ была́ — It was

Check the key.

Unit 67
PAST TENSE. MASCULINE AND FEMININE FORMS

Exercise 138
Insert the proper forms of the verbs given in the infinitive.
Irregular forms are marked. Translate the sentences.

Рассказ № 6.

рассказа́\ть

1. А вот что пото́м Та́ня .... ма́ме:

опозда́\ть   *пропусти́\ть*

2. «Ма́ма, а Бо́ря сего́дня .... в шко́лу, он ....

     забы́\ть   *кури́\ть*   *купи́\ть*

два уро́ка, ... до́ма ру́чку, ещё он .... и ....

вы́пи\ть

буты́лку пи́ва и всю .... ».

рассказа́\ть

3. А вот что пото́м .... Бо́ря:

опозда́\ть

4. «Ма́ма, а Та́ня сего́дня .... в музыка́льную шко́лу,

     болта́\ть   *ме́ри\ть*

пото́м два часа́ .... по телефо́ну, и она́ ....

твои́ ве́щи.

потеря́\ть

5. И по доро́ге домо́й Та́ня .... ключ от кварти́ры.

   ✳ *прийти́*

6. Она́ .... домо́й то́лько в четы́ре часа́, потому́ что це́лый час

иска́\ть   **✳** *найти́*

.... ключ, но так и не .... ».

A list of forms:

рассказа́ | ть ⇨ она́ рассказа́**ла** — she told
опозда́ | ть ⇨ он опозда́л — he was late
пропусти́ | ть ⇨ он пропусти́л — he skipped
забы́ | ть ⇨ он забы́л — he forgot   рассказа́ | ть ⇨ он рассказа́л — he told
кури́ | ть ⇨ он кури́л — he smoked   опозда́ | ть ⇨ она́ опозда́ла — she was late
купи́ | ть ⇨ он купи́л — he bought   болта́ | ть ⇨ она́ болта́ла — she chattered
вы́пи | ть ⇨ он вы́пил — he drank   ме́ри | ть ⇨ она́ ме́рила — she tried on
                                       потеря́ | ть ⇨ она́ потеря́ла — she lost
                               ✳ прийти́ ⇨ она́ **пришла́** — she came
                               иска́ | ть ⇨ она́ иска́ла — looked for
                               ✳ найти́ ⇨ она́ **нашла́** — she found

Check the key.

Unit 68
FUTURE TENSE FORMS

● **One-word** forms with the present tense endings for **perfective** verbs

● **Two-word** forms for **imperfective** verbs
(бу́ду, бу́дешь, бу́дет, бу́дем, бу́дете, бу́дут + infinitive)

Exercise 139
Use the proper forms of the verbs in the replies. Translate the sentences.

Диало́г № 1.
Никола́й е́дет в экспеди́цию. Nikolay is going on an expedition.
Никола́й и Ле́на обсужда́ют дета́ли пое́здки.
Nikolay and Lena are discussing the details of the future trip.

Никола́й:	Ле́на, ты зна́ешь, я е́ду в экспеди́цию.
Ле́на:	И куда́ ты **ед** | **ешь**?
Никола́й:	Я (1) .... во Вьетна́м.
	For how long you going?
Ле́на:	На ско́лько ты (2) .... ?
Никола́й:	Я (3) .... на це́лый го́д.
Ле́на:	Зна́чит, ты **прие́д** | **ешь** обра́тно через го́д?
Никола́й:	Да, я (4) .... обра́тно то́лько через го́д.
Ле́на:	А когда́ ты **уезжа́** | **ешь**?
Никола́й:	Я (5) .... через две́ неде́ли.
Ле́на:	А кто **бу́дет** руководи́телем экспеди́ции?
Никола́й:	А как ты ду́маешь, кто (6) .... руководи́телем ?
	Коне́чно, твой муж.
Ле́на:	Ско́лько челове́к **бу́дет** в гру́ппе?
Никола́й:	Всего́ в экспеди́ции (7) .... 12 челове́к.
Ле́на:	Ты **пока́ж** | **ешь** мне на ка́рте ваш маршру́т? *route*
Никола́й:	Да (8) ....
Ле́на:	У тебя́ есть ви́за?
	Not yet.
Никола́й:	Ещё нет.

Лёна: А когда́ ты **полу́ч│ишь** ви́зу?

Никола́й: Я (9) .... ви́зу на сле́дующей неде́ле.

Лёна: Вы **полет│и́те** ре́йсом «Аэрофло́та»?

Никола́й: Да, мы (10) .... ре́йсом «Аэрофло́та». Да, я забы́л тебе́ сказа́ть,

что э́то **бу́дет** междунаро́дная экспеди́ция.

Лёна: А кто **бу́д│ет** в гру́ппе?

Никола́й: В гру́ппе (11) .... ру́сские, францу́зы, че́хи и не́мцы.

Лёна: А где вы все **встре́т│итесь**?

Никола́й: Мы (12) .... в аэропо́рту.

Лёна: Ты **смо́жешь** отту́да позвони́ть?

Никола́й: Да, ✳ (13) ....

Лёна: Я **смогу́** отправля́ть тебе́ пи́сьма?

Никола́й: Да, ✳ (14) ....

Лёна: Ты **дашь** мне а́дрес?

Никола́й: Да, я ✳ (15) .... тебе́ а́дрес в понеде́льник.

Лёна: Что вы **возьм│ёте** из Москвы́?

equipment   medicines

Никола́й: Мы (16) .... из Москвы́ обору́дование, лека́рства

и не́которые проду́кты.

interpreter

Лёна: У вас **бу́дет** перево́дчик?

interpreter

Никола́й: Коне́чно, у нас (17) .... перево́дчик.

Лёна: А у вас **бу́дет** маши́на?

helicopter

Никола́й: У нас (18) .... не то́лько маши́на, но и вертолёт.

Лёна: А ско́лько дней вы **бу́д│ете** в столи́це Вьетна́ма?

Никола́й: Я ду́маю, что мы (19) .... там три-четы́ре дня.

exact route

Лёна: Когда́ вы **узна́│ете** то́чный маршру́т?

on the spot

Никола́й: Мы (20) .... то́чный маршру́т то́лько на ме́сте.

Лёна: Как ты ду́маешь, вы **найдёте** нефть?

We'll see

Никола́й: **Поживём — уви́дим.**

A list of forms:

я **éду** — I go/I am going to

ты **éдешь** — you are going

я **приéду** — I'll come (back)

я **уезжáю** — I am leaving

кто **бýдет** — who will be

бýдет двенáдцать человéк — there will be 12 people

я **покажý** — I'll show

я **получý** — I'll get/receive

мы **полетúм** — we'll fly

бýдут рýсские... — there'll be some Russians...

мы **встрéтимся** — we'll meet

✳ я **смогý** — I'll be able to

✳ ты **смóжешь** — will you be able to/will you manage?

✳ я **дам** — I'll give

мы **возьмём** — we'll take

у нас **бýдет** перевóдчик — we'll have...

у нас **бýдет** машúна — we'll have...

мы **бýдем** — we'll be / we'll stay

мы **узнáем** — we'll know / find out

Check the key.

Unit 69
FUTURE TENSE AND IMPERATIVE FORMS

Exercise 140
Use the proper forms of the verbs in the replies. Translate the sentences.

Диало́г № 2. Про́сьбы. — Requests.

backpack

Никола́й: Ле́на, **купи́**, пожа́луйста, но́вый рюкза́к.

Ле́на: Хорошо́, ✳ (1) ....

Никола́й: И ещё **купи́** но́вый спорти́вный костю́м, ка́рту, пала́тку, фона́рик, батаре́йки.

Ле́на: Стоп! Ты, пожа́луйста, снача́ла **поду́ма | й**, что на́до взять, а пото́м **соста́вь** спи́сок.

Никола́й: Хорошо́, я сего́дня ве́чером (2) .... и ✳ (3) .... спи́сок.

Ле́на: А что де́лать с твои́м днём рожде́ния? Ведь у тебя́ через неде́лю бу́дет день рожде́ния.

Никола́й: **Дава́й пригласи́м** *invite* роди́телей и друзе́й, **отме́тим** мой день рожде́ния и **вы́пьем** за успе́х на́шей экспеди́ции.

Ле́на: Хорошо́, **дава́й** (4) ....

Никола́й: **Позвон | и́** всем, пожа́луйста.

Ле́на: Хорошо́, я всем (5) .... А когда́ ты **начн | ёшь** собира́ть ве́щи?

Никола́й: Я (6) .... собира́ть ве́щи, когда́ ты всё **подгото́вишь**.

Ле́на: Я всё ✳ (7) .... , е́сли ты **дашь** мне спи́сок.

Никола́й: Я обяза́тельно ✳ (8) .... тебе́ спи́сок сего́дня ве́чером. Ты мне **помо́жешь?**

Ле́на: Коне́чно, ✳ (9) ....

Никола́й: Как ты ду́маешь, я **успе́ | ю** всё сде́лать за две неде́ли?

Лена: Коне́чно, (ты) (10) ....

Никола́й: **Возьм | и́**, пожа́луйста, на рабо́те о́тпуск.

Ле́на: Хорошо́, я (11) .... две неде́ли.

Никола́й: **Скаж | и́** ше́фу, что твой муж **уезжа́ет** в экспеди́цию.

Ле́на: Я (12) .... ему́, что ты **уезжа́ешь** на це́лый год. Кста́ти, у нас нет хле́ба. **Сход | и́** купи́ хле́ба.

Никола́й: **Пусть** де́ти **сход | ят** в магази́н.

Ле́на: Хорошо́, **пусть** они́ **схо́д | ят**.

A list of forms:

✳ я куплю́ — I'll buy

я поду́маю — I'll think it over

✳ я соста́влю спи́сок
  — I'll make a list

дава́й пригласи́м — let's invite

я позвоню́ — I'll phone

я начну́ — I'll start

✳ я подгото́влю — I'll prepare

✳ я дам — I'll give

✳ (я) помогу́ — I'll help

(ты) успе́ешь — you'll manage

я возьму́ — I'll take

я скажу́ — I'll tell

пусть они́ схо́дят — let them go *Check the key.*

Exercise 141

Insert the proper forms of the verbs in the replies.
Pay attention to the marked forms (future tense forms and imperative forms).
Translate the sentences.

Никола́й говори́т со свои́ми детьми́.
Nikolay is talking with his children.

Никола́й:	Де́ти, **сади́тесь.** Я хочу́ с ва́ми поговори́ть.
	Зна́ете, я **уезжа́ю** в экспеди́цию.
Та́ня:	Па́па, а когда́ ты **верн │ ёшься?**
Никола́й:	Я (1) .... через го́д.
Та́ня:	Па́па, а куда́ ты **е́д │ ешь?**
Никола́й:	Я (2) .... во Вьетна́м.
Та́ня и Бо́ря:	Па́па, а ты **привез │ ёшь** нам пода́рки?
Никола́й:	Коне́чно, (3) ....
Та́ня:	**Привез │ и́** мне кора́ллы!
Никола́й:	Е́сли уви́жу, обяза́тельно (4) ....
Бо́ря:	А мне **привез │ и́** обезья́ну или крокоди́ла!
Никола́й:	Обезья́ну я, коне́чно, не (5) ....
	И крокоди́ла то́же не (6) ....
	А что́-нибудь интере́сное (7) .... обяза́тельно.
Та́ня:	Па́па, а что ты **бу́д │ ешь де́лать** во Вьетна́ме?
Никола́й:	Я (8) .... **иска́ть** там нефть.
	И, пожа́луйста, **слу́шайтесь** ма́му!
Та́ня и Бо́ря (*ти́хо*):	Хорошо́, мы (9) .... слу́шаться.
Никола́й:	Я не слы́шу!
Та́ня (*гро́мко*):	Хорошо́, я (10) .... **слу́шаться.**
Бо́ря (громко):	Я то́же (11) .... **слу́шаться.**
Никола́й:	**Учи́те** уро́ки!
Та́ня и Бо́ря (*ти́хо*).	Хорошо́, мы (12) .... **учи́ть** уро́ки.
Никола́й:	Я не слы́шу!
Та́ня (*гро́мко*):	Хорошо́, я (13) .... **учи́ть** уро́ки.
Бо́ря (*гро́мко*):	Хорошо́, я (14) .... **учи́ть** уро́ки.
Никола́й:	**Пиши́те** мне пи́сьма!

Та́ня и Бо́ря:	Мы (15) .... **писа́ть** пи́сьма ка́ждую неде́лю.
Никола́й:	Бо́ря, пожа́луйста, бо́льше **не кури́!**
Бо́ря:	Хорошо́, я бо́льше не (16) .... **кури́ть.**
Никола́й:	Бо́ря, **не пропуска́й** трениро́вки и **не опа́здывай** в шко́лу!
Бо́ря:	Я не (17) .... бо́льше **пропуска́ть** трениро́вки и не (18) .... **опа́здывать** в шко́лу.

record

Никола́й:	**Запиши́те** что́-нибудь для меня́ на диктофо́н.
Де́ти вме́сте:	Хорошо́, мы (19) .... А что записа́ть?
Никола́й:	Бо́ря, ты что́-нибудь **спой!** А ты, Та́ня, что́-нибудь **сыгра́й!**
Бо́ря:	Хорошо́, я (20) .... твои́ люби́мые пе́сни.
Та́ня:	А я (21) .... что́-нибудь весёлое.
Никола́й:	Вот и отли́чно! Я (22) .... **слу́шать** ва́ши голоса́ и (23) .... о вас **вспомина́ть.** Де́ти, всё бу́дет хорошо́, не грусти́те. Год **пролети́т** о́чень бы́стро.
Та́ня и Бо́ря:	Па́па, **приезжа́й** поскоре́е обра́тно!

A list of forms:

я **верну́сь** — I'll come back

я **е́ду** — I'm going to

я **привезу́** — I'll bring

я **бу́ду иска́ть** — I'll be looking for…

мы **бу́дем слу́шаться** — We'll obey

я **бу́ду слу́шаться** — I'll obey

мы **бу́дем учи́ть уро́ки** — We'll be studying

я **бу́ду учи́ть уро́ки** — I'll be studying

мы **бу́дем писа́ть** — We'll be writing

я не **бу́ду кури́ть** — I won't smoke

я не **бу́ду пропуска́ть** — I won't skip lessons

я не **бу́ду опа́здывать** — I won't be late

мы **запи́шем** — We'll record

я **спою́** — I'll sing

я **сыгра́ю** — I'll play

я **бу́ду слу́шать** — I'll listen

я **бу́ду о вас вспомина́ть** — I'll think about you

Check the key.

Exercise 142

Insert the proper forms of the verbs in the replies.
Pay attention to the marked forms (future tense forms and imperative forms).
Translate the sentences.

Лёна звони́т свое́й подру́ге Ната́ше.
Lena is calling her friend Natasha.

Лёна:	Ната́ша, ты зна́ешь, Ко́ля **уезжа́ет** в экспеди́цию.
Ната́ша:	А куда́ он **уезжа́ет**?
Лёна:	Он (1) .... во Вьетна́м.
Ната́ша:	А когда́ **уезжа́ет**?
Лёна:	Он (2) .... через две́ неде́ли.
Ната́ша:	У Ко́ли о́чень ма́ло вре́мени. Он **успе́ет** всё сде́лать?
Лёна:	Я ду́маю, что (3) .... И я ему́ **помогу́**.
Ната́ша:	А Ко́ля надо́лго **е́дет**?
Лёна:	Он (4) .... на це́лый год.
Ната́ша:	Да, надо́лго! А как ты **бу́д|ешь** одна́ с детьми́?
Лёна:	Бо́ря и Та́ня говоря́т, что они́ (5) .... слу́шаться.
	Ната́ша, **приходи́те** к нам в го́сти на сле́дующей неде́ле, в суббо́ту.
	Ты по́мнишь, что у Никола́я **бу́дет** день рожде́ния?
Ната́ша:	Я, коне́чно, по́мню, что у Никола́я ско́ро (6) .... день рожде́ния.
	Спаси́бо за приглаше́ние. Мы обяза́тельно **придём**.
	А кто ещё **бу́д|ет**?
Лёна:	(7) .... всё на́ши ста́рые друзья́ и роди́тели.
Ната́ша:	Во ско́лько вы **собира́|етесь**?
Лёна:	Мы (8) .... в три часа́. Пожа́луйста, не опа́здывайте!
Ната́ша:	**Не волну́йся!** Мы **прие́дем** во́время.
Лёна:	**Приезжа́йте**, мы **бу́дем** вас ждать!

A list of forms:

он **уезжа́ет** — he is leaving for
он **успе́ет** — he'll manage
он **е́дет** — he is going to, he is leaving for
они́ **бу́дут слу́шаться** — they'll obey
у Ко́ли **бу́дет** день рожде́ния — Kolya will have his birthday
бу́дут на́ши ста́рые друзья́ — there'll be our old friends
мы **собира́емся** — we gather/meet

Check the key.

381

Exercise 143
Insert the proper forms of the verbs in the replies.
Pay attention to the marked forms (future tense forms and imperative forms).
Translate the sentences.

Суббо́та, день рожде́ния Никола́я. — It's Saturday, Nikolay's birthday.

Ле́на говори́т Никола́ю:
Lena says to Nikolay: *cans/tins*

Ле́на: Ко́ля, **откро́|й**, пожа́луйста, ба́нки!

Никола́й: Сейча́с (1) ....

Ле́на: **Закро́|й**, пожа́луйста, окно́! О́чень хо́лодно.

Никола́й: Сейча́с (2) ....

Ле́на: Кака́я ужа́сная му́зыка! **Сде́лай**, пожа́луйста, поти́ше!

Никола́й: Сейча́с (3) ....

Ле́на говори́т свое́й до́чке Та́не:
Lena says to her daughter Tanya:

Ле́на: Та́ня, **найд|и́** большу́ю бе́лую ска́терть, **поста́вь** бока́лы

              и таре́лки, **полож|и́** ви́лки и ножи́. Ско́ро **приду́т** го́сти.

              Я бою́сь, что мы не **успе́ем** всё пригото́вить.

Та́ня: Ма́мочка, **не волну́йся**, мы всё (4) .... сде́лать.

              Я сейча́с (5) .... э́ту ска́терть, ✳ (6) .... бока́лы

              и таре́лки, (7) .... ножи́ и ви́лки.

Ле́на: Таню́ша, **отнес|и́** сала́т в ко́мнату.

Та́ня: Сейча́с (8) ....

Ле́на: **Поре́жь**, пожа́луйста, ветчину́.

Та́ня: Сейча́с (9) ....

Звоно́к в дверь.

Ле́на: Ле́на. Ой, э́то уже́ го́сти! Ко́ля, иди́ встреча́ть госте́й.

                                              apron

              Нет, **подожди́**! Я сейча́с **сниму́** фа́ртук.

Никола́й: Я **иду́** открыва́ть дверь!

Ко́ля открыва́ет дверь, э́то пришёл его́ ста́рый друг Серге́й.
Kolya opens the door. His old friend Sergey has come.

Никола́й: **Здра́вствуй! Входи́! Раздева́йся! Проходи́!**

Серге́й: Ле́ночка, тебе́ — цветы́! А тебе́, Никола́й, в пода́рок

              но́вый рюкза́к.

Ле́на:	Спаси́бо! Та́ня, **смотри́**, каки́е краси́вые гвозди́ки!
	Поста́вь их в во́ду!
Та́ня:	Сейча́с я ✳ (10) .... их в большу́ю ва́зу.
Никола́й:	Ну, Серёжа, спаси́бо. Как ты догада́лся, что мне ну́жен рюкза́к?
Серге́й:	Ну, по-мо́ему, я́сно, что в экспеди́ции всегда́ ну́жен хоро́ший рюкза́к.

Через пять мину́т. Five minutes later.

Ле́на:	Ко́ля, звоно́к! **Открыва́й** дверь!
Никола́й:	Иду́-иду́!

Ко́ля открыва́ет дверь.

Никола́й:	Ната́ша! И́горь! (11) **Здра́вствуй** ....! (12) **Входи́** ....!
	(13) **Раздева́й** ....! (14) **Проходи́** ....! (15) **Сади́** ....!

Ле́на (ти́хо говори́т Никола́ю):
Lena says Nikolay in a low voice:

	Ко́ля, ты зна́ешь, мы забы́ли купи́ть хлеб.
Никола́й:	**Не волну́йся!** Я сейча́с **скажу́** Бори́су, и он **ку́пит** хлеб.
	Бо́ря! Бы́стро **сбе́гай** за хле́бом. Вот де́ньги.
Бори́с:	Сейча́с (16) ....

A list of forms:

сейча́с (я) **откро́ю** — I'll open
сейча́с (я) **закро́ю** — I'll close
сейча́с (я) **сде́лаю** — I'll do
мы **успе́ем** — we'll manage
я сейча́с **найду́** — I'll find
✳ я **поста́влю** — I'll put
я **положу́** — I'll put
сейча́с (я) **отнесу́** — I'll take

сейча́с (я) **поре́жу** — I'll slice
✳ сейча́с я **поста́влю** — I'll put
Здра́вствуйте! — Hello!
Входи́те! — Come in!
Раздева́йтесь!
— Take off your coats!
Проходи́те! — Come in!
Сади́тесь! — Have a seat!
я **сбе́гаю** за — I'll quickly go for

Check the key.

Exercise 144
Insert the proper forms of the verbs in the replies.
Pay attention to the marked forms (future tense forms and Imperative forms).
Translate the sentences.

Еле́на Петро́вна на рабо́те. — Elena Petrovna is at work.

Еле́на Петро́вна и её нача́льник.

Нача́льник:	Еле́на Петро́вна, у меня́ пло́хо рабо́тает телефо́н. **Вы́зов|ите**, пожа́луйста, ма́стера.
Еле́на Петро́вна:	Хорошо́, я (1) ....
Нача́льник:	Ну́жно сро́чно **напеча́та|ть** э́то письмо́.
Еле́на Петро́вна:	Сейча́с (2) ....
Нача́льник:	Сде́лайте, пожа́луйста, чай.
Еле́на Петро́вна:	Сейча́с (3) ....
Нача́льник:	Я уезжа́ю в командиро́вку в Ки́ев. **Закаж|и́те**, пожа́луйста, два биле́та на самолёт на пе́рвое октября́.
Еле́на Петро́вна:	Хорошо́, я (4) ....

Academy of Sciences

Нача́льник:	**Соедин|и́те** меня́ с прези́диумом Акаде́мии нау́к.
Еле́на Петро́вна:	Сейча́с (5) ....
Нача́льник:	Еле́на Петро́вна, **посмотр|и́те**, у нас есть больши́е конве́рты?
Еле́на Петро́вна:	Сейча́с (6) ....
Нача́льник:	Я уезжа́ю на два часа́ по дела́м. Е́сли **позвони́т** Ивано́в, **скаж|и́те** ему́, что я бу́ду по́сле обе́да.
Еле́на Петро́вна:	Хорошо́, я обяза́тельно (7) ....

В конце́ рабо́чего дня. — *At the end of the day.*

	I'm leaving.
Еле́на Петро́вна:	**Я ухожу́.**
Нача́льник:	До свида́ния, **уви́димся** через неде́лю. **Вы́ключ|ите** пото́м здесь свет.
Еле́на Петро́вна:	Хорошо́, я (8) ....
Нача́льник:	И **передава́йте** приве́т и поздравле́ния ва́шему супру́гу.
Еле́на Петро́вна:	Спаси́бо, обяза́тельно ✴ (9) ....

A list of forms:

(я) **вы́зову** — I'll call/I'll invite
(я) **напеча́таю** — I'll type
(я) **сде́лаю** — I'll do
(я) **закажу́** — I'll reserve / I'll book
(я) **соединю́** — I'll switch to / I'll connect

(я) **посмотрю́** — I'll check
(я) **скажу́** — I'll tell / I'll inform
(я) **вы́ключу** — I'll switch off
✴ (я) **переда́м**
— I'll convey (your greetings)

Check the key.

Keys

Exercise 1

1. M. — my house; 2. F. — my dog; 3. N. — my seat/place; 4. M. — my father; 5. N. — interesting interview; 6. M. — my school friend; 7. F. — my school girl-friend; 8. M. — big city; 9. F. — interesting article; 10. F. — my mother; 11. M. — my grandfather; 12. N. — cold sea; 13. N. — old taxi; 14. M. — good film; 15. N. — commercial TV; 16. M. — good dictionary; 17. N. — new building; 18. F. — our teacher; 19. F. — your daughter; 20. M. — cold January

Exercise 2

1. F.; 2. F.; 3. F.; 4. M.; 5. F.; 6. F.; 7. M.; 8. M.; 9–12. N.; 13–21. M.; 22–26. F.; 27. M; 28–30. F.; 31. M; 32–35. F.; 36. M.; 37. F.; 38. F.; 39. M.; 40. N; 41. F.; 42. F.

Exercise 3

M. новый дом — new house
F. новая школа — new school
N. новое здание — new house

M. известный писатель — famous writer
F. известная спортсменка — famous sportswoman
N. известное место — famous place

M. большой город — big city
F. большая машина — big car
N. большое окно — big window
M. плохой человек — bad man
F. плохая машина — bad car
N. плохое расписание — bad schedule

M. дорогой подарок — expensive present
F. дорогая машина — expensive car
N. дорогое кольцо — expensive ring

M. русский спортсмен — Russian sportsman
F. русская песня — Russian song
N. русское радио — Russian radio

M. хороший фильм — good film
F. хорошая песня — good song
N. хорошее печенье — good cookies

M. свежий хлеб — fresh bread
F. свежая рыба — fresh fish
F. свежая новость — fresh news
N. свежее мясо — fresh meat
M. горячий чай — hot tea
F. горячая вода — hot water
N. горячее молоко — hot milk

M. настоящий мужчина — real man
F. настоящая водка — original vodka
N. настоящее время — present time

M. последний билет — last ticket
F. последняя страница — last page
N. последнее сообщение —
     last information (latest news)

Exercise 4.

1. хороший; 2. вкусное; 3. стиральный; 4. интересный; 5. интересная; 6. свободное; 7. маленькая; 8. теннисный; 9. тёплая; 10. холодная; 11. маленькая; 12. ранняя; 13. поздняя; 14. зимняя; 15. телевизионная; 16. горячий; 17. красивая

Exercise 5

1. новая; 2. хорошее; 3. плохое; 4. знакомое; 5. домашняя; 6. домашнее; 7. трудный; 8. английский; 9. итальянская; 10. русская; 11. американская; 12. московское; 13. российский; 14. российская; 15. российское; 16. хороший; 17. плохой; 18. хорошая; 19. плохая; 20. трудная; 22. холодная; 23. горячая; 24. плохая; 25. большая; 26. маленькая; 27. вкусное; 28. известный; 29. красивая; 30. горячий

Exercise 6

1. он; 2. он; 3. она; 4. она; 5. он; 6. он; 7. он; 8. оно; . 9. она; 10. он; 11. она;

1. — Where is my key? — It is here. 2. — Where is the telephone? — It is in the corridor. 3. Where is the TV program? — It is on the television. 4. — Where is my video camera? — It is on the shelf. 5. — Where is my dictionary? — It is here. 6. — Where is my textbook? — It is on the table. 7. This is English chocolate. It is very tasty. 8. This is Finnish butter. It is very tasty. 9. These are French cosmetics. They are very expensive. 10. This is Russian honey. It is very tasty and healthy. 11. This is Italian furniture. It is very beautiful and comfortable.

Exercise 7

1. мой; 2. моя; 3. моё; 4. моя; 5. моя; 6. мой; 7. моя; 8. мой; 9. мой; 10. моя; 11. мой; 12. моя; 13. мой; 14. мой; 15. моя; 16. мой; 17. твой; 18. твоя; 19. твой; 20. твой; 21. твой; 22. твой; 23. твоя; 24. твоё; 25. твоя; 26. твоя; 27. твоя; 28. твой; 29. ваш; 30. ваш; 31. ваша; 32. ваше; 33. ваша; 34. ваша; 35. ваш; 36. ваш; 37. ваша; 38. ваш; 39. наш; 40. наш; 41. наша; 42. наша; 43. наш; 44. наш; 45. наше; 46. наш; 47. наша; 48. наша; 49. наш; 50. наша; 51. его; 52. его; 53. его; 54. её; 55. её; 56. её; 57. её; 58. их; 59. их; 60. их

1. This is my friend. 2. This is my girl-friend. 3. This is my seat. 4. This is myfamily. 5. This is my mother. 6. This is my grandfather. 7. This is my book. 8. This is my key. 9. This is my brother. 10. This is my dog. 11. This is my telephone. 12. This is my mum. 13. This is my father. 14. This is my dad. 15. This is my exercise book. 16. This is my address. 17. Is this your brother? 18. Is this your dog? 19. Is this your house? 20. Is this your father? 21. Is this your dictionary? 22. Is this your key? 23. Is this your sister? 24. Is this your seat? 25. Is this your mother? 26. Is this your book? 27. this your exercise book? 28. Is this your bicycle? 29. Is this your suitcase? 30. Is this your passport? 31. Is this your pen? 32. Is this your seat? 33. Is this your dog? 34. Is this your bag? 35. Is this your ticket? 36. Is this your purse? 37. Is this your car? 38. Is this your computer? 39. Here is our address. 40. Here is our telephone. 41. This is not our dog. 42. This is not our car. 43. This is not our house. 44. This is our teacher. 45. This is our compartment. 46. This is our friend. 47. This is not our girl-friend. 48. This is not our neighbour (female). 49. This is not our neigbour (male). This is our teacher (female).

Exercise 8
1. эта; 2. этот; 3. эта; 4. этот; 5. этот; 6. эта; 7. этот; 8. эта; 9. эта; 10. этот
1. What is this book? 2 What is this dictionary? 3. What is this bag? 4. What is this ticket? 5. What is this album? 6. What is this cap? 7. What is this film? 8. What is this thing? 9. What is this newspaper? 10. What is this magazine?

Exercise 9
1. какое; 2. какая; 3. какой; 4. какой; 5. какой; 6. какой; 7. какой; 8. какое; 9. какой; 10. какое; 11. какое
1. What's the date today? 2. What's the weather today? 3. What is your line? 4. What is your carriage number? What is the class of your carriage? 5. What is your telephone number? What kind of telephone do you have? 6. What is your address? 8. What is your seat? 9. What is your floor? 10. What is your schedule? 11. What is the number of your compartment? What is the class of your compartment?

Exercise 10
1. чей, мой; 2. чей, мой; 3. чьё, моё; 4. чей, мой; 5. чья, моя; 6. чей, мой; 7. чья, моя; 8. чья, моя; 9. чьё, моё; 10. чья, моя; 11. чья, моя; 12. чья, моя; 13. чья, моя; 14. чей, мой; 15. чья, моя; 16. чья, моя
1. Whose is this key? 2. Whose is this suitcase? 3. Whose is this compartment? 4. Whose is this ticket? 5. Whose is this bag? 6. Whose is this dictionary? 7. Whose is this jacket? 8. Whose is this book? 9. Whose is this eat? 10. Whose is this dog? 11. Whose is this pen? 12. Whose is this exercise book? 13. Whose is this car? 14. Whose is this magazine? 15. Whose is this photo? 16. Whose is this map?

Exercise 11.
1. одна; 2. один; 3. один; 4. один; 5. один; 6. один; 7. одно; 8. один; 9. одна; 10. один; 11. одна; 12. один; 13. один; 14. одна; 15. один; 16. одна; 17. один; 18. одно
1. I have only one book. 2. I have only one ticket. 3. I have only one key. 4. one glass of juice; 5. one month; 6. one sandwich; 7. one summer; 8. one year; 9. one week; 10. one hour; 11. one minute; 12. one day; 13. one room; 14. one litre; 15. one thousand; 16. one million; 17. one seat

Exercise 12
1. тот; 2. тот; 3. тот; 4. тот; 5. та; 6. тот; 7. тот; 8. та; 9. тот; 10. тот
1. Here is that dictionary. 2. This is not that telephone. 3. This is not that man. 4. Here is that address. 5. Here is that photo. 6. Here is that ticket. 7. This is not that magazine. 8. This is not that door. 9. This is not that suitcase. 10. This is not that house.

Exercise 13
1. весь; 2. весь; 3. всё; 4. вся; 5. всё; 6. вся; 7. весь; 8. весь
1. all day; 2. the whole class; 3. all the time; 4. the entire country; 5. the whole summer; 6. the entire company; 7. the whole world; 8. all evening

Exercise 14.
машины, компьютеры, чемоданы, квартиры, иностранцы, гости, фотографии, словари, музеи, недели, книги, уроки, учебники, ящики, слухи, налоги, врачи.
cars, computers, suitcases, apartments, foreigners, guests, photos, dictionaries, museums, weeks, books, lessons, text books, boxes, rumours, taxes, doctors

Exercise 15.
города, слова, поезда, окна, поля, озёра, предложения, леса, яйца, здания
cities, words, trains, windows, champs, lakes, sentences, forests, eggs, buildings

Exercise 16.

друзья, деревья, стулья, соседи, листья, хозяева, цыгане, котята, армяне, католики, сыновья, братья, дети, яблоки, уши, мусульмане, христиане, крестьяне, протестанты, датчане.

Exercise 17

1. Он; He lives in Petersburg. 2. Она; She lives in Moscow. 3. Они; They live in London. 4. Он; It is already very old. 5. Он; It is already very old. 6. Она; It is very heavy. 7. Они; They is very heavy.

Exercise 18.

1, 2, 3. новые; 4. интересные; 5. белые; 6. известные; 7. вкусные; 8, 9. старые; 10, 11. золотые; 12. трудные; 13. весёлые; 14. смешные; 15. иностранные

1. new houses; 2. new cars; 3. new words; 4. interesting films; 5. white cars; 6. well-known journalists; 7. delicious apples; 8. old houses; 9. old cars; 10. gold medals; 11. gold rings; 12. difficult words; 13. cheerful stories; 14. funny stories; 15. foreign companies

Exercise 19

1. new glasses; 2. dull scissors; 3. wrong scales; 4. metal gate; 5. old trousers; 6. new jeans; 7. summer vacation/ holidays; 8. winter vacation/holidays; 9. difficult negotiations; 10. presidential elections; 11. my money; 12. old chess; 13. fair hair; 14. imported groceries; 15. nice people; 16. grown-up children

Exercise 20

1. beautiful/nice clock/watch; 2. Kremlin tower clock; 3. light sledge; 4. Finnish wallpaper; 5. interesting memoirs; 6. dry firewood; 7. loud applause; 8. French perfume; 9. delicious cabbage soup; 10. Italian pasta; 11. canned fish; 12. rich cream; 13. old money; 14. Olympic games; 15. Canary Islands; 16. good skis; 17. beautiful flowers; 18. bright colours; 19. good results; 20. famous actors

Exercise 21

1. русские; 2, 3. новые; 4. компьютерные; 5. золотые; 6. строгие; 7. дорогие; 8. русские; 9. финские; 10. свежие; 11. большие; 12. маленькие; 13. красивые; 14. широкие; 15. узкие; 16. большие; 17. длинные; 18. красивые; 19. маленькие; 20. большие; 21. красивые

Exercise 22

1. летние; 2. зимние; 3. русские; 4. английские; 5, 6. длинные; 7. странные; 8. трудные; 9. отличные; 10. японские; 11. немецкие; 12. русские; 13. удобные; 14. красивые; 15. красные; 16. трудные; 17. американские; 18. голубые; 19. плохие

Exercise 23

1. мои; 2. мои; 3. мои; 4. наши; 5. наши; 6. наши; 7. твои; 8. твои

Exercise 24

1. ваши; 2. ваши; 3. твои; 4. её; 5. его; 6. наши; 7. их; 8. наши; 9. их; 10. мои; 11. наши; 12. мои; 13. твои

1. Where are your documents? 2. Where are tour things? 3. Where are your keys? 4. These are her things. 5. These are his things. 6. Here are our guests. 7. These are their things. 8. These are our neighbours. 9. These are their children. 10. These are my parents. 11. These are our relatives. 12. These are my grand parents. 13. Are these your parents?

Exercise 25

1. мои; 2. наши; 3. его; 4. её; 5. его; 6. её; 7. её; 8. его; 9. его; 10. её;

1. These are not my keys. 2. These are not my things. 3. These are his toys. 4. These are her dolls. 5. These are his things. 6. These are her glasses. 7. These are her keys. 8. These are his keys. 9. These are his money. 10. These are her books.

Exercise 26

1. мои; 2. ваши; 3. твои; 4. твои; 5. мои; 6. мои; 7. наши; 8. наши; 9. наши; 10. мои

1. Where are my keys? 2. Are these your glasses? 3. Are these your money? 4. Are these your high shoes? 5. These are not my gloves? 6. Where is my watch? 7. Here is our gate. 8. These are our seats. 9. These are our friends. 10. These are my parents.

Exercise 27

1, 2, 3. чьи; 4. эти; 5. те; 6, 7. все; 8, 9. такие; 10, 11. какие

Exercise 28

1. в банке; 2. в больнице; 3. в больнице; 4. в библиотеке; 5. в школе, в гимназии; 6. в школе, в университете, в колледже; в академии, в гимназии; 7. в фирме, в компании; 8. на ферме; 9. в газете, в журнале, на радио, на телевидении; 10. в газете, в журнале, на радио, на телевидении; 11. в ресторане, в кафе; 12. в ресторане, в кафе; 13. В МИДе, в посольстве, в ООН; 14. в банке, в фирме, в компании

Exercise 29

1. на улице; 2. на заводе, на фабрике, на комбинате; 3. на заводе, на фабрике, на комбинате, в авиакомпании; 4. на улице, в магазине; 5. в театре, в кино; 6. в полиции 7. в авиакомпании; 8. на таможне; 9. в полиции, на таможне; в армии, на границе; 10. в армии, на границе; 11. на границе, на таможне

Exercise 30

1. в Москве; 2. в Петербурге; 3. в Брюсселе; 4. в Америке, США; 5. в Москве; 6. в Сибири; 7. в Лондоне; 8. на Кавказе; 9. в Крыму

Exercise 31

1. в новом доме; 2. в российском клубе; 3. в Балтийском море; 4. в чистой воде; 5. в большом городе; 6. в тихом месте; 7. на пятом этаже; 8. в восьмом классе; 9. в коммерческой школе; 10. в Финансовой академии; 10. в России, в Томском университете; 11. в русской школе; 12. в другом городе; 13. в другом доме; 14. в этом доме; 15. в этой квартире; 16. в девяносто первом году

Exercise 32

1. в июне; 2. в декабре; 3. в январе; 4. в апреле; 5. — 6. в мае; 7. в сентябре

Exercise 33

1. в «Метрополе», в Кремле, в парке Горького, в ночном клубе, в Третьяковской галерее; 2. в «Прибалтийской», в Эрмитаже, в Русском музее, в ночном клубе, в Петродворце, в Петергофе .

Exercise 34

1. в порту; 2. в аэропорту; 3. в лесу; 4. в детском саду; 5. в шкафу; 6. на берегу; 7. на полу; 8. на мосту; 9. в Крыму.

Exercise 35

1. о мышке; 2. о машине; 3. о кукле; 4. о хорошем муже; 5. о хорошей роли

Exercise 36

1. билета; 2. чемодана; 3. компьютера; 4. большого словаря; 5. хорошего компьютера; 6. мобильного телефона; 7. джипа; 8. «Мерседеса»; 9. велосипеда

Exercise 37

1. квартиры; 2. машины; 3. собаки; 4. бани; 5. новой куртки

Exercise 38

1. Турции; 2. России; 3. Скандинавии; 4. Европы; 5. Москвы; 6. Петербурга

Exercise 39

1. Джона; 2. Джоан; 3. Татьяны; 4. Кати; 5. Ивана; 6. Николая

Exercise 40

1. моего брата; 2. моего друга; 3. моей подруги; 4. моей семьи; 5. этого ресторана; 6. этого человека; 7. этого кафе; 8. этой машины; 9. этой собаки; 10. нашего соседа; 11. нашей соседки; 12. нашего директора; 13. нашего преподаватея; 14. нашей школы; 15. нашей фирмы; 16. нашей учительницы

Exercise 41

1. первого сентября; 2. — 3. — 4. 9 мая; 5. 18 июня, 22 июня; 6. —

Exercise 42

1. после обеда; 2. после работы; 3. в конце года; 4. в конце марта; 5. до войны; 6. до революции; 7. после лекции

Exercise 43

1. из Лондона; 2. из Петербурга; 3. из Москвы; 4. из Токио; 5. из Турции; 6. с работы; 7. с дачи; 8. из отпуска; 9. из командировки; 10. из школы; 11. из Женевы; 12. из Таллина

Exercise 44

1. около Петербурга; 2. недалеко от метро; 3. около входа; 4. около ресторана; 5. около Кремля; 6. напротив гостиницы; 7. около Москвы; 8. около школы; 9. около ресторана

Exercise 45

1. до вокзала; 2. до аэропорта; 3. до американского посольства; 4. до стадиона; 5. до гостиницы; 6. у друга; 7. у подруги; 8. Надо спросить у Ивана; 9. Надо спросить у Татьяны; 10. Надо спросить у Томми; 11. Надо спросить у Кати; 12. Надо спросить у Томми

Exercise 46

1. мяч, велосипед, собаку; 2. большую куклу, мобильный телефон, собаку, кошку; 3. новую машину, новый компьютер; «Мерседес»; 4. шубу, новую стиральную машину, новый пылесос

Exercise 47

1. колбасу, ветчину, мясо, пиво, кофе, молоко, водку; 2. рыбу, картофельное пюре, сыр, красное вино, кофе, шампанское; 3. мороженое, шоколад, жареную картошку, клубнику, апельсиновый сок 4. пиццу, кока-колу

Exercise 48

1. роман; 2. фильм; 3. стол; 4. операцию; 5. укол; 6. указ; 7. контракт; 8. факс; 9. текст; 10. самолёт; 11. кошелёк; 12. хороший урожай; 13. экзамен; 14. упражнение; 15. картину; 16. передачу; 17. песню; 18. машину; 19. интересную статью

Exercise 49

1. в Москву в командировку; 2. в Петербург; 3. на юридический факультет; 4. в Финансовую академию; 5. на море, в Крым; 6. на дачу в Переделкино; 7. в Австрию, в Лапландию; 8. в Испанию, в Грецию; 9. в Индонезию, в Таиланд, в Индию; 10. в магазин; 11. на хоккей; 12. в спортивный центр, в бассейн; 13. в сауну; 14. на работу; 15. в школу

Exercise 50

1. Синди, Никиту, Катю, Ивана, Наташу, Томми; 2. Ленина, Сталина, Хрущёва, Гагарина, Калашникова; 3. Пушкина, Чехова, Гоголя, Толстого, Достоевского; 4. Деда Мороза; 5. русскую теннисистку Марию Шарапову; 6. Чайковского, Прокофьева, Пола Маккартни; 7. подругу; 8. друга; 9. этого актера; 10. эту актрису; 11. Достоевского

Exercise 51

1. папе, маме; 2. Алисе; 3. Никите; 4. Кате; 5. Ивану; 6. Наташе; 7. Томми

Exercise 52

1. к другу; 2. к врачу; 3. к подруге; 4. к бабушке; 5. к Джону; 6. к Никите

Exercise 53

1. с мясом, с колбасой, с ветчиной; 2. с рисом, с икрой; 3. с домашним вареньем; 4. с кетчупом; 5. со сметаной, с капустой

Exercise 54

1. с (её) мамой; 2. с (его) другом; 3. с (его) начальником; 4. с учителем

Exercise 55

1. работает инженером; 2. работает учительницей; 3. она хочет стать дизайнером; 4. он хочет стать известным хоккеистом; 5. он хочет стать большим начальником; 6. он хочет стать банкиром или миллионером; 7. она хочет стать актрисой; 8. она хочет стать переводчицей

Exercise 56

1. телесериалы, кинокомедии; 2. боевики, спортивные передачи; 3. новости, триллеры, фильмы ужасов; 4. телесериалы, комедии; 5. мультфильмы

Exercise 57

1. женские журналы; 2. газеты, журналы; 3. детективы; 4. мемуары, романы, стихи; 5. смешные рассказы, сказки, детские книги

Exercise 58

1. цыганские романсы; 2. песни «Битлз»; 3. советские песни; 4. русские народные песни; 5. песни из мультфильмов; 6. рок-группы

Exercise 59

1. много машин; 2. много туристов; 3. много людей; 4. много проблем; 5. много денег; 6. много вещей; 7. много лет; 8. много китайцев; 9. много гостей, подарков и цветов; 10. много сувениров; 11. много экзаменов; 12. много банков; 13. много беженцев; 14. много ошибок; 15. много озёр; 16. много русских

Exercise 60

1. В футбольной команде 11 человек. 2. В хоккейной команде 6 человек. 3. В моем классе 25 учеников. 4. В нашей группе 10 человек. 5. От Москвы до Петербурга — 706 километров. У нас перерыв 15 минут. 7. Зимние каникулы – 14—16 дней. 8. В этом году у нас 4 экзамена. 9. У нас в квартире 3 комнаты. 10. Сегодня у нас 5 уроков

Exercise 61

1. много новых зданий, много интересных мест, много старых домов, много хороших компьютерщиков, много мобильных телефонов, много красивых памятников, много интересных музеев, много дорогих магазинов, много хороших песен, много иностранных машин, много импортных товаров; 2. много новых зданий, много интересных мест, много старых домов, много хороших компьютерщиков, много мобильных телефонов, много красивых памятников, много интересных музеев, много дорогих магазинов, много иностранных машин, много импортных товаров; 3. много длинных предложений, много трудных звуков, много новых слов; 4. много новых зданий, много интересных мест, много старых домов, много хороших компьютерщиков, много красивых памятников, много интересных музеев, много свободных мест, много дорогих магазинов, много иностранных машин, много импортных товаров; 5. много русских туристов, много интересных мест, много старых домов, много красивых памятников, много интересных музеев, много дорогих магазинов; 6. много интересных передач, много хороших фильмов, много хороших песен; 7. много русских туристов, много хороших компьютерщиков, много мобильных телефонов, много свободных мест, много свободных номеров; 8. много русских туристов, много свободных мест; 9. много длинных предложений, много интересных статей, много хороших фотографий; 10. много длинных предложений, много новых слов; 11. много хороших фотографий, много хороших песен

Exercise 62

А) 1. по утрам; 2. по вечерам; 3. по субботам; 4. по воскресеньям. В) 1. Сейчас чемпион мира по шахматам Магнус Карлсен. 2. Я (не) люблю / Мы (не) любим гулять по улицам. 3. Мужчины (не) любят ходить по магазинам.

Exercise 63

1. он сейчас готовится к большим концертам в Америке, он сейчас готовится к большим гастролям в Европе; 2. она сейчас готовится к большим концертам в Америке, она сейчас готовится к большим гастролям в Европе; 3. она сейчас готовится к последним экзаменам; 4. он сейчас готовится к президентским выборам; 5. он сейчас готовится к трудным переговорам; 6. он сейчас готовится к серьёзным соревнованиям

Exercise 64

1. перед экзаменами; 2. перед соревнованиями; 3. перед переговорами; 4. перед выборами; 5. перед выступлениями

Exercise 65

2. 1 . с родителями; 2. с подругами, с друзьями; 3. с учителями; 4. с детьми
1. My brothers usually goes to the summer cottage with our parents.2. My sister usually go to the nightclub with girl-friends; with her friends. 3. Schoolchildren usually goon excursions with their teachers. 4. Parents usually go on vacation with their children

Exercise 66

1. над Альпами; 2. под окнами; 3. перед воротами; 4. с родителями; 5. с яблоками; 6. с грибами; 7. рублями

Exercise 67

1. компьютерами; 2. стройматериалами; 3. цветами; 4. машинами; 5. электротоварами; 6. фототоварами

Exercise 68

1. на курсах; 2. в коммерческих банках; 3. в кассах метро; 4. в гостиницах; 5. в казармах; 6. в подвалах; 7. в компьютерных журналах; 8. в тропиках; 9. на занятиях; 10. на уроках

■ *Essential Russian Grammar: Russian grammar basics & Grammar practice with answers* ■

Exercise 69

1. Она сейчас в горах, катается там на лыжах. 2. Он сейчас на переговорах. 3. Сейчас театр на гастролях. 4. Нет, они все на каникулах. 5. Нет, все в отпусках. 6. Нет, они учатся в разных группах. 7. Нет, мы ехали в разных купе. 8. Нет, мы жили в разных местах.

Exercise 70

1. много известных учёных; 2. много русских; 3. много убитых и раненых; 4. много безработных; 5. много пострадавших; 6. много знакомых; 7. много богатых; 8. много нищих; 9. много военных

Exercise 71

1. У меня нет машины. 2. У вас / у тебя есть машина? 3. У него есть машина. 4. У неё есть машина. 5. У вас / у тебя есть факс? 6. У нас нет машины.

Exercise 72

1. Я позвоню ему завтра. 2. Я позвоню ей завтра. 3. Он не звонил мне. 4. Я позвоню тебе/вам завтра. 5. Он не звонил нам. 6. Я поеду к ней летом. 7. Я поеду к нему летом. 8. Я поеду к ним летом.

Exercise 73

1. Я встретил его в Париже. 2. Я встретил её в Испании. 3. Я видел его вчера. 4. Я видел её вчера. 5. Я встретил их в Лондоне. 6. Я вас не знаю. 7. Он меня не знает. 8. Как вас зовут? Как тебя зовут? 9. Они нас не знают.

Exercise 74

1. Я учился с ней в школе. 2. Я учился с ним в школе. 3. Я еду с ней в Париж. 4. Я еду с ним в Париж. 5. Я еду с ними в Париж. 6. Он едет со мной. 7. Я поеду с вами. Я поеду с тобой. 8. Они едут с нами.

Exercise 75

1. Я думаю о нём все время. 2. Я думаю о ней все время. 3. Сергей говорил обо мне? 4. Я часто думаю о тебе. 5. Я много о вас слышал. 6. Они о нас ничего не знают.

Exercise 76

1. Его построили 20 лет назад. В нём шесть подъездов. Около него есть стоянка. 2. Мы построили её много лет назад. Я живу на ней только летом. 3. Куда ты их положил?

Exercise 77

1. Кто вы? 2. Кто этот человек? 3. Что это? 4. Что это такое? 5. Что он делает? 6. Это было интересно. 7. Всё будет хорошо.

Exercise 78

1. У кого есть машина. 2. Чего вы боитесь? 3. Она этого боится. 4. Она всего боится.

Exercise 79

1. Кого вы тут знаете? 2. Что вы любите? 3. Она это знает. 4. Она всё знает.

Exercise 80

1. Кому вы это говорили? 2. К кому вы едете? 3. Чему он так радуется? 4. Она этому верит. 5. Она всему верит.

Exercise 81

1. С кем вы едете? 2. Чем вы недовольны? 3. С чем вы будете бутерброд? 4. Она этим не интересуется. 5. Она всем интересуется.

Exercise 82

1. О ком вы говорили? 2. О чём вы думаете? 3. Она об этом знает. 4. Она обо всём знает.

Exercise 83

1. Вам кто-то звонил. 2. Что-то упало. 3. Это было что-то ужасное. 4. Что-нибудь случилось? 5. Кто-нибудь звонил? 6. Если кто-нибудь приедет, позвоните мне.

Exercise 84

1. У кого-нибудь есть машина? 2. Вы кому-нибудь звонили? 3. Вы кого-нибудь тут знаете? 4. Вы говорили с кем-нибудь? 5. Вы о ком-нибудь говорили с Джоном? 6. Купи что-нибудь на завтрак. 7. Надо кое-что сделать. 8. Мне надо кое с кем поговорить.

Exercise 85
1. знаю; 2. знаешь; 3. знает; 4. знает; 5. знаем; 6. знаете; 7. знают

Exercise 86
1. работаете. работаю; 2. работаешь, работаю; 3. работает; 4. работает; 5. работаем; 6. работают.

Exercise 87
1. понимаю; 2. понимаешь; 3. понимает; 4. понимает; 5. понимаем; 6. понимаете; 6. понимают

Exercise 88
1. думаешь; 2. думаете; 3. думаю; 4. думает; 5. думают, думают; 6. думаю, понимают

Exercise 89
1. делаешь; 2. делаете; 3. делает; 4. делает; 5. делают; 6. делаю; 7. делаем; 8. делают

Exercise 90
1. сделаешь, сделаю; 2. сделаете, сделаю, сделаем; 3. сделает, сделает; 4. сделает, сделает, сделают, сделает

Exercise 91
1. говорит, говорит, говорит; 2. говорите; 3. говорите; 4. говорю; 5. говорите; 6. говорит, говорят

Exercise 92
1. люблю; 2. любишь; 3. любите; 4. любят; 5. любят; 6. любит; 7. любит

Exercise 93
1. хожу; 2. ходишь; 3. ходите; 4. ходим; 5. ходят; 6. ходит, ходит; 7. ходит, ходит

Exercise 94
1. позвонишь, позвоню; 2. позвоните, позвоню; 3. позвонит; 4. позвонит; 5. позвоним; 6. позвонят; 7. позвонят, позвонят

Exercise 95
1. живу; 2. живёшь; 3. живёт; 4. живёт; 5. живём, в городе; 6. живёте; 7. живут; 8. живёт

Exercise 96
1. будешь, буду; 2. будете, буду / будем; 3. будет; будут

Exercise 97
1. еду; 2. едешь; 3. едет; 4. едем; 5. едете; 6. едут; 7. едут ; 8. едешь; 9. едете

Exercise 98
1. приедешь, приеду; 2. приедете, приедем; 3. приедет, приедет; 4. приедет, приедет; 5. приедут, приедут; 6. приедет, приедут

Exercise 99
1. могу; 2. можешь; 3. может; 4. может; 5. можем; 6. можете; 7. могут; 8. могут; 9. может

Exercise 100
1. хочу; 2. хотим; 3. хотите; 4. хочешь; 5. хочет; 6. хочет; 7. хотят; 8. хотят 9. хочешь; 11. хочу; 10. хотите

Exercise 101
1. ест; 2. едят; 3. ешь; 4. едите, ем; 5. едите ем; 6. даст, дам; 7. дашь; 8. дадим; 9. дам; 10. дадите

Exercise 102
1. был, был, был; 2. была, была, была; 3. были, был, была; 4. были; 5. были; 6. были

Exercise 103
1. был; 2. была; 3. были, были

Exercise 104
1. делал; 2. делала; 3. делали; 4. сделал; 5. сделала; 6. сделали; 7. сделали; 8. сделал, сделала, сделали

Exercise 105

1. сказал; 2. сказала; 3. сказали; 4. сказал; 5. сказали; 6. сказала; 7. сказал; 8. сказали

Exercise 106

1. приехал, приехал; 2. приехала, приехала; 3. приехали, приехал, приехала; 4. приехали, приехали; 5. приехали, приехали

Exercise 107

1. купил, купил; 2. купила, купила; 3. купил; 4. купила; 5. купили, купил, купила; 6. купили, купили; 7. купили; 8. купили

Exercise 108

1. учишься; 2. учитесь; 3. учишься; 4. учусь; 5. учусь; 6. учится; 7. учится; 8. учимся; 9. учатся; 10. учитесь

Exercise 109

1. учился; 2. училась; 3. учились, учился, училась, учились; 4. учились

Exercise 110

1. вернёшься; 2.вернётесь; 3. вернусь; 4. вернётся; 5. вернётся; 6. вернёмся; 7. вернутся

Exercise 111

1. вернулся, вернулся; 2. вернулась, вернулась; 3. вернулись; 4. вернулись, вернулись, вернулись

Exercise 112

1. должен; 2. должна; 3. должны; 4. должен; 5. должна; 6. должны; 7. должны; 8. должны

Exercise 113

1. нужен; 2. нужен; 3. нужна; 4. нужны; 5. нужна; 6. нужен; 7. нужна; 8. нужна; 9. нужен; 10. нужен; 11. нужен; 12. нужна; 13. нужен; 14. нужен; 15. нужны; 16. нужны

Exercise 114

1. открыт, открыт, закрыт; 2. рад; 3. занят; 4. готов; 5. похож; 6. согласен; 7. свободен, свободен

Exercise 115

1. открыта, закрыта; 2. рада; 3. свободна, свободна; 4. похожа; 5. готова, готова

Exercise 116

1. готовы, готово; 2. заняты; 3. свободны, занят; 4. открыты, закрыты, открыты; 5. довольны; 6. уверены, уверен; 7. похожи; 8. свободны, свободны

Exercise 117

1. построен; 2. построено; 3. покрашены; 4. подписан; 5. написан; 6. пропущено; 7. сделано; 8. показан; 9. напечатана; 10. организована; 11. назначен; 12. исполнена; 13. похоронен, похоронен; 14. проданы; 15. уплачены; 16. забит; 17. заброшена; 18. назван; 19. зарегистрирована; 20. перенесён

Exercise 118

1. готово; 2. свободно; 3. написано; 4. напечатано; 5. видно; 6. слышно; 7. убрано; 8. занято; 9. закрыто; 10. закрыто; 11. написано «Продано»

Exercise 119

1. живу; 2. работаю; 3. получаю; 4. встаю, включаю, слушаю; 5. пью, ем; 6. люблю; 7. говорю; 8. хожу, убираю, мою; 9. гуляю; 10. вижу, ношу; 11. шью, вяжу, читаю; 12. беру; 13. хожу; 14. выхожу; 15. уезжаю, живу; 16. хожу, варю, плаваю; 17. иду; 18. готовлю; 19. спрашиваю, открываю; 20. хочу; 21. люблю; 22. могу.

My name is Elena Petrovna. I am a pensioner. 1. I live in Moscow. 2. I do not work. 3. I receive a small pension. 4. In the morning I get up fairly early, turn on the radio, and listen to the news and music. 5. In the morning I usually drink coffee with milk and eat oatmeal or buckwheat porridge. 6. I like to watch TV serials. 7. Everyone says that I talk on the phone a lot. 8. Every day I go to the store, clean the apartment, and wash the dishes. 9. I Have a dog. I walk her twice a day, morning and evening. 10. I don't see very well now, so I wear glasses. 11. I sew and knit hardly anything, but I read a lot. 12. I sometimes borrow books and magazines from the neighbours. 13. Now I very rarely go visiting, go to the theatre or to exhibits. 15. In the winter I rarely leave the house, because it's very slippery on the street. 16. At the beginning of the summer I leave the city for the summer cottage and live there until the beginning of autumn. 16. I go to the forest for mushrooms, make jam, and swim. 17. This Saturday I am visiting a friend for her birthday. 18. They tell me that I cook fairly well. 19. If someone rings the doorbell, I always ask, "Who's there" and only then open the door. 20. I really want to go to Crimea. I like Crimea very much. 22. But I cannot go there, because it is very expensive.

Exercise 120
1. читает; 2. хочет; 3. курит; 4. спорит; 5. сидит; 6. ведёт; 7. кладёт; 8. ложится; 9. занимается; 10. приходит; 11. думает

Exercise 120
1. He reads very little. 2. He does not want to study. 3. He smokes. 4. He argues all the time. 5. He sits at the computer all day. 6. He behaves badly. 7. He does not put things away. 8. He goes to bed late. 9. He studies very little. 10. He comes home late. 11. He thinks that he is already an adult.

Exercise 121
1. читаешь; 2. хочешь; 3. куришь; 4. ведёшь; 5. приходишь; 6. ложишься; 7. сидишь
1. Why don't you read much? 2. Why don't you want to study? 3. Why do you smoke? 4. Why do you argue with your parents? 5. Why do you behave badly? 6. Why do you come home late? 7. Why do you go to bed late? 8. Why do you sit at the computer all day?

Exercise 122
1. делаешь; 2. читаешь; 3. включаешь; 4. хочешь; 5. идёшь; 6. идёшь; 7. придёшь; 8. говоришь; 9. молчишь; 10. дружишь
1. What are you doing now? 2. What are you reading now? 3. Why do you turn the music on so loud? 4. What do you want to become? 5. Where are you going? 6. Who are you going with? 7. When will you come back? 8. Are you telling the truth? 9. Why are you being silent? 10. Why do you make friends with bad kids?

Exercise 123
1. понимают; 2. думают; 3. любят; 4. уважают; 5. хотят; 6. разрешают; 7. выключают, приходят; 8. заставляют; 9. дают; 10. контролируют; 11. обманывают; 12. ругают
1. They don't understand me. 2. They think that I'm still little. 3. They don't like my friends. 4. They don't respect me. 5. They don't want to buy a dog. 6. They don't let me work. 7. They turn off the music immediately when they come home. 8. They force me to study. 9. They don't give me any freedom. 10. They control me all the time. 11. Sometimes they cheat me. 12. They scold me all the time.

Exercise 124
1. думаем; 2. работаем; 3. устаем; 4. приходим, хотим; 5. хотим, живём; 6. можем; 7. даём; 8. помогаем; 9. ездим; 10. ходим; 11. делаем, можем; 12. хотим; 13. любим
1. We think that we are good parents. 2. We work from morning until night. 3. We are very tired. 4. When we come home, we want quiet. 5. We don't want to buy a dog because we live in a small apartment (flat). 6. We cannot buy Artyom everything that he wants. 7. We give him pocket money. 8. We help him do his lessons. 9. We go on vacation together. 10. We go for walks together. 11. We do all that we can for him. 12. We want only good for him. 13. We love him very much.

Exercise 125
1. читаете; 2. делаете; 3. разговариваете; 4. слушаете, говорю; 5. думаете, знаете; 6. опаздываете; 7. хотите; 8. учите; 9. курите; 10. можете; 11. занимаетесь
1. You read very little. 2. You don't do your homework. 3. You talk all the time during class. 4. You don't listen to what I say. 5. You think that you already know everything. 6. You are often late to the first class. 7. You don't want to learn. 8. You don't learn the rules. 9. You smoke during the break. 10. You can't sit still for even half an hour. 11. You study very little.

Exercise 126
1. работаете; 2. получаете; 3. работаете; 4. скучаете, уезжает; 5. умеете; 6. помогаете; 7. готовите; 8. можете; 9. любите; 10. читаете; 11. покупаете, выписываете; 12. идёте; 13. хотите; 14. поедете; 15. поедете; 16. едете; 17. приедете
1. Where do you work? 2. How much do you earn? 3. Do you work far from home? 4. Do you miss your husband when he leaves on an expedition? 5. Do you know how to knit? 6. Do you help the children do their lessons? 7. How do you cook borshch? 8. Can you give me the recipe for a "quick" cake? 9. Do you like houseplants? 10. What are you reading now? 11. Do you buy newspapers and magazines or subscribe? 12. Where are you going now? 13. What do you want to buy? 14. Will you go on vacation this year? 15. Where will you go on vacation? 16. Are you going on vacation alone? 17. When will you come back?

Exercise 127

1. работал; 2. служил; 3. находил; 4. знал; 5. решил; 6. закончил; 7. искал; 8. ездил; 9. выучил; 10. говорил, читал, понимал; 11. играл; 12. знал, умел

1. Nikolay Petrovich, Elena Petrovna's husband, worked as a geologist. 2. In his youth Nikolay Petrovich served in the army in the Urals. 3. He often found beautiful stones there. 4. But he did not know their names. 5. Young Nikolay decided to become a geologist. 6. Nikolay Petrovich graduated from the geology department of Moscow University. 7. Nikolay Petrovich prospected for oil his whole life. 8. He went on expeditions to Siberia, the Far East, Karelia, Vietnam, Africa, and Cuba. 9. At university Nikolay Petrovich learned French. 10. He spoke French well, read English, and understood Spanish and Vietnamese. 11. Nikolay Petrovich played the guitar well. 12. He knew many anecdotes and could tell them.

Exercise 128

1. был, укусил; 2. умер; 3. спас; 4. дал, показал; 5. выпил, потерял; 6. лежал, ел, пил; 7. выздоровел, мог; 8. нашёл, получил

1. When Nikolay Petrovich was in Vietnam, a poisonous spider bit him in the jungle. 2. Nikolay Petrovich nearly died. 3. The Vietnamese guide saved him. 4. He gave Nikolay Petrovich a small bottle and showed with gestures that it was necessary to quickly drink all of it. 5. Nikolay Petrovich drank it and lost consciousness. 6. He lay like that for two days, didn't eat anything, and didn't drink. 7. After another day he recovered completely and could walk by himself. 8. In Vietnam Nikolay Petrovich found oil and for this received the highest Vietnamese order (award).

Exercise 129

1. ушёл, купил; 2. хотел; 3. заставила; 4. ненавидел, делал; 5. копал, нашёл; 6. был; 7. узнал, рассказал; 8. приехал, купил; 9. подписал, получил; 10. назначил; 11. поставил, уехал; 12. видел; 13. завидовал, хотел; 14. обманул; 15. сказал, хотел, выдумал; 16. заплакала, уехала

1. When Nikolay Petrovich retired, he bought a summer cottage. 2. He wanted to just rest there. 3. But his wife, Elena Petrovna, forced him to work in the garden. 4. He hated this work, but he did it. 5. One day Nikolay Petrovich was digging a well and found a diamond. 6. The diamond was very small. 7. Nikolay Petrovich's neighbour found out about this and told everyone. 8. Before long a representative of a foreign firm came to the summer community and bought the house and land from Nikolay Petrovich. 9. Nikolay Petrovich signed some documents and received money. 10. The foreigner appointed Nikolay Petrovich general director of the diamond mine. 11. The foreigner put a high fence around Nikolay Petrovich's lot and left. 12. No one ever saw that person again. 13. The neighbour envied Nikolay Petrovich very much; he also wanted to become rich. 14. This neighbour told Elena Petrovna that Nikolay Petrovich simply cheated her. 15. He also said that Nikolay Petrovich didn't want to work in the garden and therefore made up the story with the diamond. 16. Elena Petrovna started to cry and left for the city. Since then Nikolay Petrovich lives peacefully at the summer cottage and works as "director of the diamond mine".

Exercise 130

1. приехала; 2. закончила; 3. сдала, поступила; 4. хотела; 5. ездила; 6. встретила, вышла. 7. могла; 8. сидела, пошла; 9. работала; 11. работала; 12. была, получала; 13. воспитывала, ждала; 14. любила, организовывала; 15. пела, играла; 16. стала

1. Lena (Elena Petrovna) came to Moscow from Kaluga. 2. She finished school with a gold medal. 3. She passed the entrance exams very well and enrolled in university in the biology department. 4. Lena wanted to become a well-known biologist. 5. She went to practical training in various preserves. 6. Then Lena met Nikolay and married him. 7. When twins were born, she could not go anywhere anymore. 8. She stayed home with the children for three years and then went to work. 9. Lena did not work within her specialty. 10. She got a job in the Ministry of Geology. 11. She worked as a secretary to the minister her whole life. 12. The work wasn't very interesting, but Lena received a good salary. 13. She brought up the children and waited for Nikolay to return from expeditions. 14. Lena very much liked to go on excursions; at work she organized evening parties and birthday celebrations. 15. Lena sang well and played the guitar. 16. Time flew very quickly, and here Elena Petrovna has already become a pensioner.

Exercise 131

1. вернулся, поступил; 2. учился, занимался, играл; 3. тренировался; 4. старался; 5. закончилась; 6. помылся, переоделся, причесался, пошёл; 7. надеялся; 8. увидел, закрылся; 9. разозлился, хотел; 10. постучал, открыл; 11. вышел, увидел; 12. сидела, собиралась; 13. сказал, закрылся; 14. достала, налила, дала; 15. обрадовался, взял, выпил, подумал; 16. сказал, спросил; 17. понял, влюбился; 18. узнал

1. When Nikolay returned from the army, he enrolled to study at university. 2. When Nikolay was studying at university, he was involved in sports — he played volleyball. 3. He practised in the evenings three times a week. 4. He tried to manage to do everything. 5. One day practice ended late. 6. Nikolay, as usual, washed, changed his clothes, combed his hair, and went to the snack bar. 7. He hoped that the snack bar was still open. 8. But Nikolay saw that the snack bar had already closed. 9. He got very angry, because he was very thirsty. 10. He knocked on the door of the snack bar, but no one opened the door. 11. Nikolay went outside and saw a cute girl. 12. She was sitting on a bench and was about to drink tea from a thermos. 13. Nikolay said loudly, "How terrible that the snack bar closed!" 14. Then the young

woman took another cup from her purse, poured tea into it, and gave the cup to Nikolay. 15. Nikolay was very glad, took the cup, drank the tea, and thought, "What a nice girl! And very cute!" 16. He thanked her and asked what her name was. 17. Nikolay understood that he had fallen in love with this girl. 18. He found out that her name was Lena and that she also studied at the university and lived in the dormitory.

Exercise 132

1. встречались; 2. ездили, ездили, катались; 3. занимались, ходили; 4. поженились; 5. жили; 6. ссорились; 7. купили, переехали; 8. родились

1. Lena and Nikolay dated for two years. 2. In the summer during the holidays they went to a student camp in the Crimea, and during the winter holidays they went to the country and went skiing there. 3. Lena and Nikolay studied in the library together and went to the cinema. 4. And then they got married. 5. At first they lived with Nikolay's parents. 6. At the time they quarrelled often. 7. Then they bought a co-op apartment and moved to another neighbourhood. 7. Twins were born: a son Boris and a daughter Tatiana.

Exercise 133

1. учились; 2. приходила, спрашивала, сделали, выучили; 3. повторили; 4. пришли; 5. убрали; 6. купили; 7. помыли; 8. вынесли; 9. ели; 10. ходили; 11. молчали, говорили, начинали; 12. поняли

1. The twins were already studying in school. 2. In the evening, when Elena Petrovna came home, she usually asked the children, "Have you done your schoolwork? Did you learn the poem? 3. Did you review everything in English? 4. What time did you come home from school? 5. Did you clean the apartment (flat)? 6. Did you buy bread? 7. Did you wash the dishes? 8. Did you take out the trash? 9. Why didn't you eat anything? 10. Did you go to practice? 11. But at first the children were silent and didn't say anything, and then immediately started to argue. 12. Then the parents understood that they needed to ask each child questions separately.

Exercise 134

1. задавала; 2. сделал, выучил; 3. повторил; 4. убрал; 5. ходил; 6. купил, помыл; 7. вынес; 8. пришёл; 9. ел; 10. заплатил, звонил

1. At first the mother usually questioned Boris: 2. "Boris, did you do your schoolwork? Did you learn the poem? 3. Did you review English? 4. Did you clean the apartment (flat)? 5. Did you go to practice today? 6. Did you buy bread? Did you wash the dishes? 7. Did you take the trash out? 8. What time did you come home from school? 9. Why didn't you eat anything? 10. Did you pay for the apartment (flat)? Who called?"

Exercise 135

1. ответил; 2. сделал; 3. выучил; 4. повторил; 5. убрал; 6. ходил; 7. помыл; 8. вынес; 9. пришёл; 10. ел, ел; 11. заплатил, забыл; 12. катался, упал, порвал; 13. сломал; 14. звонил

1. Here is what Boris answered: 2. Yes, I did all of my schoolwork. 3. Yes, I learned the poem. 4. Yes, I reviewed everything in English. 5. I cleaned only my own room. 6. No, I didn't go to practice today. 7. I only washed the plates and cups. 8. I took the trash out. 9. I came home from school at three. 10. I didn't eat anything at home because I ate at school. 11. No, I didn't pay for the apartment (flat); I forgot. 12. Mama, when I was riding my bike, I fell and ripped my pants. 13. It's good that I didn't break an arm or a leg. No one called today.

Exercise 136

1. задала; 2. сделала; 3. выучила; 4. повторила; 5. убрала; 6. ходила; 7. купила; 8. помыла; 9. пришла; 10. ела; 11. звонила; 12. отнесла

Then the mother questioned Tatiana: 2. "Tanya, did you do your schoolwork? 3. Did you learn the poem? 4. Did you review everything in English? 5. Did you clean the apartment (flat)? 6. Did you go to music school today? 7. Did you buy sugar? 8. Did you wash the dishes? 9. What time did you come home from school? 10. Why didn't you eat anything? 11. Did you call your grandmother? 12. Did you take the things to the drycleaner?"

Exercise 137

1. ответила; 2. сделала; 3. выучила; 4. повторила; 5. убрала; 6. убрал; 7. ходила; 8. забыла, купила; 9. съела; 10. помыла, помыл; 11. пришла; 12. ела, хотела; 13. звонила; 14. заболела; 15. ходила, была

1. Here is what Tanya answered: 2. "Yes, I did my schoolwork. 3. Yes, I learned the poem. 4. I reviewed everything in English. 5. I cleaned almost the whole apartment (flat). 6. Borya cleaned his room himself. 7. Yes, I went to music school, but I don't want to go there anymore. 8. Oh, I forgot to buy sugar, but I bought chocolate. 9. Oh, I already ate the chocolate. 10. I washed the pots, pans, spoons, and forks, and Borya washed the cups and plates. 11. I came home at four. 12. I didn't eat anything because I didn't want to. 13. Yes, I called Grandma. 14. She fell ill. 15. I went to the drycleaner, but it was closed."

Exercise 138

1. рассказал; 2. опоздал, пропустил, забыл, курил, купил, выпил; 3. рассказал; 4. опоздала, болтала, мерила; 5. потеряла; 6. пришла, искала, нашла

1. And here is what Tanya told her mother next: 2. "Mama, today Borya was late to school; he skipped two classes and forgot his pen at home, and he smoked and bought a bottle of beer and drank all of it". 3. And here is what Borya said next: 4. Mama, Tanya was late to music school today, and then she talked on the phone for two hours, and she tried on your things. 5. And on the way home Tanya lost the key to the apartment (flat). 6. She came home only at four because she looked for the key for a whole hour, but never found it."

Exercise 139

1. еду; 2. едешь; 3. еду; 4. приеду; 5. уезжаю; 6. будет; 7. будет; 8. покажу; 9. получу; 10. полетим; 11. будут; 12. встретимся; 13. смогу; 14. сможешь; 15. дам; 16. возьмём; 17. будет; 18. будет; 19. будем; 20. узнаем

Nikolay:	Lena, you know, I'm going on an expedition.
Lena:	And where are you going?
Nikolay:	I'm going to Vietnam.
Lena:	How long are you going for?
Nikolay:	I'm going for a whole year.
Lena:	That means you'll come back in a year?
Nikolay:	Yes, I'll come back only in a year.
Lena:	And when are you leaving?
Nikolay:	I'll leave in two weeks.
Lena:	And who will be the leader of the expedition?
Nikolay:	What do you think, who will be the leader? Of course, your husband.
Lena:	How many people will be in the group?
Nikolay:	In all there will be 12 people on the expedition.
Lena:	Will you show me your itinerary on the map?
Nikolay:	Yes, I'll show you.
Lena:	Do you have a visa?
Nikolay:	Not yet.
Lena:	And when will you get a visa?
Nikolay:	I'll get a visa next week.
Lena:	Will you fly on an "Aeroflot" flight?
Nikolay:	Yes, we'll fly on an "Aeroflot" flight. Yes, I forgot to tell you that this will be an international expedition.
Lena:	And who will be in the group?
Nikolay:	In the group will be Russians, Frenchmen, Czechs, and Germans from the German Democratic Republic (East Germany).
Lena:	Where will you all meet?
Nikolay:	We'll meet in the capital.
Lena:	Will you be able to call from there?
Nikolay:	Yes, I'll be able to.
Lena:	Will I able to send you letters?
Nikolay:	Yes, you'll be able to.
Lena:	Will you give me an (your) address?
Nikolay:	Yes, I'll give you an (my) address on Monday.
Lena:	What will you take from Moscow?
Nikolay:	From Moscow we'll take equipment, medicine, and some groceries.
Lena:	Will you have an interpreter?
Nikolay:	Of course, we'll have an interpreter.
Lena:	And will you have a car?
Nikolay:	We'll have not only a car, but also a helicopter.
Lena:	And how many days will you be in the capital?
Nikolay:	I think that we'll be there for three to four days.
Lena:	When will you find out the exact route?
Nikolay:	We'll find out the exact route only on the spot.
Lena:	What do you think, will you find oil?
Nikolay:	We'll see.

Exercise 140

1. купи; 2. подумаю; 3. составлю; 4. пригласим; 5. позвоню; 6. начну; 7. подготовлю; 8. дам; 9. помогу; 10. успеешь; 11. возьму; 12. скажу

Nikolay:	Lena, buy a new backpack, please.
Lena:	Okay, I'll buy (one).
Nikolay:	And also buy a new sports outfit, film, a flashlight, and batteries.
Lena:	Stop! Think first, please, what you need to take, and then make a list.
Nikolay:	Okay, I'll think about it this evening and make a list.
Lena:	And what will we do about your birthday? Given that your birthday will be in a week.
Nikolay:	Let's invite parents and friends, celebrate my birthday, and drink to the success of our expedition.
Lena:	Okay, let's invite
Nikolay:	Call everyone, please.
Lena:	Okay, I'll call everyone. And when will you start to gather your things?
Nikolay:	I'll start to gather things when you get everything ready.
Lena:	I'll get everything ready if you'll give me a list.
Nikolay:	I'll definitely give you a list this evening. Will you help me?
Lena:	Of course I'll help you.
Nikolay:	What do you think, will I manage to do everything in two weeks?
Lena:	Of course you'll manage.
Nikolay:	Take leave from work, please.
Lena:	All right, I'll take two weeks.
Nikolay:	Tell your boss that your husband is leaving on an expedition.
Lena:	I'll tell him that you're leaving for an entire year. By the way, we don't have any bread. Go to the store and buy bread.
Nikolay:	Let the children go to the store.
Lena:	All right, let them go.

Exercise 141

1. вернусь; 2. еду; 3. привезу; 4. привезу; 5. привезу; 6. привезу; 7. привезу; 8. буду; 9. будем; 10. буду; 11. буду; 12. будем; 13. буду; 14. буду; 15. буду; 16. буду; 17. буду; 18. буду; 19. запишем; 20. спою; 21. сыграю; 21. буду; 22. буду

Nikolay:	Children, have a seat. I want to have a talk with you. You know that I'm leaving on an expedition.
Tanya:	Papa, when will you come back?
Nikolay:	I'll come back in a year.
Tanya:	Papa, where are you going?
Nikolay:	I'm going to Vietnam.
Tanya and Borya:	Papa, will you bring us gifts?
Nikolay:	Of course I'll bring (gifts).
Tanya:	Bring me coral!
Nikolay:	If I see (coral), I'll definitely bring (some).
Borya:	And bring me a monkey or a crocodile!
Nikolay:	I won't bring a monkey, of course. I won't bring a crocodile, either. But I'll definitely bring something interesting.
Tanya:	Papa, what will you be doing in Vietnam?
Nikolay:	I'll be looking for oil there. And please obey your mother!
Tanya and Borya (*quietly*):	All right, we'll obey (her).
Nikolay:	I don't hear (you)!
Tanya (*loudly*):	All right, I'll obey!
Borya (loudly):	I'll also obey!
Nikolay:	Study!
Tanya and B (*quietly*):	All right, we'll study.
Nikolay:	I don't hear (you)!
Tanya (*loudly*):	All right, I'll study.
Borya (*loudly*):	All right, I'll study.
Nikolay:	Write letters to me!
Tanya and Borya:	We'll write letters every week.
Nikolay:	Borya, please don't smoke anymore!
Borya:	Okay, I won't smoke anymore.
Nikolay:	Borya, don't skip practice and don't be late to school!
Borya:	I won't skip practice anymore and won't be late to school.